Paul Henkel

Nicht ohne Facebook

Paul Henkel

Nicht ohne Facebook

Neue Chancen für regionale Tageszeitungen in sozialen Netzwerken

Tectum Verlag

Paul Henkel

Nicht ohne Facebook.
Neue Chancen für regionale Tageszeitungen
in sozialen Netzwerken

© Tectum Verlag Marburg, 2014

Zugl. Diss., Technische Universität Dortmund, 2014

ISBN: 978-3-8288-3429-3

Druck und Bindung: CPI buchbücher.de, Birkach
Printed in Germany
Alle Rechte vorbehalten

Besuchen Sie uns im Internet
www.tectum-verlag.de

Bibliografische Informationen der Deutschen Nationalbibliothek
Die Deutsche Nationalbibliothek verzeichnet diese Publikation in der
Deutschen Nationalbibliografie; detaillierte bibliografische Angaben sind
im Internet über http://dnb.ddb.de abrufbar.

Inhalt

Tabellen- und Abbildungsverzeichnis

I Einführung

1 Relevanz des Themas

Die Zahl sozialer Netzwerke im Internet wächst seit Jahren und auch ihre Beliebtheit unter den Internetnutzern ist groß, wie die stetig steigenden Mitgliederzahlen belegen.[1] Während der vergangenen Jahre hat vor allem Facebook unter deutschen Internetnutzern an Bedeutung gewonnen. Von Januar 2010 bis Januar 2011 hatte sich die Mitgliederzahl auf rund 14 Millionen Nutzer mehr als verdoppelt.[2] Im Dezember 2012 verzeichnete Facebook in Deutschland dann rund 25 Millionen registrierte Mitglieder.[3] Zwar haben sich die Zuwachsraten etwas verlangsamt, ein Ende des Wachstums ist jedoch nicht absehbar. Verglichen mit den Werten von Dezember 2011, erreichte Facebook 2012 noch eine Steigerung um rund 3 Millionen Nutzer allein in Deutschland. Nach Daten der ARD/ZDF-Onlinestudie 2012 verfügten 53 Millionen Deutsche über einen Internetanschluss. Kombiniert man diese Zahl mit Angaben von Facebook zu seinen aktiven Mitgliedern in dieser Altersspanne (19,77 Millionen Deutsche), ergibt sich eine bemerkenswerte Statistik: Jeder dritte deutsche Internetnutzer über 14 Jahre (37 Prozent) war im Herbst 2012 bei Facebook registriert.

Soziale Netzwerke können weder als kurzzeitiges Phänomen à la Second Life abgetan noch als Randphänomen eingestuft werden. Zu lange behaupten sie sich schon am Markt und zu groß ist

---

1   Das Netzwerk www.wer-kennt-wen.de steigerte seine Mitgliedszahlen von 1 Million im Jahr 2006 auf 9,6 Millionen 2012 (Vgl. http://www.wer-kennt-wen.de/static/presse (30.12.2012, 12:22 Uhr). Die VZ-Gruppe um studiVZ, schülerVZ und mein VZ verzeichnet fünf Jahre nach Gründung, im November 2011, nach eigenen Angaben rund 16 Millionen registrierte Nutzer (Vgl. http://www.studivz.net/l/about_us/1/ (30.12.2012, 13:10 Uhr)).

2   Vgl. http://allfacebook.de/zahlen_fakten/facebook-nutzerzahlen-2011/ (30.12.2012, 12:50 Uhr)

3   Vgl. http://www.allfacebook.de/userdata/deutschland/?period–1 year (30.12.2012, 12:51 Uhr)

die Zahl ihrer aktiven Mitglieder. Vielmehr sind sie in der Mitte der Gesellschaft angekommen und haben das Internetnutzungsverhalten von Millionen von Menschen, privat und beruflich, nachhaltig verändert. Dass die Plattformen daher auch in den Blick journalistischer Anbieter gelangt sind, erscheint angesichts ihrer stetig steigenden gesellschaftlichen Bedeutung wenig verwunderlich. Die vorliegende Dissertation untersucht, inwieweit vor allem regionale Tageszeitungen soziale Netzwerke für ihren eigenen Erfolg nutzen können.

Denn regionale Printmedien stehen seit Jahren aufgrund veränderter Mediennutzungsgewohnheiten unter einem wachsenden Innovationsdruck. Während Printmedien seit Jahren kontinuierlich Leser verlieren, gewinnt das Internet dagegen stetig Nutzer. Laut Media-Analyse fiel die Reichweite von Zeitungen von über 80 Prozent 1994 auf 66,66 Prozent 2012. Regionale Abozeitungen erreichten sogar nur 53,33 Prozent.[4] Bereits 2010 überholten die Online-Medien die Zeitungen in ihrer Reichweite.[5] Menschen beziehen ihre Informationen zunehmend kostenlos aus dem Internet, angesichts der freien Publikationsmöglichkeiten dort jedoch nicht immer von Medienwebsites. Ein dramatischer Umwälzungsprozess der Nachrichtenvermittlung und -rezeption ist im Gang.

Um ihren Lesern zu folgen, engagieren sich mittlerweile fast alle Tageszeitungen im Internet, doch noch gelingt es den meisten vor allem kleineren Zeitungen nicht, im Internet genug Einnahmen zu erzielen, um zumindest kostendeckend zu arbeiten.[6] Wirtschaftlich erfolgreiche Websites wie die des Spiegels sind noch immer die Ausnahme. Jahrelang hat die Medienbranche den beobachtbaren

---

4   Vgl. http://www.agma-mmc.de/presse/pressemitteilungen/details/artikel/ma-2012-tageszeitungen-veroeffentlicht.html (30.12.2012, 13:43 Uhr)

5   Vgl. https://www.agma-mmc.de/fileadmin/user_upload/Pressemitteilungen/2010/PM%20ma%202010%20Online%20I.pdf und https://www.agma-mmc.de/fileadmin/user_upload/Pressemitteilungen/2010/PM%20ma%202010%20Tageszeitungen.pdf (25.03.2013, 10:01 Uhr)

6   Vgl. Neuberger, Christoph / Nuernbergk, Christian / Rischke, Melanie: Journalismus im Internet: Zwischen Profession, Partizipation und Technik. In: Media Perspektiven 04/2009, S.180.

Aufstieg des Internets und den damit verbundenen Wandel der Nutzungsgewohnheiten geleugnet oder mit der Hoffnung ignoriert, dieser sei vorübergehend. Daraus ist ein erheblicher Innovationsdruck entstanden. Erst seit wenigen Jahren öffnen sich die Redaktionen und suchen aktiv nach Wegen, sich an das neue digitale und mobile Zeitalter anzupassen.[7]

Mit dem rasanten Wachstum der sozialen Netzwerke wuchs auch das Interesse der Zeitungen an den neuen Plattformen. Sie hoffen, dort mit Nutzern in Dialog treten zu können, sie für ihr Angebot zu interessieren und Leser zu gewinnen beziehungsweise zurückzugewinnen. Vor allem der Nutzen für die eigene Website steht im Fokus: Denn würde es gelingen, mehr Traffic auf die eigene Website zu lenken, könnte diese über höhere Werbepreise (mehr) Profit erwirtschaften. Innerhalb weniger Jahre haben sich Auftritte in sozialen Plattformen damit zum redaktionellen Standardrepertoire entwickelt. Der Weiterbildungsbedarf zu den noch neuen digitalen Kanälen ist dabei groß. Nicht zuletzt, da teilweise der Eindruck entstehen konnte, dass sich Redaktionen fast reflexhaft in sozialen Netzwerken anmeldeten, ohne sich zuvor intensiv und strukturiert mit der Ausgestaltung und den Chancen auseinandergesetzt zu haben, allein getrieben von der Angst, ein wesentliches Werkzeug zur Sicherung des wirtschaftlichen Überlebens ungenutzt zu lassen.

Die Auftritte in den sozialen Netzwerken werden oftmals noch im Trial-and-Error-Verfahren gepflegt. Welche positiven Wirkungen können Redaktionen tatsächlich erwarten? Wie sollte das Engagement inhaltlich und tonal gestaltet sein und wie lässt es sich bestmöglich in bestehende Strukturen integrieren? Wissenschaftliche Untersuchungen zum sinnvollen Einsatz von sozialen Netzwerken für Redaktionen liegen bisher kaum vor. Doch sie sind wichtig, wenn das Instrument der sozialen Netzwerke aus der Ecke des Experimentellen in die Mitte der Redaktionsarbeit gerückt werden soll. Sie sind notwendig, damit verlässliche und allgemein zugängliche Informationen zum neuen Verbreitungs- und Kommunikationskanal „soziales Netzwerk" für die Breite der regionalen Tageszeitungen und dabei insbesondere für die kleineren Zeitungen zugänglich

---

[7]   Vgl. Kramp, Leif / Weichert, Stephan: Innovationsreport Journalismus. Ökonomische, medienpolitische und handwerkliche Faktoren im Wandel. Bonn, 2012, S. 21.

sind, die über weniger Ressourcen zum Experimentieren verfügen und daher bisher noch zurückhaltend agiert haben.

Die wissenschaftliche Betrachtung ist dabei in der Lage, bestehende, sich herausbildende Praktiken auf ihre Sinnhaftigkeit zu überprüfen, frei von Individual- und Marktinteressen, und trägt dazu bei, den Blick zu weiten auf Chancen und Möglichkeiten, die erst durch eine vertiefende, empirisch-fundierte Analyse und theoretische Einbettung sichtbar werden und die im Zeitdruck der Redaktionspraxis bisher nicht (ausreichend) ins Blickfeld geraten sind. Die vorliegende Dissertation kann nicht den ganzen Raum ausleuchten, den soziale Netzwerke regionalen Tageszeitungen eröffnen, sie möchte aber dazu beitragen, zumindest etwas Licht ins Dunkel zu bringen und die bestehende Forschungslücke zu schließen. Für Wissenschaftskollegen, die mit ihren Forschungsarbeiten auf der vorliegenden aufbauen möchten, besteht die Möglichkeit, den Anhang zur Dissertation mit ausführlichen (empirischen) Belegen einzusehen. Dazu schreiben Sie mir bitte eine E-Mail an paul.henkel@gmx.de.

2 Aufbau der Dissertation und Forschungsmethoden

Die Dissertation verfolgt einen multimethodischen Ansatz. Sie untersucht das Verhältnis von sozialen Netzwerken und Journalismus aus verschiedenen Perspektiven, kombiniert hermeneutische Textanalysen mit empirischen Methoden. Sie nutzt die Triangulation[8] von Online-Nutzerbefragung, Inhaltsanalyse und Experteninterviews, um sich dem komplexen Gegenstand des redaktionellen Engagements in sozialen Netzwerken aus verschiedenen Blickwinkeln zu nähern und einen größtmöglichen Erkenntnisgewinn zu erzielen Der Schwerpunkt der Dissertation liegt dabei auf der empirischen Analyse der Nutzung von sozialen Netzwerken durch regionale Tageszeitungen.

---

8   Vgl. beispielsweise: Flick, Uwe: Triangulation. Eine Einführung. Wiesbaden, 2008.

Bevor eine empirische Beschäftigung mit den Nutzern von redaktionellen Angeboten in sozialen Netzwerken erfolgen kann, ist es sinnvoll, sich einen Überblick über das Medium „soziale Netzwerke" – seine Entwicklung zum Massenphänomen, seine Anbieter und Nutzer – zu verschaffen. Eine genaue Kenntnis des Phänomens Social Media ist Voraussetzung, um die Nutzungschancen und -grenzen für Redaktionen ausloten zu können. Dabei liegt ein Schwerpunkt des Kapitels auf den bisherigen Erkenntnissen zu Nutzern und Nutzerverhalten in sozialen Netzwerken. Facebook als zurzeit wichtigstem sozialen Netzwerk wird ein eigener Abschnitt gewidmet, zumal sich die folgenden empirischen Erhebungen auf Facebook beziehen.

Auf den theoretischen Ausführungen zu sozialen Netzwerken aufbauend, werden die Auswirkungen von Social Media, darin eingeschlossen soziale Netzwerke, in Beziehung zum Journalismus gesetzt. Die theoretischen Ausführungen tragen dazu bei, das Phänomen redaktionelles Engagement in sozialen Netzwerken in einen größeren Zusammenhang einordnen zu können. Im Zentrum steht die Frage: Welche Konsequenzen hat die technische Weiterentwicklung für das Selbstverständnis und die Rolle des Journalismus in der Gesellschaft? Dabei wird das Beziehungsgeflecht von professionellem Journalismus und alternativen Vermittlungsakteuren analysiert und herausgearbeitet, wie sich die Aufgaben des Journalismus verändert haben und weiter verändern müssen, will er in der neuen digitalen Ära bestehen und seinen gesellschaftlichen Auftrag erfüllen. Soziale Netzwerke sind Orte der Kommunikation. Dass der Dialog mit den Nutzern dort als eine journalistische Aufgabe betrachtet werden kann, zeigen verschiedene journalismustheoretische Ansätze sowie ein Blick auf die Entwicklung der Publikumsorientierung, in deren Tradition redaktionelle Aktivitäten in sozialen Netzwerken verortet werden können. Schließlich werden die möglichen Chancen für Tageszeitungen entwickelt, die sich aus den neuen Aktivitäten ergeben können. Damit ist der theoretische Hintergrund etabliert, ohne den die Forschungsausrichtung der folgenden empirischen Studien nicht zu verstehen ist.

Nachdem das Beziehungsgeflecht von sozialen Netzwerken zu Journalismus in der Theorie dargelegt worden ist, richtet sich der Fokus im Anschluss auf die Praxis. Wie hoch ist die Akzeptanz von

Social Media als Teilaufgabe von Redaktionen? Wie ist die Kompetenzsituation von Redakteuren in diesem Bereich zu bewerten? Wie wird redaktionelles Engagement in Social Media inhaltlich ausgestaltet? Zu diesen und anderen Fragen werden vorläufige Antworten anhand bisheriger Studienergebnisse zusammengetragen. Diese Situation ist der Hintergrund, auf dem die eigenen Erhebungen durchgeführt werden. Sie gibt daher Hinweise für die Ausrichtung der eigenen Forschung und dient gleichzeitig als Vergleichsbasis für die spätere Auswertung.

Bisher liegen kaum empirische Erkenntnisse darüber vor, was Nutzer von Auftritten regionaler Tageszeitungen in sozialen Netzwerken erwarten. Daher wurde eine Online-Befragung von Nutzern dieser Seiten in Facebook durchgeführt, die erste Erkenntnisse zu Interessen und Nutzungsweisen liefert. Die Befragung hat explorativen Charakter. Sie konzentriert sich auf den Untersuchungsgegenstand der regionalen Tageszeitungen, da diese aufgrund veränderter Mediennutzungsgewohnheiten verstärkt nach Kanälen zur Nutzerbindung suchen. Zudem haben frühere Studien, insbesondere für den regionalen und lokalen Nachrichtenbereich, weiteres Forschungspotenzial aufgezeigt.[9]

Eine Inhaltsanalyse von vier Facebook-Auftritten regionaler Tageszeitungen soll als zweite empirische Teilstudie aufzeigen, wie sich die redaktionelle Praxis darstellt. Die Methode der Fallstudie bietet sich an, wenn sich die Forschung zum untersuchenden Themenfeld noch in den Anfängen befindet. Bisher gibt es kaum entsprechende empirische Medieninhaltsanalysen, die aber zu einer wissenschaftlichen Auseinandersetzung mit dem Nutzen der Angebote wichtig sind. Der qualitative Ansatz ermöglicht es, erste Hypothesen und Erkenntnisse über neuartige Phänomene zu entwickeln.[10] Zunächst werden in der Inhaltsanalyse die verschiedenen

---

9   Vgl. beispielsweise: Ophüls, Lars: Zwitschern im Blätterwald. Der Einsatz von Facebook und Twitter in Online-Redaktionen. Unveröffentlichte Diplomarbeit, Dortmund, 2010, S. 66.

10   Vgl. Ebermann, Jana / Fleck, Matthes / Meckel, Miriam et al.: Die Rolle von Journalisten in Sozialen Medien am Beispiel Twitter. URL: http://www2.unine.ch/webdav/site/ajm/shared/documents/Twitter_SGKM_PaperFinalMITAutoren.pdf (18. 09. 2010, 13:17 Uhr)

redaktionellen Aktivitäten erhoben und in einem zweiten Schritt kategorisiert. Die Inhaltsanalyse gibt erste Antworten zu Fragen wie: Welche Art von Posting ruft die meisten Nutzerreaktionen hervor? Wie aktiv sind die Facebook-Nutzer überhaupt? Welche Themen sind besonders beliebt? Wie intensiv werden verschiedene Formen wie Fotos oder Videos verwendet?

Aus dem Abgleich von Ergebnissen der Nutzerbefragung und Inhaltsanalyse lassen sich erste Erkenntnisse darüber gewinnen, inwieweit Redaktionen den Nerv ihrer Nutzer treffen. Um sich den Gründen für mögliche Diskrepanzen zwischen redaktioneller Praxis und Nutzerwünschen zu nähern und um tiefergehende Informationen zur Organisation und zur Wertschätzung der Facebook-Aktivitäten in verschiedenen Zeitungen zu erhalten, werden als abschließendes empirisches Element Experteninterviews mit leitenden Redakteuren ausgewählter lokaler oder regionaler Zeitungen durchgeführt. Sie erweitern den Erkenntnishorizont um eine qualitative Ebene und helfen, die vorangegangenen Ergebnisse besser einzuordnen.

Die Experteninterviews bilden die wesentliche Basis, um schließlich erste, spezifisch auf Redaktionen regionaler Tageszeitungen zugeschnittene Praxisempfehlungen für die Pflege eines Facebook-Auftritts zu entwickeln, die gleichzeitig redaktionell umsetzbar sind und sich an den Interessen der Rezipienten orientieren.

3 Stand der Forschung

So wie soziale Netzwerke in den vergangenen Jahren erheblich an Nutzern gewonnen haben, so ist auch die Menge an Literatur zum Thema angestiegen. Die Mehrheit der Veröffentlichungen ist allerdings populärwissenschaftlicher Natur. Als Beispiele seien hier „Socialnomics. Wie Social Media Wirtschaft und Gesellschaft verändern" von Eric Qualman, „Facebook, YouTube, Xing & Co.: Gewinnen mit Social Technologies" von Charlene Li, „Phänomen Facebook: Wie eine Webseite unser Leben auf den Kopf stellt" von Jakob Steinschaden oder „Wa(h)re Freunde: Wie sich unsere Beziehungen in sozialen Online-Netzwerken verändern" von Thomas Wanhoff genannt.[11]

Die kommunikationswissenschaftliche Forschung zu Journalismus und sozialen Netzwerken steckt noch in ihren Anfängen. Vorhandene Studien nehmen meist das breite Feld der Social Media in den Blick und analysieren die Konsequenzen der veränderten Internetlandschaft für die journalistische Praxis. Zu nennen sind in diesem Zusammenhang vor allem die Studien von Christoph Neuberger, Christian Nuernbergk und Melanie Rischke im Rahmen des DFG-Forschungsprojekts „Journalismus im Internet. Vermittlungsakteure, -strukturen und -leistungen der aktuellen Internetöffentlichkeit".[12] Über mehrere Jahre wurden die Entwicklungen des Internets und seine Auswirkungen auf den Journalismus wissenschaftlich begleitet.

Redaktionelles Engagement in sozialen Netzwerken ist ein Ausdruck einer veränderten Publikumsorientierung. Redaktionen nutzen Kanäle, die vor allem bei jungen Nutzern eher zum Medienalltag gehören als die gedruckte Tageszeitung, um Leser zurückzugewinnen und sie über einen intensiveren Dialog an ihre Produkte zu binden. Diese kommunikationswissenschaftliche Forschung zur Beziehung von Journalisten und Rezipienten blickt, wenn auch eher als Nischendisziplin, auf eine längere Tradition zurück.[13] Zur Publikumsforschung sind eine Reihe Veröffentlichungen erschienen, neuere stammen zum Beispiel von Ralf Hohlfeld oder Andrea

---

11   Vgl. Qualman, Eric: Socialnomics. Wie Social Media Wirtschaft und Gesellschaft verändern. Heidelberg, 2009; Li, Charlene: Facebook, YouTube, Xing & Co. Gewinnen mit Social Technologies. München, 2009; Steinschaden, Jakob: Phänomen Facebook. Wie eine Webseite unser Leben auf den Kopf stellt. Berlin, 2010; Wanhoff, Thomas: Wa(h)re Freunde. Wie sich unsere Beziehungen in sozialen Online-Netzwerken verändern. Heidelberg, 2011.

12   Vgl. Neuberger, Christoph / Nuernbergk, Christian / Rischke, Melanie (Hrsg.): Journalismus im Internet. Profession – Partizipation – Technik. Wiesbaden, 2009.

13   Vgl. Birkner, Thomas / Loosen, Wiebke: Rezeption – Selektion – Partizipation. Journalismus und der Wandel der Publikumsrolle vor und mit dem Aufkommen des Social Web. In: Journalistik Journal 01/2012, S. 20f.

Mlitz.[14] Speziell mit der Partizipation im Online-Journalismus beschäftigen sich Neuberger et al. im oben genannten Forschungsprojekt, Günnewig in ihrer Studie zu Leserbriefen 2.0[15], Nina Springer[16] sowie Thorsten Birkner und Wiebke Loosen.[17]

Neuberger et al. haben 2010 mit ihrer Twitter-Studie eine der ersten empirischen Untersuchungen zum Einsatz von Social Media in deutschen Redaktionen umgesetzt.[18] Da Twitter jedoch eher als Nachrichtendienst und weniger als soziales Netzwerk zu verstehen ist,[19] sind die Ergebnisse nur bedingt auf Facebook übertragbar. Kinnebrock und Kretzschmar haben 2012 im Rahmen einer Studie zum Themenfeld Crossmedia auch Erkenntnisse zu sozialen Netzwerken generieren können.[20]

Weitere kommunikationswissenschaftliche Forschungsarbeiten zum Themenfeld Web 2.0 und Journalismus stammen beispielsweise von Jan Schmidt[21] sowie Stephan Weichert und Leif Kramp.

---

14   Vgl. Hohlfeld, Ralf: Der missachtete Leser revisited. In: Behmer, Markus / Blöbaum, Bernd / Scholl, Armin et al. (Hrsg.): Journalismus und Wandel. Analysedimensionen, Konzepte, Fallstudien. Wiesbaden, 2005, S. 195–224, und Mlitz, Andrea: Dialogorientierter Journalismus. Leserbriefe in der deutschen Tagespresse. Konstanz, 2008.

15   Günnewig, Jenna Zita: Leserbriefe 2.0. Nutzerkommentar ohne Nutzen? Dortmund, 2009.

16   Vgl. Springer, Nina: Suche Meinung, biete Dialog? Warum Leser die Kommentarfunktion auf Nachrichtenportalen nutzen. In: Wolling, Jens / Will, Andreas / Schumann, Christina (Hrsg.): Medieninnovationen. Wie Medienentwicklungen die Kommunikation in der Gesellschaft verändern. Konstanz, 2011, S. 247–264.

17   Vgl. Birkner / Loosen 2012.

18   Neuberger, Christoph / vom Hofe, Hanna Jo / Nuernbergk, Christian: Twitter und Journalismus. Der Einfluss des „Social Web" auf die Nachrichten. Düsseldorf, 2010, S. 12.

19   Vgl. ebd.

20   Vgl. http://www.bpb.de/system/files/dokument_pdf/final_Crossmedia_Abschlussbericht_04_06_2012.pdf (11.01.2013, 10:06 Uhr)

21   Vgl. beispielsweise: Schmidt, Jan-Hinrik / Lampert, Claudia / Schwinge, Christiane: Nutzungspraktiken im Social Web – Impulse für die medienpadagogische Diskussion. In: Jahrbuch Medienpädagogik 8 – Medienkompetenz und Web 2.0. Wiesbaden,

Letztgenannte beschäftigen sich in ihrer Publikation „Digitale Mediapolis" mithilfe von Experteninterviews mit der Zukunft der Netzwerköffentlichkeit[22] und thematisieren im „Innovationsreport Journalismus" auch die Potenziale von sozialen Netzwerken.[23]

Die Mehrheit der empirischen Studien, die sich dezidiert mit Nutzern von sozialen Netzwerken beschäftigt, stammt immer noch aus der amerikanischen (Sozial-) Psychologie oder Pädagogik. Hier sei nur kurz auf die Arbeiten von Lenhart/Madden und Boyd/Ellison sowie Hargittai verwiesen, auf die an späterer Stelle ausführlicher eingegangen wird (vgl. Kap. II. 3.2. und 3.3.).

Analysen zu Nutzerverhalten und Nutzerinteressen in sozialen Netzwerken aus kommunikationswissenschaftlicher Perspektive sind bisher noch rar. Bernadette Kneidinger hat sich in ihrer Studie „Facebook & Co." dem Thema gewidmet.[24] Auch Volker Gehrau und Christoph Neuberger liefern erste empirische Ergebnisse zum Thema in ihrer Untersuchung zu StudiVZ.[25]

Umfassendere empirische Einblicke geben die ARD/ZDF-Onlinestudien 2010, 2011 und 2012, die ZDF-Studie Community 2011 sowie die Veröffentlichung „Nutzung und Funktionen von Social Communitys" des ARD-Forschungsdienstes.[26] Die ZDF-Studie

---

2010, S. 255–270. Schmidt, Jan-Hinrik: Braucht das Web 2.0 eine eigene Forschungsethik? In: Zeitschrift für Kommunikationsökologie und Medienethik, 02/2009a, S. 40–44. Schmidt, Jan: Das neue Netz. Merkmale, Praktiken und Folgen des Web 2.0. Konstanz, 2009.

22 Vgl. Weichert, Stephan / Kramp, Leif / von Streit, Alexander: Digitale Mediapolis. Die neue Öffentlichkeit im Internet. Köln, 2010.

23 Vgl. Kramp / Weichert 2012.

24 Vgl. Kneidinger, Bernadette: Facebook und Co. Eine soziologische Analyse von Interaktionsformen in Online Social Networks. Wiesbaden, 2010.

25 Vgl. Neuberger, Christoph / Gehrau, Volker (Hrsg.): StudiVZ. Diffusion, Nutzung und Wirkung eines sozialen Netzwerks im Internet. Wiesbaden, 2011.

26 Vgl. Busemann, Katrin / Gscheidle, Christoph: Web 2.0: Habitualisierung der Social Communitys. In: Media Perspektiven 07–08/2012, S. 380–390; Busemann, Katrin / Gscheidle, Christoph: Web 2.0: Nutzung steigt – Interesse an aktiver Teilhabe sinkt. In: Media Perspektiven 07–08/2010, S. 359–368; ARD-Forschungs-

Community 2010 konzentriert sich sogar ganz auf die Auswertung des Nutzerverhaltens von Facebook-Usern.[27]

Neben der akademischen Forschung liefern Marktforschungen eine Reihe von Studien zur Situation von sozialen Netzwerken in Deutschland. Auf diese wird mangels vergleichbar umfassender Erhebungen aus akademischer Forschung ebenfalls zurückgegriffen, wenn dies für die Analyse des Kontextes der eigenen empirischen Arbeiten sinnvoll erscheint.

---

dienst: Nutzung und Funktionen von Social Communitys. In: Media Perspektiven 02/2011, S. 115–120.

27 Vgl. Frees, Beate / Fisch, Martin: Veränderte Mediennutzung durch Communitys? In: Media Perspektiven 03/2011, S. 154–164.

II Soziale Netzwerke als Herausforderung für den Journalismus

Die folgenden Kapitel widmen sich dem Phänomen Social Media mit einem Fokus auf die Gruppe der sozialen Netzwerke. Zunächst werden grundlegende Begriffe differenziert und Social Media als technische und soziale Entwicklung in der Geschichte des Internets verortet. Im Anschluss werden Charakteristika der sozialen Netzwerke herausgearbeitet, ihre Funktionen und aktuelle Markttrends aufgezeigt. Empirische Befunde zu Nutzern und ihrem Verhalten werden ausführlich dargelegt, da sie für die Durchführung und Bewertung der eigenen Nutzerbefragung von Bedeutung sind. Das folgende Kapitel widmet sich Facebook, da sich die Inhaltsanalyse ausschließlich auf dieses Netzwerk bezieht und sich die Experteninterviews zu einem großen Teil mit Facebook als größtem sozialen Netzwerk in Deutschland beschäftigen. Den Themenkomplex Social Media schließt ein Kapitel über die gesellschaftliche Bedeutung sozialer Medien und ihrer Perspektive für die Zukunft ab.

1 Was ist Web 2.0, Social Web, Social Media?

Die Begriffe Web 2.0, Social Web und Social Media betonen verschiedene Aspekte desselben Phänomens. Der zuerst entstandene und umfassendste Begriff ist der des Web 2.0, der durch Softwareentwickler Tim O'Reilly 2005 in einem von ihm publizierten Artikel verwendet wurde und der ein enormes Medienecho auslöste.[28] Der Zusatz 2.0 ist eine Anspielung auf die Softwareentwicklung. Dort werden neue Versionen von Software mit Nummern gekennzeichnet. Neue Versionen gehen dabei einher mit grundlegenden Veränderungen.[29] Er fasste unter dem Begriff verschiedene Tendenzen zusammen, die das Internet dank neuer Technologien aus seiner

---

28 Vgl. http://www.oreilly.de/artikel/web20_trans.html (02.12.2010, 18:17 Uhr)

29 Vgl. Schmidt, Jan: Was ist neu am Social Web? Soziologische und kommunikationswissenschaftliche Grundlagen. In: Zerfaß, Ansgar / Welker, Martin / Schmidt, Jan (Hrsg.): Kommunikation, Partizipation und Wirkungen im Social Web. Band 1: Grundlagen

Sicht vereinte. Als wichtigste Prinzipien der neuen Netzwerköffentlichkeit nannte er Dezentralität, Rollenwechsel, Gleichheit und Vernetzung.[30] Zentrales Merkmal des Web 2.0 ist für O'Reilly das Nutzen kollektiver Intelligenz und Nutzerbeteiligung.[31] Bis dahin waren auf das Internet die Regeln der traditionellen Medien übertragen worden. Im Web 1.0 gab es eine klare Trennung von Anbietern und Rezipienten, wobei die Anbieter zentral organisiert waren und professionell arbeiteten. Eine kleine Zahl von Anbietern wandte sich an ein Massenpublikum, das kaum Möglichkeit zur Einflussnahme hatte. Die Öffentlichkeit des Internets hat sich aufgrund der technischen und sozialen Entwicklungen inzwischen grundlegend in ihren Strukturen gewandelt (vgl. Kap. II. 5.).

Mittlerweile sind die Begriffe Social Web und Social Media gebräuchlicher als Web 2.0. Denn sie sind präziser und fokussieren auf die sozialen Veränderungen des Internets aufgrund der neuen technischen Anwendungen, während ihr Vorgänger Web 2.0 technische, ökonomische und rechtliche Aspekte einschließt.[32] Während Web-2.0-Elemente, also partizipative Elemente, mittlerweile in vielen klassischen Websites zu finden sind – zum Beispiel hat Amazon Nutzerbewertungen in seine Produktbeschreibungen integriert –, gehen Social-Media-Websites noch einen Schritt weiter: Sie verzichten gänzlich darauf, eigene Inhalte anzubieten, sondern dienen einzig als Plattform für die Inhalte ihrer Nutzer. Bekannte Beispiele für Social Media sind die Videoplattform Youtube, der Fotodienst Flickr oder auch die Online-Enzyklopädie Wikipedia. Social Media bezeichnet also die speziellen partizipativen Anwendungen im Internet, Social Web die aus der Gesamtheit dieser Programme entstehende soziale Sphäre. Im Social Web kann und soll sich der Nutzer aktiv beteiligen – darin liegt der besondere Reiz und der Erfolg der

---

und Methoden – Von der Gesellschaft zum Individuum. Köln, 2008, S. 19.

30   Vgl. Neuberger / vom Hofe / Nuernbergk 2010, S. 12.

31   Vgl. ebd.

32   Vgl. Ebersbach, Anja / Glaser, Markus / Heigl, Richard: Social Web. Konstanz, 2008, S. 27.

Mitmach-Medien. Die hohe Aktualisierungsfrequenz der Websites führt dabei dazu, dass Nutzer die Seiten immer wieder besuchen.[33] Ebersbach et al. definieren das Social Web als Gesamtheit von

> „webbasierten Anwendungen, die für Menschen den Informationsaustausch, den Beziehungsaufbau und deren Pflege, die Kommunikation und kollaborative Zusammenarbeit in einem gesellschaftlichen oder gemeinschaftlichen Kontext unterstützen sowie den Daten, die dabei entstehen, und den Beziehungen zwischen Menschen, die diese Anwendungen nutzen."[34]

Mit Tom Alby lassen sich demnach zwei grundsätzliche Kategorien von Social Media unterscheiden: Websites, die primär der Kommunikation dienen, und Websites, die zwar auch der Kommunikation der Nutzer dienen, in erster Linie jedoch zum Ziel haben, gemeinschaftlich Inhalte zu produzieren, zu bearbeiten und auszutauschen.[35] Tatsächlich handelt es sich bei der Möglichkeit zur Gestaltung oder Mitgestaltung von eigenen Webangeboten und bei der Verwendung des Internets als öffentliche Kommunikationsplattform eher um kontinuierliche Variablen in einem zweidimensionalem Koordinatensystem, wie Gerhards, Klingler und Trump beschrieben haben, mit deren Hilfe sich das Verhalten der Nutzer erfassen lässt.[36] Beide Ausprägungen sind in verschiedenen Graden in den Webangeboten vorhanden. Soziale Netzwerke sind in diesem Koordinatensystem eher im Bereich der Kommunikation zu verorten, der Aspekt des gemeinschaftlichen Erstellens von Inhalten spielt in der Praxis des Durchschnittnutzers eine untergeordnete Rolle.

---

33 Vgl. Ebersbach, Anja / Glaser, Markus / Heigl, Richard: Social Web. Konstanz, 2010. S. 228.

34 Vgl. Ebersbach / Glaser / Heigl 2008, S. 35.

35 Vgl. Alby, Tom: Web 2.0. Konzepte, Anwendungen, Technologien. München, 2007, S. 90f.

36 Vgl. Gerhards, Maria / Klinger, Walter / Trump, Thilo et al.: Das Social Web aus Rezipientensicht. Motivation, Nutzung und Nutzertypen. In: Zerfaß, Ansgar / Welker, Martin / Schmidt, Jan (Hrsg.): Kommunikation, Partizipation und Wirkungen im Social Web. Köln, 2008, S. 130.

2 Gesellschaftliche und historische Verortung von Social Media

Beobachter neigen dazu, in ihrer Würdigung des Phänomens in Superlativen einen Bruch zur bisherigen Geschichte des Internets und des Computers zu suggerieren. Münker spricht beispielsweise von einer „radikalen Neuerfindung des Internets"[37]. Dabei gerät in den Hintergrund, dass Social Media das Ergebnis einer jahrzehntelangen kontinuierlichen technischen Entwicklung ist – der des Computers von einer Rechenmaschine zum Kommunikationsmedium in seiner heutigen Form. Die Computerexperten stellten sich in der Frühphase des Internets dieses bereits als soziales, demokratisches Medium vor – allein die technischen Möglichkeiten dieser Zeit erlaubten es nur sehr begrenzt, das Netz von einer breiten Masse mitgestalten zu lassen. Die Forschergruppe um Tim Berners-Lee beispielsweise, die die technischen Grundlagen des Webs entwickelte, vertrat bereits damals, Ende der 1980er-, Anfang der 1990er-Jahre, das Prinzip, dass jeder Nutzer potenziell Sender sein sollte, der Inhalte ins Netz einspeisen und mit anderen Inhalten verknüpfen kann.[38] Nach der Etablierung des Internets stellten die größeren Bandbreiten und datenbankbasierten Applikationen einen wichtigen Meilenstein für die Etablierung des Netzes als demokratisches, freies Kommunikations- und Publikationsmittel dar. Denn sie ermöglichten es um die Jahrtausendwende, immer größere Datenmengen im Internet zu hinterlegen. Weitere technologische Entwicklungen führten wenige Jahre später dazu, dass jeder Internetnutzer – auch ohne Programmierkenntnisse, ohne große Mühe und (hohen) finanziellen Aufwand – selbst im Internet publizieren konnte. Eine Voraussetzung für den folgenden Boom der Weblogs, die Entstehung von sozialen Netzwerken und für das Funktionieren aller Social-Media-Websites.

Lange bevor das Schlagwort Web 2.0 geprägt wurde, gab es bereits die Nutzungsformen und Anwendungen, die darunter zusammengefasst werden, doch es dauerte, bis die neuen Möglichkeiten aus der Nische in den Mainstream vordrangen.[39] Erst als die

---

37   Münker, Stefan: Emergenz digitaler Öffentlichkeiten. Soziale Medien im Web 2.0. Frankfurt am Main, 2009, S. 16.

38   Schmidt 2008, S. 21.

39   Vgl. Ebersbach / Glaser / Heigl 2010, S. 26.

Blogs anfingen, sich rasant auszubreiten und die Möglichkeiten dezentraler Nachrichtenverbreitung sichtbar wurden, begannen die Öffentlichkeit, Organisationen, Staaten, Unternehmen und die etablierten Medien, sich mit den Steuerungsmechanismen der neuen Internetöffentlichkeit zu beschäftigen.

Trotz aller historischen Verwurzelung: Das Social Web stellt einen Meilenstein in der Geschichte des Mediums Computer und der Medien im Allgemeinen dar. Denn durch die neuen technischen Möglichkeiten konnte das Internet – mit Max Weber gesprochen – vergesellschaftet und vergemeinschaftet werden.[40] Das Internet wurde spätestens mit dem Siegeszug von Social Media nicht nur zum Massenmedium, sondern zum neuen Leitmedium. Die Auswirkungen der neuen Nutzungsweisen des Netzes gehen dabei weit über das Internet hinaus.[41] Es ist das Medium „über das sich Menschen austauschen und koordinieren. Wenn man so will, ist es das Medium, in dem die heutige Gesellschaft schon heute öffentlich über ihre Situation und ihre Möglichkeiten nachdenkt."[42] Längst ist die Nutzung von Social Media in allen Ausprägungen keine gesellschaftliche Randerscheinung mehr. Es handelt sich nicht mehr um ein „esoterisches Phänomen einer kleinen Klasse technophiler Computeravantgardisten oder netznischennutzender Jugendlicher".[43] Auswirkungen sind in Politik, Wissenschaft, Kunst und Wirtschaft zu beobachten, aber auch in den alltäglichen sozialen Beziehungen. Statt per E-Mail oder Telefon wird die private und geschäftliche Kommunikation immer häufiger über private Nachrichten in sozialen Netzwerken geführt – und zwar vom Schüler bis zum Rentner. Auch die Folgen für die Medienlandschaft sind gravierend. Sie sind ein Grund, warum diese Arbeit überhaupt geschrieben wird. Das Web 2.0 hat einen strukturellen Wandel der Gesellschaft angestoßen, dessen vollständiges Ausmaß noch nicht erfasst werden kann.[44]

---

40 Vgl. Weber, Max: Wirtschaft und Gesellschaft. Grundriss der verstehenden Soziologie. Tübingen, 2002.
41 Vgl. Münker 2009, S. 27f.
42 Ebersbach / Glaser / Heigl 2008, S. 275.
43 Münker, 2009, S. 10 und 19.
44 Vgl. ebd., S.133.

Nach Ebersbach et al. wird das Social Web in Zukunft seine Bedeutung behalten, eher noch weiter an Relevanz gewinnen: „Die Durchdringung unserer Lebenswelt mit Social-Web-Anwendungen ist noch lange nicht an ihr Ende gelangt."[45] Die Geschwindigkeit der Veränderungen, so urteilen Ebersbach et al., werde sich weiter beschleunigen.[46] Gleichzeitig müsse das Social Web noch seine Position in der Medienlandschaft finden. Erst in den nächsten Jahren werden sich stärker Standards und Nutzungsroutinen herausbilden. Ebersbachs Fazit: „So birgt auch in den kommenden Jahren die Aneignung des Social Webs noch große Herausforderungen".[47] Es sei wichtig, dass die Wissenschaft das Phänomen weiter begleite, dessen Strukturen mit realen Trends in der Gesellschaft korrelierten. Die leidenschaftlichen öffentlichen Debatten um Facebook, Twitter und Wikipedia spiegeln nach Ebersbach et al. in letzter Instanz das Ringen um die Handlungsspielräume und Handlungsfähigkeit der Gesellschaft wider.[48]

3   Soziale Netzwerke

Für den Begriff „soziale Netzwerke" werden mehrere Synonyme verwendet: Social Communities oder das englische Social Networks sind auch in der deutschsprachigen Literatur gebräuchlich. Zum Teil werden die Begriffe in der Literatur um den Zusatz Online ergänzt, um eine klare Abgrenzung zu den sozialen Gefügen ohne technische Unterstützung zu machen. Einige Forscher grenzen die technische Grundlage der Online-Plattformen von dem sich daraus ergebenden sozialen Gefüge des sozialen Netzwerks mit dem Begriff Social Networks Sites ab.[49] Diese Unterscheidung wird im Folgenden nicht vorgenommen, sondern es wird sich auf den Be-

---

45   Vgl. Ebersbach / Glaser / Heigl 2011, S. 276.
46   Vgl. ebd.
47   Vgl. ebd., S. 275.
48   Vgl. ebd.
49   Vgl. ARD-Forschungsdienst 2011, S. 115.

griff der sozialen (Online-)Netzwerke für die Gesamtheit des Phänomens beschränkt.

Es gibt eine Vielzahl von Definitionen zu sozialen Online-Netzwerken. Nach Ebersbach et al. vereinen soziale Netzwerke[50] sechs charakteristische Merkmale:

- „Registrierung erforderlich,
- Profilseiten mit Interessen und Tätigkeiten,
- Daten liegen hauptsächlich in strukturierter Form vor,
- Beziehungen zu anderen Menschen werden dargestellt,
- Bekanntschaften über die sprichwörtlichen fünf Ecken werden nachvollziehbar gemacht und
- Starker Bezug zu realen Sozialbindungen."[51]

Boyd und Ellison haben eine kompakte Definition von sozialen Netzwerken entwickelt. Demnach sind diese „web-based services that allow individuals to (1) construct a public or semi-public profile within a bounded system, (2) articulate a list of other users with whom they share a connection, and (3) view and traverse their list of connections."[52]

Darüber hinaus könne grundsätzlich zwischen zwei große Gruppen unterschieden werden: geschäftlich orientierten und freundschaftlich orientierten Netzwerken.[53] Neben Facebook sind in Deutschland meinVZ/studiVZ, Google+, wer-kennt-wen.de und lokalisten.de die bekanntesten freundschaftlich orientierten Netzwerke. Die bekanntesten Businessnetzwerke in Deutschland sind Xing und Linkedin. Während privat orientierte Netzwerke in der Regel kostenlos für die Nutzer sind, stellen Businessnetzwerke ihre

---

50 Mit dem Begriff soziale Netzwerke sind im Folgenden auch ohne den Zusatz „Online", soweit nicht ausdrücklich angemerkt, Online-Netzwerke gemeint.

51 Ebersbach / Glaser / Heigl 2010, S. 96.

52 Boyd, Danah M. / Ellison, Nicole B.: Social Network Sites: Definition, History, and Scholarship. In: Journal of Computer-Mediated Communication 13/2007, S. 211.

53 Vgl. Ebersbach / Glaser / Heigl 2010, S. 99.

kompletten Services nur bei einer kostenpflichtigen Premium-Mitgliedschaft zur Verfügung.

Ebersbach et al. beobachten einen Trend zur Diversifizierung[54]: So gibt es mittlerweile exklusive Netzwerke für den internationalen Jet Set (ASmallWorld), junge (Wirtschafts-)Elite (schwarzekarte. de) oder soziale Netzwerke für gemeinnützige Zwecke (Kaioo) oder für Universitäten (z. B. FH Mainz, Hochschule Vechta, Hochschule Aschaffenburg) und Organisationen (Arbeiterkind, Weltbeweger).[55] Doch auch bei den allgemeinen, freundschaftlich orientierten Netzwerken finde angesichts eines harten globalen Wettbewerbs eine Diversifizierung statt – anhand der Kriterien Alter, Klasse und Kultur.[56] So richtet sich SchülerVZ speziell an die jüngere deutsche Zielgruppe (Alter), das Netzwerk VKontakte konzentriert sich dagegen auf den russischen Markt (Kultur) und ist dort Spitzenreiter noch vor Facebook. In China ist QZone, vorwiegend aufgrund des Verbots von Facebook, das beliebteste soziale Netzwerk (Kultur).[57]

3.1 Funktionen von sozialen Netzwerken

Grundsätzlich funktionieren alle sozialen Netzwerke nach demselben Prinzip: Nutzer können ein Profil anlegen mit Bildern, persönlichen Informationen, Interessen und aktuellen Statusmeldungen.[58] Anschließend können sie ihrem Netzwerk Freunde hinzufügen, sodass die Aktivitäten der Freunde verfolgt werden können und diese wiederum die eigenen Aktivitäten verfolgen und kommentieren

---

54 Vgl. Ebersbach / Glaser / Heigl 2010, S. 102.

55 http://www.opennetworx-stiftung.org/plattform/
%C3%BCberblick/referenzen (Stand: 15.01.2013, 11:17 Uhr)

56 Vgl. Ebersbach / Glaser / Heigl 2010, S. 102.

57 Vgl. http://diepresse.com/home/techscience/internet/1331612/
Marktfuehrer_Nur-vier-Social-Networks-trotzen-Facebook
(15.01.2013, 11:23 Uhr)

58 Die Begriffe Post, Posting, Statusmeldung oder-mitteilung werden im Folgenden synonym verwendet.

können.[59] Meist stehen zudem e-mailähnliche Private-Messaging-Dienste zur Verfügung und Chattools zur synchronen Online-Kommunikation.

Damit integrieren soziale Netzwerke die Funktionen verschiedener auch einzeln verfügbarer Social-Web-Anwendungen: Das Hochladen von Fotos und Videos kann auch in speziellen Foto-(Flickr) oder Videosharing-Plattformen (Youtube) erfolgen. Der Anteil derer, die diese Funktionen innerhalb eines sozialen Netzwerks nutzen, ist jedoch höher als der Anteil derer, die dies auf spezialisierten Plattformen tun. Die ARD/ZDF-Onlinestudie 2010 wagte daher die Aussage: Soziale Netzwerke würden sich zu einem All-in-One-Medium entwickeln, das die verschiedenen Social-Media-Angebote in sich aufsaugt. Tatsächlich sind private soziale Netzwerke seit 2010 die am häufigsten genutzte Social-Web-Anwendung.[60] Und dieser Trend hat sich fortgesetzt. Seitdem haben private soziale Netzwerke nicht mehr an Beliebtheit eingebüßt: Auch 2012 waren soziale Netzwerke die Social-Media-Plattform, die am häufigsten täglich genutzt wird.[61]

Die von Gerhards et al. aufgestellten zwei Dimensionen zur Nutzung von Social Media lassen sich auf soziale Netzwerke als eine Ausprägung von Social Media übertragen: Nutzer können also mithilfe ihrer Aktivität bei der Produktion von Inhalten und mithilfe ihrer Kommunikationsaktivitäten eingeordnet werden.[62] Nutzertypen gruppieren sich nach der Systematik zwischen den Polen individuelle versus öffentliche Kommunikation und aktive versus passive Nutzung. Möglich sei also auch eine Web-1.0-Nutzung der Social-Media-Angebote im Sinn einer betrachtenden und privat kommunizierenden Nutzung.[63]

Die Systematik von Richter und Koch unterscheidet sechs Gruppen möglicher Nutzen von sozialen Netzwerken: Identitätsmanagement, (Experten-)Suche, Kontextawareness (Herstellung eines

---

59 Vgl. Ebersbach / Glaser / Heigl 2010, S. 51.

60 Vgl. Busemann /Gscheidle 2010, S. 364 und Busemann / Gscheidle 2012, S. 387.

61 Vgl. Busemann / Gscheidle 2012, S. 388.

62 Vgl. Gerhards 2008, S. 130f.

63 Vgl. ebd., S. 132.

gemeinsamen Kontexts als Bestandteil menschlicher Beziehungen), Kontaktmanagement (Austausch von Kontaktdaten etc.), Netzwerkawareness (Informiertsein über Aktivitäten im eigenen Netzwerk), gemeinsamer Austausch (über Kommentierung von Pinnwandeinträgen, Chat und persönlichen Nachrichten).[64]

Die Anmeldung bei sozialen Netzwerken erfolgt auf Einladung des Betreibers, von Mitgliedern – meist bei exklusiven Netzwerken – oder durch eine Online-Registrierung auf der Website. In der Regel können Nutzer von kostenlosen Netzwerken auch Einladungen zur Registrierung an ihre Freunde verschicken, die so auf die Möglichkeit einer öffentlich zugänglichen Registrierung hingewiesen werden.[65]

3.2 Nutzerzahlen

Analysen zu Nutzerzahlen und Nutzerverhalten von sozialen Netzwerken stammen in der Mehrzahl aus dem Bereich der Marktforschung.[66] Die folgenden Ausführungen versuchen, so häufig wie möglich auf Erkenntnisse der wissenschaftlichen Forschung zurückzugreifen, da die vorliegende Arbeit selbst in diesem Kontext angesiedelt ist und entsprechende Standards anlegt. Auf Informationen der Marktforschung wird jedoch dann zurückgegriffen, wenn keine oder nur wenige Erkenntnisse aus der akademischen Forschung für wichtige Themenbereiche des vorliegenden Forschungsvorhabens verfügbar sind.[67]

---

64 Vgl. Richter, Alexander / Koch, Michael zitiert nach: Kneidinger 2010, S. 50f.

65 Vgl. Ebersbach / Glaser / Heigl 2010, S. 102.

66 Vgl. beispielsweise: Studie der Tomorrow Focus AG: http://www.tomorrow-focus-media.de/studien/online-markt/info/social-media-effects-2010/ (15.01.2013, 13:20 Uhr), TNS Digital Life Study: http:// http://tnsdigitallife.com/ (15.01.2013, 13:19 Uhr), Social Media Trendmonitor 2012: http://www.newsaktuell.de/pdf/trendmonitor_2012.pdf (13.01.2013, 16:34 Uhr)

67 Dieses Vorgehen gilt für alle weiteren Kapitel. Aus Gründen der Redundanz und Lesbarkeit wird an kommenden Stellen nicht

Soziale Netzwerke befinden sich seit einigen Jahren auf einem rasanten Wachstumskurs. Zu den neueren Erhebungen gehört eine Marktforschung des Branchenverbands Bitkom. Demnach waren im Herbst 2011 bereits rund 40 Millionen Deutsche in sozialen Netzwerken angemeldet.[68] Dies entsprach 74 Prozent aller Internetnutzer in Deutschland. Aktiv in Netzwerken waren 66 Prozent.[69] Im Vergleich zum Vorjahr 2010 erhöhte sich die Zahl der Nutzer von sozialen Netzwerken laut Bitkom um 10 Millionen.[70] Dass soziale Netzwerke in der Mitte der Gesellschaft angekommen sind, bestätigen auch andere Studien. Das Allensbach Institut kommt beispielsweise im Oktober 2012 zu dem Ergebnis, dass 42 Prozent der 14- bis 64-Jährigen in mindestens einem sozialen Netzwerk registriert sind. 88 Prozent dieser Nutzer seien auch bei Facebook angemeldet.[71] Das Statistische Bundesamt gibt an, dass im Jahr 2011 53 Prozent der deutschen Internetnutzer soziale Netzwerke für ihre private Kommunikation verwendet haben.[72]

Die ARD/ZDF-Onlinestudie kommt zu etwas zurückhaltenderen, jedoch trotzdem bemerkenswerten Ergebnissen: Demnach waren 2012 43 Prozent der deutschen Internetnutzer in einem privatorientierten Netzwerk registriert. Dies entspricht 22,88 Millionen Deutschen.[73] Beruflich orientierte Netzwerke spielen dagegen eine untergeordnete Rolle. Hier waren 2012 nur 8 Prozent der Internetnutzer registriert, was 4,19 Millionen Deutschen entspricht.[74] Die Zuwachsraten bei den privaten Netzwerken haben sich dabei im

---

mehr ausdrücklich darauf verwiesen.

68   Vgl. http://www.bitkom.org/67675_67667.aspx (10.01.2013, 11:32 Uhr)

69   Vgl. http://www.bitkom.org/files/documents/SozialeNetzwerke. pdf, S. 4 (10.01.2013, 11:33 Uhr)

70   Vgl. http://www.bitkom.org/67675_67667.aspx (10.01.2013, 11:32 Uhr)

71   Vgl. http://www.ifd-allensbach.de/uploads/tx_reportsndocs/ prd_1207.pdf (05.01.2013, 18:11 Uhr)

72   Vgl. https://www.destatis.de/DE/PresseService/Presse/ Pressemitteilungen/2012/05/PD12_172_63931.html;(02.01.2013, 19:59 Uhr)

73   Vgl. Busemann / Gscheidle 2012, S. 380.

74   Vgl. ebd.

Zeitverlauf auf hohem Niveau reduziert: Waren von 2010 auf 2011 noch 2,5 Millionen neue Nutzer hinzugekommen, waren es von 2011 zu 2012 lediglich 1,4 Millionen.

Die Nutzungsfrequenz der Netzwerke steigt dagegen ungebrochen schnell: Waren laut ARD/ZDF-Onlinestudie 2010 bereits 45 Prozent der deutschen Internetnutzer täglich in einem sozialen Netzwerk aktiv, waren es 2012 sogar 59 Prozent.[75] Einmal eingeloggt, lag die durchschnittliche tägliche Nutzungsdauer 2012 bei 54 Minuten.[76] Bitkom kommt 2011 zu einem ähnlichen Ergebnis: Demnach suchten 59 Prozent der Nutzer ihr favorisiertes Netzwerk täglich auf.[77] Die Nutzung fiel in den Abendstunden am intensivsten aus, dann waren zwei Drittel der mindestens wöchentlichen Nutzer eingeloggt, am Nachmittag war es allerdings nur noch ein Drittel, am Morgen und Mittag blieb die Nutzung auf niedrigem Niveau: Rund 15 Prozent der mindestens wöchentlich aktiven Netzwerknutzer loggten sich ein.[78]

Im internationalen Vergleich sind Deutsche immer noch zurückhaltend in der Nutzung von sozialen Netzwerken: In einer Studie des Pew-Centers von Dezember 2012 erreichte Deutschland mit 33 Prozent Netzwerknutzern unter den Befragten nur den 13. Platz, reihte sich ins Mittelfeld ein, deutlich hinter den Spitzenreitern Großbritannien (52 Prozent), USA und Russland (50 Prozent) sowie Tschechien und Spanien (49 Prozent).[79] Auch das europäische Amt für Statistik bescheinigte den Deutschen 2012 nur eine durchschnittliche Nutzung von sozialen Netzwerken für private Kommunikation: 52 Prozent der deutschen Internetnutzer sind in sozialen Netzwerken aktiv. Damit platzierte sich die Bundesrepublik knapp unter dem EU-Durchschnitt (53 Prozent). Spitzenreiter im EU-Ver-

---

75 Vgl. Busemann / Gscheidle 2012, S. 381 und vgl. Busemann / Gscheidle 2010, S. 365.

76 Vgl. Busemann / Gscheidle 2012, S. 381.

77 Vgl. http://www.bitkom.org/files/documents/SozialeNetzwerke. pdf, S. 10 (05.01.2013, 09:51 Uhr)

78 Vgl. Busemann, Katrin / Fisch, Martin / Frees, Beate: Dabei sein ist alles - Zur Nutzung privater Communitys. In: Media Perspektiven 05/2012, S. 264.

79 Vgl. http://www.pewglobal.org/2012/12/12/social-networking-po-pular-across-globe/ (02.01.2013, 19:58 Uhr)

gleich waren Lettland mit 79 Prozent und Ungarn mit 76 Prozent, Schlusslicht ist Österreich mit 45 Prozent.[80]

Bei der Nutzung sozialer Netzwerke konzentrieren sich die Deutschen zunehmend auf eine Plattform. 2012 beschränkten sich 58 Prozent der Internetnutzer auf eine Mitgliedschaft, zwei Profile unterhielten immerhin noch ein Drittel. Drei und mehr Profile pflegten nur noch 11 Prozent. Im Jahr zuvor waren es noch 24 Prozent gewesen.[81] Vor allem bei den jüngeren Altersgruppen sind die Plattformen mittlerweile selbstverständlich: 88 Prozent der 14- bis 19-Jährigen und 74 Prozent der 20- bis 29-Jährigen verfügten 2012 über ein Profil.[82] Beide Gruppen nutzten die Plattformen intensiv: 85 Prozent der Teenager und 67 Prozent der Twens waren täglich in sozialen Netzwerken, im Vergleich zu 2011 ein Zuwachs um 22 beziehungsweise 5 Prozentpunkte.[83] Beide Altersgruppen wandten 2012 pro Tag deutlich mehr Zeit als der Durchschnitt für das Netzwerk auf – 77 beziehungsweise 62 Minuten.[84]

Auch andere Studien bestätigen, dass sich das Gros der aktiven Mitglieder noch aus den jüngeren Altersgruppen rekrutiert: Laut Bitkom verfügten im Herbst 2011 92 Prozent der Unter-30-Jährigen über ein eigenes Profil in einem sozialen Netzwerk, insgesamt waren dies 74 Prozent aller Internetnutzer.[85] Ergebnisse des Allensbach Instituts zeichnen ein ähnliches Bild, obwohl sie etwas zurückhaltender ausfallen. Demnach waren 2011 bereits 74,3 Prozent der 14- bis 29-Jährigen, aber nur 40,5 Prozent der Gesamtbevölkerung Mitglieder in sozialen Netzwerken.[86] Das Statistische Bundesamt gibt den Prozentsatz unter den 16- bis 24-Jährigen An-

---

80 Vgl. https://www.destatis.de/DE/PresseService/Presse/Pressemitteilungen/2012/05/PD12_172_63931.html (02.01.2013, 19:59 Uhr)

81 Vgl. Busemann / Gscheidle 2012, S. 380.

82 Vgl. ebd.

83 Vgl. ebd., S. 381.

84 Vgl. ebd.

85 Vgl. http://www.bitkom.org/files/documents/SozialeNetzwerke. pdf, S. 7 (02.01.2013, 17:28 Uhr)

86 Vgl. http://www.acta-online.de/praesentationen/acta_2011/ acta_2011_ecommerce.pdf (15.01.2012, 14:08 Uhr)

fang 2011 mit 91,2 Prozent an.[87] Amerikanische Studien bestätigen die deutschen Erhebungen zur Altersstruktur der Nutzer. Auch hier ist die Altersgruppe der Unter-30-Jährigen die am stärksten in sozialen Netzwerken vertretene. Nach Madden waren beispielsweise Anfang 2012 87 Prozent der 18- bis 29-Jährigen registriert, unter den 30- bis 49-Jährigen waren es nur 72 Prozent, unter den 50- bis 64-Jährigen nur noch 50 Prozent.[88]

Laut ARD/ZDF-Onlinestudie verzeichnet in Deutschland vor allem die mittlere Altersklasse deutliche Zuwachsraten: Von 2011 zu 2012 stieg die Zahl der 30- bis 39-jährigen Internetnutzer mit einem eigenen Profil in einem sozialen Netzwerk um 11 Prozentpunkte auf 56 Prozent an. 53 Prozent von ihnen sind sogar täglich aktiv. Ab den 40-Jährigen nimmt der Anteil der Netzwerknutzer deutlich ab: Von den 40- bis 49-Jährigen waren lediglich 25 Prozent in einem privaten Netzwerk registriert. Doch auch hier loggten sich immerhin 40 Prozent täglich ins Netzwerk ein. Bei den Internetnutzern von 50 bis 59 Jahren war die Nutzung ebenfalls erst schwach ausgeprägt: Nur 25 Prozent waren registriert, davon waren jedoch 40 Prozent täglich aktiv.

Das Statistische Bundesamt ermittelte für 2011 dagegen einen etwas höheren Anteil an älteren Nutzern: Von den 45- bis 64-Jährigen hätten 32,5 Prozent soziale Netzwerke für private Kommunikation genutzt, unter den Über-64-Jährigen seien es 28,3 Prozent gewesen.[89] Von einer noch weiter fortgeschrittenen Nutzung der sozialen Netzwerke durch mittlere und ältere Altersgruppen spricht Bitkom: „80 Prozent der 30- bis 49-Jährigen und immerhin jeder Zweite über 50 haben ein Profil in mindestens einem Netzwerk", so eine Studie.[90]

In den USA ist der Alterswandel bereits weiter entwickelt und in Erhebungen ausführlich dokumentiert. Studien von Lenhart et al. und Purcell haben in den vergangenen Jahren übereinstimmend einen rasanten Anstieg der Nutzungsraten der über 50-Jährigen be-

---

87 Vgl. Tabelle des Statistischen Bundesamts, Anhang, D. I.

88 Vgl. http://pewinternet.org/~/media//Files/Reports/2012/PIP_Older_adults_and_internet_use.pdf, S. 9 (02.01.2013, 17:41 Uhr)

89 Vgl. Tabelle des Statistischen Bundesamts, Anhang, D. I.

90 http://www.bitkom.org/67675_67667.aspx (15.01.2012, 14:08 Uhr)

stätigt.[91] Nach Zickuhr und Madden stieg von 2009 bis 2011 der Anteil der über 65-Jährigen, die in sozialen Netzwerken registriert sind, um 150 Prozent auf 33 Prozent. 2012 war demnach ein Drittel (34 Prozent) der Internetnutzer im Alter von 65 Jahren oder älter in sozialen Netzwerken registriert; von den 50- bis 64-Jährigen nutzten 50 Prozent soziale Netzwerke.[92] Madden stellte bereits 2010 fest, dass ältere Menschen in sozialen Netzwerken zunehmend „repeated visitors" sind und die Plattformen vermehrt als „newer addition to their daily digital diet" annehmen.[93] So suchten 2012 18 Prozent der Über-65-Jährigen eine solche Plattform täglich auf, während es 2010 noch 13 Prozent waren. Auch hier setzt sich der Alterswandel weiter fort.[94]

Nicht nur die Mediennutzungsgewohnheiten, sondern auch die Zugangswege zu digitalen Informationen sind im Begriff, sich zu verändern. Dies betrifft auch soziale Netzwerke. Längst greifen nicht mehr alle Nutzer von stationären PCs auf die Plattformen zu. Mobile Endgeräte wie Smartphone oder Tablet-PCs haben in den vergangenen Jahren massiv an Bedeutung gewonnen: Ein Viertel der Nutzer loggte sich 2012 via Smartphone ein. Bei den 14- bis 19-Jährigen betrug der Anteil sogar rund ein Drittel (34 Prozent). Via Tablet-PCs kommen erst 3 Prozent auf die Plattformen. Jeder fünfte Nutzer gab dezidiert an, die Plattformen von unterwegs aus zu nutzen. Unter den 14- bis 19-Jährigen war es jeder Dritte.[95] Mit dem Nachrücken der jungen Generationen ist also mit einer weiteren Verschiebung der Zugangswege zu rechnen. Eine Studie von Bitkom zeichnet ein ähnliches Bild: Danach kommen mit 71 und 69 Prozent die meisten Nutzer noch über einen stationären PC oder einen Laptop ins Netzwerk, 35 Prozent jedoch loggen sich bereits via

---

91   Vgl. ARD-Forschungsdienst 2011, S. 115.

92   Vgl. http://pewinternet.org/~/media//Files/Reports/2012/PIP_Older_adults_and_internet_use.pdf (02.01.2013, 17:41 Uhr)

93   Vgl. http://www.pewinternet.org/Reports/2010/Older-Adults-and-Social-Media.aspx (02.01.2013, 17:41 Uhr)

94   Vgl. http://pewinternet.org/~/media//Files/Reports/2010/Pew%20Internet%20-%20Older%20Adults%20and%20Social%20Media.pdf und vgl. http://pewinternet.org/~/media//Files/Reports/2012/PIP_Older_adults_and_internet_use.pdf (05.01.2013, 9:37 Uhr)

95   Vgl. Busemann / Fisch 2012, S. 261.

Smartphone ein. Tablet-PCs spielen mit 5 Prozent noch eine untergeordnete Rolle. Von unterwegs nutzen 44 Prozent soziale Netzwerke, unter den 14- bis 29-Jährigen sind es 57 Prozent.[96] Die enorme Bedeutung, die soziale Netzwerke bereits im Spektrum der Internetnutzung erreicht haben, spiegelt sich beispielsweise in der Tatsache wider, dass bereits 2010 die Zahl von Accounts in sozialen Netzwerken die von registrierten E-Mail-Postfächern überstieg und Nutzer deutlich mehr Zeit in sozialen Netzwerken verbrachten, als sie für E-Mails aufwandten.[97] 2012 gehörten die Plattformen zu den fünf am häufigsten genutzten Online-Anwendungen überhaupt – nach Suchmaschinennutzung, E-Mail, gezielter Informationssuche und ziellosem Surfen.[98] Unter den Web-2.0-Anwendungen allein lagen die sozialen Netzwerke sogar auf dem dritten Platz, nur überholt von Wikipedia und Videoplattformen.[99]

3.3 Nutzerverhalten

Auf welche Art und Weise werden soziale Netzwerke genutzt? Was tun Menschen, wenn sie sich dort einloggen? Antworten auf diese Fragen tragen dazu bei, einzuschätzen, ob Medienengagement in sozialen Netzwerken auf Interesse stößt und können Anhaltspunkte dafür geben, wie es bestenfalls gestaltet sein könnte.

Eine Reihe von Studien beschäftigt sich nicht vorrangig mit dem Nutzungsverhalten auf den Plattformen, sondern analysiert das Phänomen aus pädagogischer oder psychologischer Sicht. Da diese Analysen für die Beantwortung der Forschungsfrage wenig zielführend sind, wird auf die Studien im Folgenden nicht eingegan-

---

96   Vgl. http://www.bitkom.org/files/documents/SozialeNetzwerke.
      pdf, S. 19 (06.01.2013, 11:47 Uhr)

97   Vgl. http://www.ikosom.de/2010/05/11/aktuelle-social-media-stu-
      dien-im-uberblick-mai-2010 und http://discoverdigitallife.com/
      downloads/pdf/Caveats.pdf (06.01.2013, 11:48 Uhr)

98   Vgl. van Eimeren, Birgit / Frees, Beate: 76 Prozent der Deutschen
      online – Neue Nutzungssituation durch mobile Endgeräte. In:
      Media Perspektiven 07-08/2012, S. 369.

99   Vgl. Busemann / Gscheidle 2012, S. 381.

gen. Studien zu Nutzungsgewohnheiten und Nutzungsmotiven sind vor allem für den deutschen Nutzerkreis bisher noch rar. Eine der umfassendsten und jüngsten Antworten für Deutschland gibt die ARD/ZDF-Onlinestudie 2012. Sie macht drei wesentliche Nutzungsmotive aus: die Selbstdarstellung, das Vernetzen und Kontakthalten sowie die private und themenbezogene Information.[100] Dies bestätigen andere Studien, die als wesentliche Gratifikationen der Plattformen Beziehungs- und Identitätsmanagement ausmachen. Häufig ist die Plattform eine Ergänzung für die Pflege von Offline-Kontakten. Das Schließen neuer Kontakte scheint nachrangig.[101] Aus den Motiven resultiert Kommunikation als hauptsächliche Aktivität in den sozialen Netzwerken. 73 Prozent der Nutzer kommunizieren mindestens einmal wöchentlich, indem sie Beiträge schreiben oder kommentieren, persönliche Nachrichten verschicken oder chatten.[102]

Im Vergleich zur vorangegangenen Studie aus dem Jahr 2010 hat die Kommunikationsfreude um 6 Prozent abgenommen. Dies ist einem nachlassenden Interesse an der One-to-One-Kommunikation in Form von Chat und Privatnachrichten geschuldet, die so wie die One-to-Many-Kommunikation unter dem Item subsummiert wurde. Das aktive Schreiben von Beiträgen allein hat zugenommen: Waren es 2010 noch 42 Prozent, die dies mindestens einmal wöchentlich taten, bejahen es 2012 52 Prozent der Nutzer – ein

---

100 Busemann / Gscheidle 2012, S. 380f.

101 Vgl. beispielsweise folgende Studien: Ellison, Nicole B. /Steinfield, Charles /Lampe, Cliff: The Benefits of Facebook-Friends: http://jcmc.indiana.edu/vol12/issue4/ellison.html (07.01.2013, 14:55 Uhr), Lenhart, Amanda / Madden, Mary: Social Networking Websites and Teens: http://www.pewinternet.org/~/media//Files/Reports/2007/PIP_SNS_Data_Memo_Jan_2007.pdf. (07.01.2013, 14:55 Uhr), Flöck, Meike / Schäfer, Ilona / Steinkamp, Tobias: Freundschaftspflege statt Kontaktsuche. Nutzerbefragung II: Nutzung, Motive und Kontaktverhalten im StudiVZ. In: Neuberger, Christoph / Gehrau, Volker (Hrsg.): StudiVZ. Diffusion, Nutzung und Wirkung eines sozialen Netzwerks im Internet. Wiesbaden, 2011, S. 131.

102 Vgl. Busemann / Gscheidle 2012, S. 382.

bemerkenswerter Anstieg.[103] Der Trend scheint demnach zur One-to-Many-Kommunikation zu gehen. Die Nutzer scheinen vermehrt die charakteristischen Stärken der Plattformen zu verstehen und zu nutzen, indem sie sich in einer individuell festlegbaren Halböffentlichkeit äußern. 43 Prozent gaben an, ihre Interessen und Erlebnisse mit anderen zu teilen. Im Vergleich zu 2010 tun sie dies immer häufiger auch auf Seiten von Unternehmen oder in Gruppen: Der Wert stieg von 23 Prozent auf 32 Prozent im Jahr 2012.[104] Insgesamt nutzen Teens und Twens die verschiedenen Kommunikationsmöglichkeiten mit einem Plus von 16 Prozent deutlich häufiger als die Gesamtheit der Nutzer.[105]

Neben der Kommunikation ist mit 66 Prozent das Sich-Informieren über Neuigkeiten im eigenen Netzwerk die wichtigste Aktivität.[106] Dies geschieht in der Regel über die eigene Startseite und schließt sowohl Informationen von Privatpersonen als auch von Seiten professioneller Anbieter ein, soweit diese ins eigene Netzwerk aufgenommen worden sind. Inwieweit Nutzer Interesse haben, im Netzwerk speziell Informationen von professionellen Nachrichtenvermittlern zu erhalten, wird in Kapitel II. 4.3. ausführlich dargestellt.

4 Facebook

Facebook wurde 2004 vom Harvard-Studenten Mark Zuckerberg entwickelt, ursprünglich als Online-Netzwerk für Studenten der Universität Harvard. 2006 wurde das Netzwerk auch für Nicht-Studenten geöffnet und erlebte seitdem einen rasanten Popularitäts- und in der Folge Nutzeranstieg. Seit 2008 ist es in einer deutschen Version im Netz. Immer wieder waren die Facebook-Entwickler in der Vergangenheit wegen Nutzung von persönlichen Daten der

---

103   Vgl. Busemann / Gscheidle 2012, S. 382 und Busemann / Gscheidle 2010, S. 365.
104   Vgl. ebd.
105   Vgl. Busemann / Gscheidle 2012,, S. 383.
106   Vgl. ebd., S. 382.

Nutzer und somit fahrlässigen Umgangs mit der Privatsphäre in die Kritik geraten.[107] Im Herbst 2011 stellte das Unternehmen mit der Timeline, in Deutschland auch als Chronik bezeichnet, ein neues Design vor, das bestehende Nutzer zunächst auf freiwilliger Basis für ihr Profil übernehmen konnten, das Facebook ab Januar 2012 sukzessive verpflichtend einführte.[108] Für Unternehmen wurde es Ende März 2012 zur Pflicht.[109] Im Mai 2012 ging das Unternehmen an die Börse.[110] Bis heute hat das Unternehmen jedoch kein tragfähiges Geschäftsmodell entwickelt, was sich auch im Aktienkurs widerspiegelt. Dieser blieb bisher (Stand: Januar 2013) konstant unter dem Ausgabewert von 38 US-Dollar zurück. Teilweise brach er auf bis zu 17,55 US-Dollar ein.[111]

Davon unbeeinflusst gewinnt die Plattform seit Jahren rasant Mitglieder und steigt in der Beliebtheit ihrer Nutzer. Facebook ist unangefochten das größte soziale Netzwerk in Europa[112] und weltweit. Nach Angaben des Unternehmens zählte die Plattform im Oktober 2012 1 Milliarde aktive Nutzer[113] weltweit. In Deutschland sind im Januar 2013 25.213.680 aktive Nutzer registriert.[114] Facebook war im Januar 2013 die am zweithäufigsten besuchte Website in Deutschland.[115]

Seit mehreren Jahren ist die Plattform das beliebteste soziale Netzwerk in Deutschland: Verfügten 2010 noch 57 Prozent aller Nutzer von sozialen Netzwerken über ein Profil bei Facebook,

---

107 Vgl. Ebersbach / Glaser / Heigl 2010, S.112.

108 Vgl. http://www.sr-online.de/sronline/nachrichten/panorama/artikel11350.html (10.01.2013, 10:45 Uhr)

109 Vgl. http://allfacebook.de/news/pages-timeline/ (10.01.2013, 10:46 Uhr)

110 Vgl. Busemann / Gscheidle 2012, S. 380.

111 Vgl. http://www.finanzen.net/chart/facebook (10.01.2013, 09:38 Uhr)

112 Vgl. http://www.comscore.com/ger/Press_Events/Press_Releases/ 2011/2/comScore_Releases_The_2010_Europe_Digital_Year_in_ Review (05.01.2013, 17:54 Uhr)

113 http://newsroom.fb.com/Key-Facts (05.01.2013, 17:53 Uhr)

114 Vgl. http://allfacebook.de/userdata/ (05.01.2013, 18:02 Uhr)

115 Die Traffic-Zahlen stammen von Alexa Internet. Aktuelle Zahlen unter: www.alexa.com

waren es zwei Jahre später 81 Prozent.[116] Lange Zeit waren die VZ-Netzwerke, allen voran das studiVZ, das in Deutschland beliebteste Netzwerk. Doch die Verteilung der Nutzerzahlen änderte sich nach und nach mit Erscheinen einer deutschen Facebook-Version 2008. Mittlerweile lässt Facebook seine Konkurrenten mit Abstand hinter sich. Wichtige Vorteile für Facebook-Nutzer gegenüber Konkurrenzplattformen liegen vor allem in der Vielseitigkeit des Netzwerks, in der Internationalität und der bereits großen Verbreitung im Freundeskreis: „In Facebook ist die Masse, und wo die Masse ist, da sind auch die Freunde."[117]

Der Mitgliedervorsprung von Facebook ist mittlerweile beachtlich. Die regelmäßigen Auswertungen der ZDF-Community-Studie zeichnen deutlich den Aufstieg von Facebook zur Marktmacht nach. Demnach sind bei Facebook 2011 75 Prozent der Befragten registriert, bei Stayfriends 30 Prozent, bei Wer-kennt-wen 24 Prozent, bei studiVZ 17 Prozent und bei MeinVZ und Google+ 15 Prozent. Twitter und Xing folgen mit 14 und 12 Prozent, Schüler-VZ erreicht 9 Prozent.[118] Noch ein Jahr zuvor war die Konkurrenz von Facebook zumindest etwas weniger abgeschlagen: 2010 kam Wer-kennt-Wen noch auf 48 Prozent, Stayfriends auf 42 Prozent. Die VZ-Netzwerke erreichten in ihrer Gesamtheit nur 38 Prozent und konnten sich somit leicht steigern. Das beruflich ausgerichtete Netzwerk Xing fiel von 18 Prozent 2010 um 6 Prozentpunkte zurück.[119] Google+, das erst im Juni 2011 an den Markt gegangene Netzwerk, das vor seinem Start als großer Konkurrent von Facebook und möglicher nächster Hype gehandelt wurde, konnte diese Erwartungen nicht erfüllen. Es reiht sich weit abgeschlagen mit 60 Prozentpunkten Rückstand auf den führenden Facebook auf Rang fünf der beliebtesten Netzwerke ein. Einschränkend muss zwar angemerkt werden, dass die Erhebungen für Google+ aus dem ersten Jahr seines Bestehens stammen, seitdem konnte die Plattform jedoch nicht gravierend an Bedeutung gewinnen.

---

116 Vgl. Frees / Fisch 2011, S.155 und vgl. Busemann / Gscheidle 2012, S. 380.

117 Vgl. Frees / Fisch 2011, S.158 und vgl. Busemann / Fisch / Frees 2012, S. 259.

118 Vgl. Busemann / Fisch / Frees 2012, S. 260.

119 Vgl. Frees / Fisch 2011, S.155.

4.1 Besondere Facebook-Funktionen

Neuberger beschreibt Facebook treffend als einen „Ort für alles und für alle"[120]. Es sei ein Versuch, das Handeln einer großen Teilnehmerzahl mit möglichst wenigen Regeln und einem komfortablen Zugriff auf viele Kommunikationsoptionen zu rahmen.[121] Layout und Design der Software wurden stilbildend. Im Zentrum von Facebook stehen die Statusmeldungen in Form von Text, Fotos, Videos oder Links, die jeder Nutzer posten kann und die den befreundeten Nutzern auf ihrer Startseite angezeigt werden (Newsstream), es sei denn, sie sind explizit von Informationen eines Freundes ausgeschlossen. Ebenfalls als Statusmeldungen werden – je nach individuellen Einstellungen – Aktivitäten des Nutzers im Netzwerk angezeigt. Der microblogartige Nachrichtendienst ist mit Twitter vergleichbar, jedoch komfortabler zu benutzen und eingebettet in alle anderen Funktionen eines sozialen Netzwerks, wie zum Beispiel Direktnachrichten oder Profile mit Fotos, Kontaktdaten, Hobbys Interessen und Bildungsweg.

Facebook unterscheidet zwei Hauptkategorien von Accounts: Während Einzelpersonen Profile erstellen können, auf denen Informationen zu ihrer Person, ihre Fotos und Statusmeldungen gebündelt und chronologisch angeordnet sind, können Unternehmen und Organisationen sogenannte Seiten anlegen, die früher offiziell Fanseiten genannt wurden. Denn obwohl Facebook als privatorientiertes Netzwerk eingestuft wird, ist es längst auch eine Plattform für professionelle Kommunikatoren geworden, die diese für Werbung und Marketing nutzen.

Die Seiten haben eine den Profilen sehr ähnliche Optik und verfügen im Wesentlichen über die gleichen Funktionen wie die Profile privater Nutzer, unterscheiden sich jedoch in einigen Details.[122]

---

120 Vgl. Neuberger, Christoph: Soziale Netzwerke im Internet. Kommunikationswissenschaftliche Einordnung und Forschungsüberblick. In: Neuberger, Christoph / Gehrau, Volker (Hrsg.): StudiVZ. Diffusion, Nutzung und Wirkung eines sozialen Netzwerks im Internet. Wiesbaden, 2011, S. 83.

121 Vgl. ebd.

122 Einen Kurzüberblick, wie Medienunternehmen eine Fanseite erstellen und pflegen können, haben Ulrike Langer und Annet-

Beim Erstellen einer Seite muss zunächst festgelegt werden, für welche Art Unternehmen diese sein soll: einem lokalen Unternehmen oder Ort, Unternehmen oder Organisation, Marke oder Produkt, Unterhaltung, Anliegen oder Gemeinschaft und Künstler oder öffentliche Person. Die Seite selbst kann stärker als ein Profil mithilfe zahlreicher Optionen individualisiert werden, zum Beispiel über Facebook-Apps, Social-Plugins oder mithilfe der Programmierschnittstelle Graph API.[123] Ein wesentlicher und für Nutzer leicht zu erkennender Unterschied: Statt sich zu befreunden, können Nutzer auf den Seiten einen „Gefällt mir"-Button anklicken und sich so die Statusaktualisierungen in ihren Newsfeed holen. Bei Profilen können zudem neben der Pinnwand und Infoseite weitere Unterseiten angelegt werden, zum Beispiel für Videos, Veranstaltungen oder Store Finder. Auch Firmenblogs können eingebunden und Umfragen durchgeführt werden.[124] Seitenbetreiber haben, anders als private Facebook-Nutzer, darüber hinaus die Möglichkeit, Statistiken zur eingerichteten Facebook-Seite einzusehen.[125]

Eine Besonderheit von Facebook, die für die schnelle virale Verbreitung von Nachrichten im Netzwerk verantwortlich ist, sind die Funktionen „Gefällt mir" und „Teilen". Statusmeldungen von Freunden und Seiten können Nutzer mit einem Klick auf einen „Gefällt mir"-Button positiv bewerten. Eine interessante Statusmeldung anderer Nutzer kann mit einem Klick auch geteilt werden, sodass diese wie ein eigener Post auf der Seite des Nutzers gleichsam als dessen Empfehlung erscheint, wahlweise mit einem Kommentar von ihm versehen. Diese Aktivitäten werden wiederum befreundeten Nutzern mitgeteilt, sodass die Postings samt Autor eine gewisse Bekanntheit erhalten.

---

te Schwindt 2011 in der Journalisten-Werkstatt Social Media beschrieben, S. 6–9.

123 Ausführliche Informationen bietet der Best Practice Guide, den Facebook zur Erstellung von Pages bereitstellt: http://ads. ak.facebook.com/ads/FacebookAds/FB_PagesGuide_Media-Kit_051611.pdf (07.10.2011, 15:45 Uhr)

124 Vgl. Schwindt, Annette: Das Facebook-Buch. Köln, 2010, S. 209–211.

125 Vgl. ebd., S. 227.

Neben den Profilen und Seiten gibt es bei Facebook eine große Anzahl Gruppen, wobei eine Mitgliedschaft allein durch die zum Teil aussagekräftigen Gruppen-Namen zum Statement werden kann. Allerdings spielen die Seiten der Gruppen innerhalb des Netzwerks eine untergeordnete Rolle. Ebenfalls beliebt sind Facebooks Online-Spiele, die mit wenigen Klicks kostenlos nutzbar sind und die sich ohne eindeutiges Ende um das Entwickeln von Ressourcen und das Vernetzen mit anderen Facebook-Spielern ranken.[126]

Über Social Plugins können externe Websites angebunden werden. Das bekannteste Plug-in ist der „Gefällt mir"-Button, der auf Nichtfacebook-Websites unter Artikeln oder Videos zu finden ist. Mit einem Klick können bei Facebook angemeldete User das Element liken, was dann auf der Pinnwand kundgetan wird. Als funktionale Erweiterung kann auch der Kurznachrichtendienst Twitter in die eigene Facebook-Nutzung integriert werden.[127] Mithilfe von Clients ist auch die komfortable Nutzung des Netzwerks von unterwegs mittels Smartphone möglich. Über diese Erweiterungen und Services gelingt es Facebook, seine Marktposition auszubauen und zu festigen.

4.2 Infos zur deutschen Nutzerschaft und ihrem Nutzungsverhalten

Aufgrund der Beliebtheit von Facebook bei deutschen Nutzern und der medialen Aufmerksamkeit, die die Plattform seit einigen Jahren genießt, gibt es mittlerweile einige Studien, die sich gezielt mit diesem sozialen Netzwerk beschäftigen – Nutzer, Nutzungsweisen und -motive analysieren. Die folgende Darstellung konzentriert sich im Wesentlichen auf die Ergebnisse einer Studie von Bernadette Kneidinger, die sich intensiv mit deutschen Facebook-Nutzern beschäftigt hat.

---

126 Eine umfassende Beschreibung, welche Nutzungsmöglichkeiten Facebook bietet, findet sich beispielsweise in: Schwindt 2010.

127 Vgl. bspw. Hoffmeister, Christian: Social Media als Herausforderung für Zeitungsverlage. Potenziale - Produkte – Perspektiven. Berlin, 2012, S. 15.

Demnach sehen zwei Drittel der deutschsprachigen Facebook-Nutzer das Netzwerk als integralen Bestandteil ihres Alltags. Ein Großteil ist mehrfach täglich eingeloggt. Je jünger die Nutzer sind, desto höher der Zeitaufwand, der für Facebook verwendet wird, ergab die Befragung.[128] Die mit Abstand am häufigsten genannten Nutzungsfunktionen sind „Facebook zur sozialen Kontaktpflege" und „Soziale Informationsfunktion". Nach Kneidingers Ergebnissen spielt die Selbstpräsentation eine untergeordnete Rolle.[129]

In erster Linie werde das Netzwerk zur Pflege beziehungsweise Intensivierung bestehender Kontakte genutzt: „Das Kennenlernen von neuen Personen sowie die Etablierung von sogenannten Online-Bekanntschaften spielt [...] für die befragten Nutzer kaum eine Rolle."[130] Dies wird von verschiedenen internationalen Studien bestätigt.[131] Kneidingers Studie ist eine der wenigen auf den deutschen Sprachraum bezogenen und bestätigt damit Granovetter. Dieser betont, dass vor allem die „weak ties", die lockeren sozialen Bindungen, entscheidend für den Informationsfluss sind, da diese die Verbindung zwischen einzelnen sozialen Gruppen herstellen. Gerade diese lockeren Beziehungen könnten mithilfe von sozialen Netzwerken ohne großen Aufwand gepflegt werden.[132] Bei lockeren Bindungen nimmt die Bedeutung von Facebook nach Kneidingers Studie zu: Fast zwei Drittel der Befragten waren überzeugt, dass sich die Aktivitäten im Online-Netzwerk positiv auf ihre lockeren sozialen Bindungen auswirken. Die Interaktion fällt jedoch deutlich geringer aus als bei starken Bindungen.[133]

Kneidinger vermutet auf Grundlage ihrer Studienergebnisse, dass „durch die Kontaktpflege über das Online Social Network neue

---

128 Vgl. Kneidinger 2010, S. 129.

129 Vgl. ebd., S. 132.

130 Ebd., S. 129.

131 Vgl. beispielsweise: Boyd, Danah: Why Youth (Heart) Social Network Sites. The Role of Networked Publics in Teenage Social Life. In: MIT Press 2007, S.119–142; Boyd / Ellison 2007; Ellison / Steinfield / Lampe 2007.

132 Vgl. Ebersbach / Glaser / Heigl 2010, S.198.

133 Vgl. Kneidinger 2010, S. 131.

Anknüpfungspunkte für Kontakte abseits der Online-Sphäre geschaffen werden bzw. Beziehungen so intensiviert oder aufgefrischt werden, dass sich die Kommunikation über Telefon oder bei persönlichen Treffen intensiviert."[134] Die Studie bestätigt, dass soziale Netzwerke herkömmliche Kontaktwege nicht ersetzen, sondern eine Ergänzung darstellen – vor allem für die Pflege von Beziehungen zu bereits bekannten oder befreundeten Personen. Ein wesentlicher Mehrwert sei die leichte Integrationsmöglichkeit in die sonstige Computernutzung und die Bündelung von unterschiedlichen Kommunikationskanälen, Unterhaltungs- und Selbstpräsentationsmöglichkeiten.[135] Die Befragten zeigen eine hohe emotionale Bindung an das Netzwerk und zeichnen sich durch eine relativ hohe Offenheit für Neues aus.[136]

4.3 Interesse der Mediennutzer an redaktionellen Auftritten in sozialen Netzwerken

Bisher gibt es nur wenige empirische Studien, die untersucht haben, inwieweit Nutzer Medienseiten in sozialen Netzwerken annehmen und ob sie an einem weitergehenden Engagement von professionellen Vermittlern in sozialen Netzwerken überhaupt interessiert sind.

Eine der Studien ist die ZDF-Community-Studie. 2010 beschäftigte sich die Studie mit Facebook-Seiten von ZDF-Redaktionen. Die Aussagekraft ist aufgrund des kleinen Samples zwar begrenzt, doch erste Grundlagen für weitergehende Forschung lassen sich ableiten. Die meisten Netzwerknutzer erhalten danach auf ihrer Startseite Nachrichten aus dem Bereich Klatsch und Tratsch (36 Prozent). Jeder Vierte erhält auch Nachrichten aus den Bereichen Sport (26 Prozent) und Politik (24 Prozent). Fanseiten-Nutzer akzeptieren demnach eine hohe Postfrequenz von mehreren Statusupdates täglich, insbesondere wenn es sich um Nachrichten handelt.[137]

---

134   Vgl. Kneidinger 2010, S. 132.
135   Vgl. ebd., S. 134.
136   Vgl. ebd., S. 133.
137   Vgl. Frees / Fisch 2011, S. 161.

Der Startseite, auf der alle Neuigkeiten inklusive Statusmeldungen der Fanseiten erscheinen, widmen die Nutzer ganz unterschiedlich viel Aufmerksamkeit. Diese Nutzungsgewohnheiten näher zu betrachten, ist für Medienunternehmen interessant, da sie auf diese Weise abschätzen können, welche Aufmerksamkeit ihre Postings erfahren. Aufmerksamkeit ist Voraussetzung für den Erfolg in sozialen Netzwerken. Nach der Community-Studie von 2011 lassen sich drei Gruppen unterscheiden. 40 Prozent scannen die Meldungen und lesen dann relevante Inhalte inklusive Kommentaren, 32 Prozent sehen sich ihre Startseite sehr genau an und widmen jedem Eintrag ein wenig Zeit und 28 Prozent scannen nur die Überschriften und überfliegen die Meldungen.[138] Im Vergleich zur Studie des Vorjahres ist vor allem die letzte Gruppe massiv eingebrochen. 2010 ordneten sich dort noch 54 Prozent ein.[139] Tendenziell scheint die Intensität der Nutzung zuzunehmen, sodass sich die Aufmerksamkeit für abonnierte Inhalte erhöht.

Die Beliebtheit von Fanseiten steigt: Hielten 2010 noch 42 Prozent der Befragten Fanseiten für eher unwichtig[140], verfolgte bei Facebook 2011 zumindest die Mehrheit der hochaktiven Nutzer (62 Prozent), die mindestens einmal wöchentlich im Netzwerk aktiv sind, Fanseiten.[141] 36 Prozent der Netzwerknutzer war es 2011 wichtig oder sehr wichtig, sich über ihre individuellen Interessengebiete (Hobbys, Politik o.ä.) zu informieren.[142] 26 Prozent informierten sich nach eigenen Angaben auch über tagesaktuelle Nachrichten. Damit blieb der Wert auf dem Niveau der Vorjahreserhebung.[143] Die Zahl der abonnierten Fanseiten reichte dabei von zwei bis über 20, ein Trend zur Konzentration auf wenige oder zum Beobachten vieler Fanseiten lässt sich nicht ausmachen. Tendenziell werden Gruppen und Fanseiten, beispielsweise von tagesaktuellen Medien, eher passiv rezipiert, aktive Partizipation ist eher selten.

---

138   Vgl. Busemann / Fisch / Frees 2012, S. 263.

139   Vgl. Frees / Fisch 2011, S. 161.

140   Vgl. ebd.

141   Vgl. Busemann / Fisch / Frees 2012, S. 261.

142   Vgl. ebd., S. 261.

143   Vgl. Busemann / Gscheidle 2012, S. 383.

Die aktive Suche nach Informationen spielt mit 33 Prozent 2012 wie auch 2010 (32 Prozent) eine untergeordnete Rolle. 15 Prozent der Nutzer gaben an, zumindest gelegentlich tagesaktuelle Nachrichten aus Politik und Wirtschaft, 10 Prozent Verbraucherinformationen zu suchen.[144] 2010 hatte sich bei leicht veränderter Fragestellung ein ähnliches Ergebnis gezeigt: 11 Prozent der Befragten hatten erklärt, Fanseiten von Medien in sozialen Netzwerken zumindest gelegentlich aufzusuchen. Unter den 14- bis 29-Jährigen waren es 14 Prozent.[145]

Wobei der Anteil der Nutzer, die Informationen von Medien-Facebokseiten nutzen, deutlich höher sein könnte, da die Seite, wenn sie einmal per „Gefällt mir"-Button abonniert wurde, nicht mehr selbst aufgesucht werden muss, um die dort geposteten Inhalte angezeigt zu bekommen. Diese werden dann in den eigenen Newsstream integriert.15 Prozent der Nutzer tauschten sich unabhängig vom Abonnieren von Fanseiten auf den Plattformen über Inhalte von Zeitungen aus. Nach der ARD/ZDF-Onlinestudie hatten 2012 rund 85 bis 90 Prozent der Nutzer kein Interesse an tagesaktuellen Nachrichten.[146]

Die Hälfte der Facebook-Nutzer, die eine ZDF-Facebook-Seite abonniert hatten, äußerte sich in der Studie von 2010 dagegen überzeugt, dass es zukünftig zu einer starken Mischung aus persönlichen Informationen und allgemeinen Nachrichten auf Facebook kommen werde und sie seltener Nachrichtenportale besuchen werden.[147] Wer einmal die Annehmlichkeit kennengelernt hat, Nachrichten direkt im eigenen Facebook-Newsstream angezeigt zu bekommen und nicht mehr selbst aktiv abrufen zu müssen, will anscheinend nicht mehr darauf verzichten. Es ist wahrscheinlich, dass mit der sich abzeichnenden zunehmenden Akzeptanz von Fanseiten für die Nutzer die Bedeutung von Nachrichten im Newsstream weiter steigen wird. Eine Studie von Neuberger, in der Nutzer soziale Netzwerke mit folgenden Begriffen verbanden, spiegelt die grundsätzliche Offenheit der Nutzer für die Nachrichtenrezeption

---

144   Vgl. Busemann / Gscheidle 2012, S. 382.
145   Vgl. Frees / Fisch 2011, S. 154.
146   Vgl. Busemann / Gscheidle 2012, S. 382.
147   Vgl. Frees / Fisch 2011, S. 161.

über die neuen Plattformen. Genannt wurden persönliche Perspektiven der Autoren, intensive Diskussionen und Lesernähe – gefolgt von Aktualität, eigener Recherche und der Nennung von Quellen.[148] 46,4 Prozent gaben an, in sozialen Netzwerken diskutieren zu wollen. Aus den Antworten ergeben sich wertvolle Hinweise für redaktionelle Aktivitäten in diesem Umfeld.

Dass die Bedeutung von sozialen Netzwerken für den Nachrichtenkonsum steigt, selbst wenn sie sich derzeit noch auf niedrigem Niveau befindet, dürfte als unstrittig gelten. Dies ergaben verschiedene Studien, so beispielsweise eine Untersuchung des Pew Research Centres. Bereits 2010 gaben 42 Prozent der Befragten an, in sozialen Netzwerken regelmäßig oder gelegentlich Nachrichten zu konsumieren.[149] Eine Studie von Neuberger von 2011 bestätigt den Bedeutungswandel der Nachrichtenkanäle für die 14- bis 19-Jährigen: 63 Prozent dieser Befragten besuchten mehrmals täglich soziale Netzwerke, aber nur 7 Prozent besuchten in gleichem Maß Pressewebsites.[150] Für alle Altersgruppen zeigt sich der gleiche Trend, wenn auch (erst) schwach ausgeprägt. Die mehrfache tägliche Nutzung von Pressewebsites ist seltener als dies bei sozialen Netzwerken der Fall ist: 27,2 Prozent besuchten mehrmals täglich soziale Netzwerke, 15,2 Prozent Nachrichtenportale. Den Trend ermittelte auch eine Studie der LMU, nach der 27,2 Prozent der Befragten 2011 mehrfach täglich soziale Netzwerke aufsuchten, aber nur 10,3 Prozent in gleichem Maß Zeitungs- und Zeitschriftenwebsites.[151] Obwohl diese Ergebnisse noch nichts über die Art und Weise der Nutzung der Netzwerke aussagen, verweisen sie doch auf die Möglichkeiten für Medien, Nutzer dort zu erreichen, da diese auf den Plattformen viel mehr Zeit verbringen als auf Nachrichtenwebsites. Angesichts der Informationsflut des Internets ist es für die Nutzer zudem eine Zeitersparnis und Reduktion auf das Wesentliche, wenn sie auf der Plattform in ihren Newsfeed Nachrichten ih-

---

148 Neuberger, Christoph: Journalismus im Internet aus Nutzersicht. Ergebnisse einer Online-Befragung. In: Media Perspektiven 01/2012, S.48.

149 http://people-press.org/files/legacy-pdf/652.pdf , S. 34 (03.01.2013, 12:55 Uhr)

150 Vgl. Neuberger 2012, S. 42.

151 Vgl. ebd., S. 43.

ren Interessen entsprechend integrieren können, sodass sie alle ihre Informationsbedürfnisse über eine zentrale Seite befriedigen können.

Nachrichtenwebsites büßen dagegen schon jetzt unter den Netzwerknutzern an Bedeutung ein. 2010 stimmten noch 94 Prozent der in der ZDF-Community-Studie befragten Nutzer zu, dass Nachrichtenwebsites auch zukünftig ihre Bedeutung behalten werden. 2011 waren es 85, 2012 nur noch 81 Prozent. 69 Prozent der Nutzer gaben 2012 an, für allgemeine Nachrichten spezielle Websites aufzusuchen und soziale Netzwerke nur privat zu nutzen. Im Vergleich zum Vorjahr ein Rückgang von 5 Prozent und damit ein Bedeutungsgewinn für die sozialen Plattformen.[152]

Obwohl die empirische Forschungslage noch dünn ist, sehen nicht nur Wissenschaftler, die sich näher mit Social Media befasst haben, in sozialen Netzwerken eine große Chance für klassische Medien,[153] sondern auch Journalisten. In deutschen Redaktionen setzt sich immer mehr die Überzeugung durch, dass Aktivitäten in sozialen Netzwerken Zukunftspotenzial bergen (vgl. Kap. II. 7.). Facebook-Seiten können in absehbarer Zukunft Nachrichtenportale nicht ersetzen, doch die Beliebtheit von sozialen Netzwerken für den Nachrichtenkonsum ist so groß, dass diese perspektivisch eine wichtige Ergänzung darstellen können. Die Einschätzung der Autoren der ZDF-Community-Studie, dass sich Facebook zu einem All-in-One-Medium entwickeln wird, zu dem zentralen Ort der Kommunikation und Information für die Internetnutzer[154], ist zumindest zum gegenwärtigen Zeitpunkt noch eine gewagte These, zu ambivalent sind die bisherigen empirischen Befunde.

---

152   Vgl. Busemann / Gscheidle 2012, S. 384.

153   Vgl. Frees / Fisch 2011. S. 164.

154   Vgl. ebd., S. 163.

5 Die neue Rolle des Journalismus in der partizipativen Netzwerköffentlichkeit

Die folgenden Abschnitte widmen sich den Veränderungen der Nachrichtenvermittlung und -rezeption durch das Internet und das Aufkommen von Social Media. Zunächst wird kurz auf die Mediennutzungsgewohnheiten der Deutschen eingegangen. Empirische Befunde zeigen dabei Bedeutungsverschiebungen zugunsten des Internets und zu Lasten der Lektüre gedruckter Zeitungen auf. Diese Veränderungen bilden den Hintergrund, vor dem vor allem tagesaktuelle Printmedien sich im Netz engagieren und sich für neue Verbreitungskanäle wie Social Media interessieren.

Ein Schwerpunkt des Kapitels widmet sich den Auswirkungen der partizipativen Netzwerköffentlichkeit auf die Rolle des professionellen Journalismus. Die Nutzer digitaler Kanäle haben neue Informationsroutinen und -möglichkeiten jenseits des professionellen Journalismus. Es wird dargelegt, welche Alleinstellungsmerkmale Journalismus online auszeichnet und welche Vermittlungsleistungen für Nutzer unter den veränderten Bedingungen nun wichtig sind. Daraus leiten sich die neuen Aufgaben für den digitalen Journalismus ab. Redaktionelle Auftritte in sozialen Netzwerken werden dabei als ein Weg verstanden, den veränderten Anforderungen Rechnung zu tragen und können zu neuen Aufgabenfeldern gezählt werden.

5.1 Veränderung der Nachrichtenrezeption durch das Internet

Das Internet ist ein Medium, das alle bisherigen auf intelligente Weise miteinander verbindet. Das Riepl'sche Gesetz, nach dem alte Medien weiterexistieren, wenn sie sich nur eine Lücke suchen, kann deswegen nicht auf das Internet angewendet werden.[155] Gerade deswegen ist es so wichtig für die traditionellen Medien, im Internet präsent zu sein, die Regeln des Netzes zu verstehen und sie für sich zu nutzen. Längst deutet sich ein Bedeutungswechsel an:

---

155   Vgl. Weichert / Kramp / von Streit 2010, S. 37.

Dem einstigen Muttermedium droht die Marginalisierung, wenn auch noch nicht die wirtschaftliche, so doch eine in den Augen der Nutzer. Der einstige Ableger Internetpräsenz wird zum neuen Kerngeschäft, zum Aushängeschild des Unternehmens. Gleichzeitig verschwimmen die Grenzen zwischen den einzelnen Mediengattungen. Medienmarken werden zunehmend plattformübergreifend als eine Einheit wahrgenommen. So lässt sich im Fall des Spiegels nicht von einer Marginalisierung des Muttermediums Zeitung sprechen, vielmehr hat der Online-Auftritt einen vergleichbaren Ruf im Netz wie das Magazin im Printbereich. Fest steht: Das Internet, ob stationär oder zunehmend auch mobil angesteuert, gewinnt in der Mediennutzung der Menschen weiterhin erheblich an Bedeutung.

Das Internet erreichte 2010 mit 43 Prozent die vierthöchste Reichweite im Medienangebot, hinter Fernsehen, Radio und den Tageszeitungen, zu denen der Abstand jedoch nur noch einen Prozentpunkt beträgt.[156] Die zunehmende Dominanz des Internets im Alltag der Menschen wird deutlich, betrachtet man die Reichweitenentwicklung. Im Vergleich zu 2005 ist die Reichweite des Internets bis 2010 um 15 Prozent gestiegen, während die klassischen Medien Fernsehen, Radio und Tageszeitungen allesamt an Prozentpunkten einbüßten. Auf die vergangenen zehn Jahre bezogen, vervierfachte sich die tägliche Reichweite des Internets sogar.[157] Dass sich diese Entwicklung fortsetzen wird, lässt ein Blick auf die Nutzungsgewohnheiten der 14- bis 29-Jährigen vermuten. Hier erreichte das Internet mit 73 Prozent eine deutlich höhere Zustimmung als in der Gesamtbevölkerung und ist mit nur geringem Abstand zum Fernsehen (77 Prozent) das am zweithäufigsten genutzte Medium.[158]

Vor allem die Tageszeitungen verlieren seit 1980 kontinuierlich Nutzer. Von 2005 zu 2010 sank ihre Reichweite von 51 auf 44 Prozent. Auch der Blick in die Zukunft ist düster: Unter den 14- bis 29-Jährigen greift nur noch jeder Vierte täglich zur Zeitung.[159] Ver-

---

156 Van Eimeren, Birgit / Ridder, Christa-Maria: Trends in der Nutzung und Bewertung von Medien 1970 bis 2010. Ergebnisse der ARD/ZDF-Langzeitstudie Massenkommunikation. In: Media Perspektiven 01/2011, S. 8.

157 Ebd., S. 10.

158 Ebd., S. 8.

159 Van Eimeren / Ridder 2011, S. 9.

gleicht man die Nutzungsdauer von Internet und Tageszeitungen, zeigt sich ein deutliches Bild: Hinter dem Fernsehen, für das 2010 151 Minuten aufgewendet wurden, erreichte die Internetnutzung mit 144 Minuten täglich Platz zwei. Tageszeitungen wurden dagegen nach durchschnittlich 10 Minuten aus der Hand gelegt. Die Verhältnisse von Internet und Tageszeitungen haben sich umgekehrt. Zum Vergleich: 2000 verbrachte ein Deutscher durchschnittlich 13 Minuten im Netz.[160] Der Siegeszug des Internets ist beispiellos. „In der Geschichte der Medien hat sich keines so schnell entwickelt wie das Internet"[161], bewerten so auch van Eimeren und Ridder.

Zwar wird nicht jede Online-Minute für Nachrichtenkonsum aufgewendet, doch der Bedeutungswandel von Print zu Online ist eindeutig. Nach Eimeren und Ridder wurden 2010 von 22 Prozent der Internetnutzer täglich Nachrichten online abgerufen.[162] Anhand der jungen Altersgruppe lässt sich ableiten, dass sich die Entwicklung fortsetzen wird: Denn der Anteil der jungen Nutzer, die sich täglich über aktuelle Nachrichten online informierten, lag bei 41 Prozent und damit fast doppelt so hoch wie in der Gesamtbevölkerung.[163] Bemerkenswert und für Tageszeitungen, die ihre Website zum Kernelement ihres Unternehmens ausbauen, besonders relevant: 13 Minuten der täglichen Internetnutzungszeit wurden für Nachrichten aufgewendet, aber nur 3 Minuten lasen die Nutzer auf der Website einer Tageszeitung.[164] Nachrichtenkonsum ist für die Nutzer also nicht zwangsläufig an die Websites von Tageszeitungen und möglicherweise auch nicht an professionelle Nachrichtenvermittler generell gebunden. Dies bestätigen auch andere Studien, beispielsweise der LMU München, wonach 2011 in einer Befragung 15,2 Prozent der Teilnehmer mehrmals täglich Portale mit Nachrichten aufsuchten, aber nur 10,3 Prozent Internetangebote von Zeitungen und Zeitschriften.[165]

---

160 Van Eimeren / Ridder 2011, S. 10.

161 Ebd.

162 Ebd., S. 12.

163 Ebd.

164 Ebd., S. 10.

165 Vgl. Neuberger 2012, S. 43.

Inwieweit die prozentuale Differenz auf einen Nachrichtenkonsum über soziale Netzwerke schließen lässt, ist noch nicht hinreichend geklärt. Dass sich die Mediennutzungszeiten online zugunsten der sozialen Netzwerke verschoben haben, für die bereits
jetzt deutlich mehr Zeit aufgewendet wird als für den Besuch von
Zeitungswebsites, ist jedoch gut belegt (vgl. Kap. II. 4.3.). Nachrichten sind nicht mehr an diese Seiten gebunden, sondern fluktuieren
kommentiert, verlinkt und paraphrasiert durch das Internet, sodass
immer stärker gilt, was ein amerikanischer Collegestudent bereits
2008 in einer Studie berichtete: „If the news is that important, it will
find me."[166] Für die Tageszeitungen bedeutet dies: Sie können nicht
auf eine Website als Allheilmittel setzen, die gleichsam automatisch
eine große Zahl Nutzer anzieht. Sie müssen sich auch dort, wie im
Printbereich, um ihre Leser bemühen. Dass gedruckte Zeitungen in
der Nachrichtenrezeption dramatisch an Bedeutung eingebüßt haben und nicht mehr das Medium der Zeitungszukunft sind, dürfte
allerdings als unstrittig gelten.
Van Eimeren und Ridder kommen in ihrer Analyse zu dem Schluss,

> „dass Medien nach den aktuellen situativen Bedürfnissen
> der Nutzer ausgewählt werden. Dabei entscheidet die Per-
> son selbst, welche Plattform in ihrer aktuellen Situation am
> ehesten für die Rezeption geeignet ist – und dies ist immer
> häufiger das Internet und weniger die vor Ort verfügbare
> Tageszeitung."[167]

---

166   Vgl. http://www.nytimes.com/2008/03/27/us/politics/27voters.
      html (30.01.2013, 17:21 Uhr)
167   Van Eimeren / Ridder 2011, S. 10.

5.2 Auswirkungen der neuen Netzwerköffentlichkeit auf die Nachrichtenvermittlung

Das Internet und noch nachhaltiger die Entwicklung von Social Media haben die Nachrichtenvermittlung dramatisch verändert. In der analogen Medienlandschaft und auch im Internet der Prä-Social-Media-Ära fungierten Journalisten als Gatekeeper. Sie verfügten meist über den exklusiven Zugang zu Informationen und entschieden, welche davon dem anonymen Massenpublikum zugänglich gemacht wurden. Dieses hatte kaum Einfluss auf das Angebot und nur begrenzte Feedbackmöglichkeiten.[168]

Mit dem Entstehen von Social Media nähert sich die Nachrichtenvermittlung dem Ideal an, mit dem Jürgen Habermas die Internetöffentlichkeit beschrieben hat: „Das World Wide Web scheint freilich mit der Internetkommunikation die Schwächen des anonymen und asymmetrischen Charakters der Massenkommunikation auszugleichen, indem es den Wiedereinzug interaktiver und deliberativer Elemente in einen unreglementierten Austausch zwischen den Partnern zulässt, die virtuell, aber auf gleicher Augenhöhe miteinander kommunizieren."[169]

Nun sieht sich der professionelle Online-Journalismus einem mündigen Nutzer gegenüber, der erstmals in der Geschichte ohne großen Aufwand mit den professionellen Nachrichtenvermittlern interagieren kann. War das Schreiben eines Leserbriefs noch mit Zeit und Mühe verbunden, brachte die E-Mail schon eine deutliche Vereinfachung. Spätestens seit Medienbeiträge auf der Website kommentiert werden können, ist die Ansprache des Autors beziehungsweise der Redaktion nicht mehr als einen Klick entfernt.

Doch mehr als das: Die mündigen Nutzer sind nach der Web-2.0-Wende selbst zu Produzenten von Nachrichten geworden. Aufgrund der vereinfachten Publikationsmöglichkeiten im Internet finden Nachrichten nicht mehr nur auf Websites von professionellen

---

168 Vgl. für Ausführliches zum Gatekeeping-Modell: Bruns, Axel: Vom Gatekeeping zum Gatewatching. Modelle der journalistischen Vermittlung im Internet. In: Neuberger / Nuernbergk / Rischke 2009, S. 107–129.

169 Habermas, Jürgen: Ach, Europa. Kleine politische Schriften XI. Frankfurt am Main, 2008, S. 161.

Medien statt, „sondern können auch auf Nutzerplattformen oder in Formaten wie Weblogs erstellt, diskutiert und vernetzt werden."[170] Private und professionelle Kommunikatoren können nun beispielsweise mithilfe von Blogs, Vlogs und sozialen Netzwerken das Nadelöhr der Redaktionen umgehen und sich direkt an ihre Adressaten wenden. Für die Medienrezipienten bedeutet dies auch: Sie können sich einen individuellen Nachrichtenmix aus journalistischen und nicht-journalistischen Quellen zusammenstellen. Das Social Web stellt eine gleichsam unerschöpfliche Quelle für Informationen jeder Art dar.

Neben die professionellen Kommunikatoren ist mit dieser Laienkommunikation eine zweite breite Öffentlichkeit getreten und damit eine potenzielle Konkurrenz entstanden. Dass Nachrichtenkonsum nicht mehr allein auf Websites professioneller journalistischer Anbieter stattfindet, hat eine Studie von van Eimeren und Ridden festgestellt (vgl. Kap. II. 5.1.). Ein wichtiger Unterschied des professionellen Journalismus zur Laienkommunikation ist, dass Journalisten für ihre Arbeit professionelle handwerkliche und ethische Standards als verbindlich betrachten, um der gesellschaftlichen Aufgabe, die Journalismus ursprünglich übernommen hat, gerecht zu werden.[171] Nur die wenigsten digitalen Laienpublikationen verfügen tatsächlich über journalistische Angebotsmerkmale. Rund drei Viertel der Websites, die journalistischen Ansprüchen genügen, sind nach einer Studie von Neuberger et al. Ableger von Presse und Rundfunk. Die meisten journalistischen Angebote im Netz sind Internetpräsenzen von Tageszeitungen.[172]

Zwischen Laienkommunikation und Journalismus besteht dabei ein Komplementärverhältnis: Beide sind verschränkt und beeinflussen sich wechselseitig.[173] „Die öffentliche Kommunikation kann sich dadurch von einer sozial selektiven, linearen und einseitigen Kommunikation zu einer partizipativen, netzartigen und interak-

---

170   Neuberger / vom Hofe / Nuernbergk 2010, S. 9.

171   Vgl. http://www.sueddeutsche.de/medien/serie-wozu-noch-journalismus-es-geht-erstaunlich-gut-1.943587 (26.03.2013, 13:09 Uhr)

172   Vgl. Neuberger / vom Hofe / Nuernbergk 2010, S. 16.

173   Vgl. Neuberger / Nuernbergk / Rischke 2009, S. 187.

tiven Kommunikation verändern."[174] Entstanden ist eine neue integrierte Netzwerköffentlichkeit, die – anders als die traditionellen Massenmedien, die sich an einem kleinsten gemeinsamen Nenner orientieren – eine enorme Vielfalt an Fakten und Meinungen produziert, weil die Kommunikatoren oftmals intrinsisch motiviert sind.[175] Die Informationen fließen zwischen den verschiedenen Kommunikatoren aus Laienkommunikation und Journalismus hin und her. Willis und Bowman haben bereits 2003 den Kreislauf aus professioneller und partizipativer Kommunikation im Ökosystem des Internets beschrieben.[176] In der Literatur wird von einem mittlerweile etablierten „news source cycle" gesprochen. Themen aus dem Social Web werden von professionellen Redaktionen aufgegriffen, eingeordnet, die Berichte werden wieder in sozialen Medien kommentiert und weiterverbreitet.[177]

Daneben seien auch die technischen Vermittler erwähnt, die den Nachrichtenkonsum von den Websites der Tageszeitungen potenziell abziehen können. Technische Systeme wie Google News sammeln, selektieren und aggregieren mit geringer menschlicher Unterstützung Informationen für den Nutzer.[178] Die Qualität der Ergebnisse kann journalistischen Standards in der Regel nicht gerecht werden. Bei GoogleNews wählen beispielsweise menschliche Mitarbeiter aus, welche Nachrichtenquellen vom Algorithmus berücksichtigt werden, sodass teilweise auch PR-Informationen in den Katalog der Nachrichtensuchmaschinen gelangen.[179] Auch eine inhaltliche und strukturelle Vielfalt des Nachrichtenangebots können technische Aggregatoren oft nicht gewährleisten, da die meisten Meldungen aus wenigen Quellen, vor allem von großen Medien und Nachrichtenagenturen stammen.[180] Dass immer mehr Nutzer über GoogleNews und ähnliche Angebote auf journalistische Web-

---

174 Neuberger 2009, S. 39.

175 Vgl. ebd., S. 49.

176 Vgl. www.hypergene.net/wemedia/download/we_media.pdf (26.03.2013, 13:11 Uhr)

177 Vgl. Schmidt 2009, S. 143.

178 Vgl. Neuberger 2009, S. 76.

179 Vgl. Schmidt 2009, S. 130.

180 Ebd., S. 131.

sites gelangen, ist nur auf den ersten Blick wünschenswert. Denn die werbeattraktive Startseite der Nachrichtenwebsites wird beim Zugang über GoogleNews oder ähnliche Anbieter umgangen, was Klick- und in der Folge Einnahmeeinbußen für die Medienunternehmen nach sich zieht.[181]

5.3 Neue Aufgaben des digitalen Journalismus

Die gesellschaftliche Funktion des Journalismus ist auch in der partizipativen Netzwerköffentlichkeit nicht obsolet geworden. Seine Informations-, Kritik- und Kontrollfunktion sowie sein Mitwirken an der öffentlichen Meinungsbildung haben weiter Gültigkeit.[182] Er bietet auf den digitalen Kanälen dem Nutzer zudem immer noch einen Mehrwert, den er bei der neuen nichtjournalistischen Konkurrenz nicht findet. Doch das gesellschaftliche Umfeld, in dem Journalismus funktioniert, das seine Rolle definiert und nach dem er seine Arbeitsweisen ausrichtet, hat sich grundlegend verändert – mit vielfältigen Auswirkungen auf die journalistische Praxis.

Online-Journalismus, als mediatorisches System verstanden, musste und muss sich, um seine Relevanz zu behalten, an die veränderten gesellschaftlichen Strukturen und individuellen Lebensweisen anpassen, um seiner Aufgabe weiter gerecht zu werden.[183] Er muss die neuen spezifischen Vermittlungsprobleme der Netzwerköffentlichkeit – quantitative und qualitative Überforderung angesichts einer Informationsflut – lösen.[184]

In der Netzwerköffentlichkeit erfüllen Journalisten ihre gesellschaftliche Aufgabe nach Neuberger, Hofe und Nuernbergk über drei wesentliche Elemente: Navigation, Produktion und Moderation.[185] Professionell-journalistische Angebote bilden Knotenpunkte

---

181   Vgl. Schmidt 2009, S. 131.

182   Vgl. Meyn, Hermann: Massenmedien in Deutschland. Konstanz, 2004, S. 24ff.

183   Vgl. Mlitz, 2008, S. 29.

184   Neuberger 2009, S. 38ff.

185   Vgl. Neuberger / vom Hofe / Nuernbergk 2010, S. 15.

der Aufmerksamkeit in der Informationsflut. In der Flut der Informationsangebote ermöglichen sie es, dass Themen gesellschaftsweit als bekannt vorausgesetzt werden können.[186] Sie garantieren dem Nutzer aufgrund der beruflichen Standards zudem ein Mindestmaß an Qualität und Glaubwürdigkeit. Aufgabe der Journalisten ist es nach Neuberger et al., den Nutzern im Rahmen von Gatewatching auf Informationen von anderen, auch kleineren Anbietern, hinzuweisen, und ermöglichen es den Rezipienten damit im besten Fall, sich eine fundierte eigene Meinung zu bilden. Zentrale Leistung der Journalisten ist auch weiterhin die Produktion von Inhalten, von Nachrichten, die sie ihren Rezipienten aufbereitet und zugänglich macht. Wichtige dritte Leistung im Internet ist die Moderationsfunktion der Journalisten. Sie bieten für Laienkommunikation geeignete Rahmenbedingungen an, so dass Nutzer mit „Aufmerksamkeit und Resonanz sowie Einhaltung von Diskussionsregeln rechnen können"[187]. Silverstone fasst zusammen, warum dem professionellen Journalismus *gerade* in einer digitalen Mediapolis, im Internet, eine wichtige Funktion zukommt: Journalisten würden gebraucht als Agenten und zentrale Schnittstellen der Bedeutungsvermittlung – sei es mit moralischen, politischen oder kulturellen Absichten.[188]

Für den Erfolg des digitalen Journalismus ist es notwendig, Navigation, Moderation und Produktion zu beherrschen und die Nutzer mit Qualität nach professionellen Standards zu überzeugen. Dies allein reicht jedoch nicht aus, wenn Journalismus nicht die neue Rolle des Rezipienten berücksichtigt, dem eine große Zahl Informationsalternativen zur Verfügung steht und der sich selbst öffentlich zu Wort meldet. Nutzer können nicht mehr als selbstverständlich gegeben betrachtet werden. Sonst „haben wir es am Ende mit einem Qualitätsjournalismus zu tun, der quasi unter Ausschluss der Öffentlichkeit stattfindet"[189], warnen Weichert, Kramp und von Streit. „Dem Journalismus laufen in Scharen die Leser, aber auch die

186 Vgl. Schmidt 2009, S. 144.

187 Neuberger 2012, S. 50.

188 Vgl. Silverstone, Roger zitiert nach: Weichert / Kramp / von Streit 2010, S. 39.

189 Vgl. Weichert / Kramp / von Streit 2010, S. 36.

Hörer, Seher und Nutzer weg – ihm wird also nicht mehr die Aufmerksamkeit zuteil, die ihm vielleicht zuteilwerden könnte.[190] Digitaler Journalismus muss sich verstärkt als Dienstleister verstehen. Für einen guten Dienstleister ist es jedoch unabdingbar, die Bedürfnisse seiner Kunden zu kennen. Für den Journalismus heißt dies: Der Dialog mit dem Nutzer auf Augenhöhe, die Orientierung an seinen Erwartungen und Bedürfnissen müssen Teil des redaktionellen Alltags sein und weiter werden. Der Mediennutzer wird im Journalismus weiter in den Mittelpunkt rücken. Der Einschätzung von Steve Outing, Senior Editor beim Poynter Institute for Media Studies, dürften nur wenige Experten der Branche widersprechen: „A safe assumption is that when todays children reach adulthood they'll not be tolerant of media that's one way, that's not interactive."

6 Journalisten und Rezipienten: Dialog als journalistische Teilaufgabe

Soziale Netzwerke sind ein Ort der Kommunikation. Wenn Redaktionen dort aktiv werden, gehen sie in Dialog mit Nutzern. Dies ist nicht nur aus ökonomischem Kalkül erstrebenswert. Warum der Dialog vielmehr zum Wesen des Journalismus gehört, erläutert das folgende Kapitel. Es widmet sich der theoretischen Bedeutung des Journalisten-Rezipienten-Dialogs. Im Anschluss wird ein Abriss über die Entwicklung der Beziehung von Journalisten zu ihrem Publikum gegeben, in dessen Tradition das Engagement in sozialen Netzwerken verortet werden kann. In seiner Unmittelbarkeit mag diese Form der Journalisten-Rezipienten-Kommunikation neu sein, Interaktion gab es aber denklogisch, seit es Journalismus gibt. Daher wirft der Abschnitt einen Blick auf die Erkenntnisse der Publikumsforschung, die die zunehmende Nutzer- und Dialogorientierung des Journalismus nachzeichnet.

---

190   Vgl. Weichert / Kramp / von Streit 2010, S. 37.

6.1 Kommunikationswissenschaftliche Fundierung des Journalisten-Rezipienten-Dialogs

Dass Journalisten sich um den Dialog mit ihren Nutzern bemühen, ist keine Erscheinung, die auf den schwierigen Bedingungen der digitalen Ära fußt. Berthold Brecht hatte bereits 1932 die wechselseitige Kommunikation zwischen Journalist und Publikum propagiert und 1970 griff Hans Magnus Enzensberger diese Forderung auf.[191] Dabei spielten nicht allein ökonomische Erwägungen eine Rolle, wie sie beispielsweise Kuczera 1994 formulierte.[192] Enzensberger forderte Printjournalisten auf, sich auf Augenhöhe mit den Lesern zu begeben, um diese so stärker an das Medienprodukt zu binden. Die Kommunikation mit dem Publikum ist für ihn Teil der journalistischen Vermittlungsaufgabe und lässt sich als Ausdruck einer Medienethik handlungstheoretisch fundieren.[193]

Dass neben der reinen Verbreitung von Nachrichten es als eine Aufgabe von Journalismus betrachtet werden kann, als Mediator (Verständigungsmittler) und Moderator im öffentlichen Diskurs aufzutreten, wurde in der Geschichte der Journalismustheorie vielfach aufgegriffen. Traub hatte beispielsweise schon 1928 den Journalismus als Doppelwesen beschrieben aus Nachrichtenträger und Verständigungsmittel.[194] Habermas erklärte später die öffentlichen Gespräche der Bürger sogar zur Grundlage einer modernen Öffentlichkeit. Diese Gespräche würden das gemeinsame Handeln koordinieren und stellten so den Schlüssel zur Integration moderner Öf-

---

191 Vgl. Brecht, Berthold und Enzensberger, Hans Magnus zitiert nach Ruß-Mohl, Stefan: Journalismus. Frankfurt am Main, 2010, S. 196f. bzw. Münker 2009, S. 11.

192 Vgl. Kuczera, Susanne: Die Zeitung als Moderator des Stadtgespräches . Redaktionelles Marketing bei einem Regionalblatt. In: Reiter, Sibylle / Ruß-Mohl, Stephan (Hrsg.): Zukunft oder Ende des Journalismus? Publizistische Qualitätssicherung, Medienmanagement, redaktionelles Marketing. Gütersloh, 1994, S. 89–98.

193 Vgl. Enzensberger, Hans Magnus zitiert nach Ruß-Mohl 2010, S. 196f. bzw. Münker 2009, S. 11.

194 Vgl. Traub, Hans: Vom Zeitungswesen und Zeitungslesen. Dessau 1928, S. 46.

fentlichkeiten dar. Die Presse bezeichnete er dabei als eine zentrale Institution dieser Gesprächsöffentlichkeit.[195] Brosda, der das noch junge Konzept des diskursiven Journalismus entwickelt hat, steht in dieser Denktradition. Nach ihm versteht Journalismus „sich als Anwalt gesellschaftlicher Diskurse"[196]: „Journalismus gewährleistet soziale Orientierung durch reflexive Vermittlung und entfaltet emanzipatorisches Potenzial, indem er soziale Teilhabemöglichkeiten durch Inanspruchnahme kommunikativer Kompetenz eröffnet. Dadurch dient er der sozialen Integration."[197] Nach der Argumentation Habermas' und – in dessen Tradition stehend – Brosdas erscheint es folgerichtig, dass Redaktionen in sozialen Netzwerken aktiv werden, um so ihrer integrativen Aufgabe in der Gesellschaft nachzukommen. Denn öffentliche Diskussionen finden mittlerweile eben auch an vielen Orten des Internets statt – beispielsweise in Foren, auf Medienwebsites und in sozialen Netzwerken Dass die Diskurse im Netz auch von anderen partizipativen Vermittlern moderiert werden können, ist davon unberührt (vgl. Kap. II. 5.2).

Die in der Wissenschaft oft verwendete Metapher des Gesprächs für die Beschreibung des Journalismus beinhaltet die gerade für die Entwicklung der Profession angesichts von Social Media bedeutsame Komponente der Wechselseitigkeit. Prakke konstatierte bereits 1960, dass alle Publizistik Zwiegespräch sei und gesellschaftliche Kommunikation grundsätzlich ein Dialog zwischen Kommunikator und Rezipient.[198] 1966 betonte Engelsing bezugnehmend auf die Gesprächsmetapher, dass die Zeitung von der Gesellschaft produziert, geregelt und verwendet werde. Sie provoziere eine allseitig teilnehmende Tätigkeit und beruhe auf nicht hierarchischen Verhältnissen.[199] Pöttker verweist darauf, dass es eine Kernaufgabe des

---

195 Vgl. Habermas, Jürgen zitiert nach Brosda, Carsten: Diskursiver Journalismus. Journalistisches Handeln zwischen kommunikativer Vernunft und mediensystemischem Zwang. Wiesbaden, 2008, S. 115.

196 Ebd., S. 31.

197 Brosda 2008, S. 33.

198 Vgl. Prakke, Hendricus Johannes zitiert nach Brosda 2008, S.116.

199 Vgl. Engelsing, Rolf: Massenpublikum und Journalistentum in Nordwestdeutschland. Berlin, 1966, S. 23.

Journalismus sei, die Isoliertheit und Geschlossenheit in modernen Gesellschaften zu überwinden[200], kurz: Öffentlichkeit herzustellen. Dabei sei es zentral für Öffentlichkeit, dass keine Barrieren vorhanden sind: Öffentliche Kommunikation müsse „im Prinzip für alle Mitglieder der Gesellschaft und auch für alle Themen offen sein."[201] Blieb die Praxis aufgrund von technischen Hemmnissen lange Zeit hinter diesem Ideal zurück, ermöglicht Social Media nun auf vergleichsweise einfache Weise, tatsächlich in den öffentlichen Dialog mit den Medien-Rezipienten zu treten.

Münch hat wiederholt gefordert, die Anschlussfähigkeit der medialen Diskurse an die lebensweltliche Kommunikation der Rezipienten sicherzustellen, da darin am ehesten das Potenzial des journalistischen Handelns liege.[202] Wurde diese Anschlussfähigkeit der regionalen Berichterstattung früher beispielsweise im direkten Gespräch und in den Kneipen vor Ort gewährleistet, können Journalisten diesen Anspruch heute im digitalen Bereich mithilfe von Kommunikations- und Diskussionsplattformen wie Facebook erfüllen. Diese Plattformen sind die digitalen Kneipen und Marktplätze, wo sich eine große Zahl an Menschen trifft und austauscht.

Auch Brosda verweist auf die sich verändernden Rahmenbedingungen des öffentlichen Diskurses: Die gesellschaftlichen Arenen politischer und sozialer Auseinandersetzungen seien eben nicht mehr zwangsläufig mit Informationsangeboten verknüpft. Stattdessen fänden Diskurse davon losgelöst im Social Web statt. Folge man einem integrativen Journalismusverständnis, wie es Groth entwickelt hat, das sowohl eine produzierende als auch eine vermittelnde Tätigkeit einschließt, müsse Journalismus auf diese Entwicklung reagieren, um seine Leistungsfähigkeit zu erhalten.[203] Redaktionen kommen in sozialen Netzwerken demnach ihrer Vermittlungsaufgabe nach. Sie erfahren von der Lebenswelt und den Interessen und Bedürfnissen ihrer Nutzer, was die Leistungsfähigkeit des Journalis-

---

200 Vgl. Pöttker, Horst: Öffentlichkeit durch Wissenschaft. Zum Programm der Journalistik. In: Publizistik 03/1998, S. 237

201 Vgl. Pöttker, Horst: Öffentlichkeit als gesellschaftlicher Auftrag. In: Pöttker, Horst (Hrsg.): Öffentlichkeit als gesellschaftlicher Auftrag. Konstanz, 2008, S. 26.

202 Vgl. Münch, Richard zitiert nach Brosda 2008, S. 29.

203 Vgl. Brosda 2008, S. 29 und S. 33.

mus stärkt. Denn Berichterstattung soll im Einklang mit der Funktion des Journalismus den Rezipienten dienen und dies kann sie nur, wenn sie sich an deren Lebenswirklichkeit orientiert.

Die Leistungsfähigkeit des Journalismus rücken auch Weischenberg, Bassewitz und Scholl in den Mittelpunkt ihrer Argumentation zur Journalisten-Rezipienten-Beziehung. Sie stellen nicht auf eine reflexive Vermittlung ab, sondern argumentieren pragmatisch, dass die „Kommunikationsabsichten der Kommunikatoren dann eine größere Wirkungsrelevanz [besitzen], wenn die Kommunikationsdistanz [zwischen Kommunikator und Rezipient] gering [...] ist."[204] Allein schon da es kein Anliegen von Journalisten sein kann, ihre Arbeit unbeachtet zu verrichten, müssen die Interessen der Rezipienten in der Arbeitspraxis – wie auch immer – Berücksichtigung finden. Soziale Netzwerke bieten daher einen weiteren Kommunikationskanal, der zur Verringerung der Kommunikationsdistanz und zur Wirksamkeitserhöhung der redaktionellen Arbeit beitragen kann.

Achim Baum beschrieb es als eine Aufgabe des Journalismus, die kommunikative Koordinierung gesamtgesellschaftlichen Handelns zu gewährleisten. Denn nur Journalisten könnten die dafür nötigen öffentlichen Kommunikationsstrukturen herstellen, nur sie hätten Zugriff auf die nötigen Quellen, um Themen von gesamtgesellschaftlicher Relevanz aufzudecken.[205] Mittlerweile verfügt Journalismus nicht mehr exklusiv über die Strukturen öffentlicher Kommunikation, dennoch ist er weiter ein zentraler Akteur in der Koordinierung des öffentlichen Diskurses. Vor allem dann, wenn er nicht mehr nur Strukturen zur Verfügung stellt, sondern seine gesellschaftliche Koordinierungsleistung im Web 2.0 auch auf fremden Plattformen erbringt.

---

204 Weischenberg, Siegfried / Bassewitz, Susanne / Scholl, Armin: Konstellationen der Aussagenentstehung. In: Kaase, Max / Schulz, Winfried (Hrsg.): Massenkommunikation. Theorien, Methoden, Befunde. Opladen, 1989, S. 289.

205 Vgl. Baum, Achim: Journalistisches Handeln. Eine Kritik der Journalismusforschung. Opladen, 1994, S. 161.

6.2 Publikumsorientierung in ihrer historischen Entwicklung

Die Forschung zur Beziehung von Journalisten und Rezipienten fristet bis heute ein Nischendasein. Bernd Blöbaum stellte 2005 fest, dass es immer noch wenig wissenschaftliche Erkenntnisse in diesem Bereich gibt.[206] Dies hat sich auch 2012 nicht wesentlich geändert. Die Beziehung ist jedoch von Interesse, da das Engagement in sozialen Netzwerken als ein neues Mittel der Fortführung der Kommunikationsgeschichte zwischen diesen beiden aufeinander bezogenen Gruppen verstanden werden kann. Auch dies in Abrede gestellt, ist es für eine angemessene Einordnung des Phänomens in jedem Fall hilfreich, den historischen Kontext der Beziehung von Journalist und Rezipient zu betrachten, da Interaktion eine wesentliche Funktion des neuen zur Disposition stehenden Kanals der sozialen Netzwerke ist.

Zu Beginn des Journalismus in Deutschland bestand eine sehr enge Beziehung zwischen Redaktion und Rezipienten, die Ausdruck in partizipativen Elementen fand. Ein Beispiel ist die Ende des 18. und im 19. Jahrhundert weit verbreitete Lesermitarbeit in Heimatzeitungen.[207] Zu einer klaren Trennung von Produzenten und Rezipienten und damit zu einer größeren Distanz zwischen beiden Parteien kam es im Journalismus erst im 20. Jahrhundert. Doch auch in diesem Jahrhundert war zumindest der Dialog mit den Rezipienten in Form von Leserbriefen oder Zuschauertelefonen institutionalisiertes und nicht in Frage gestelltes Element. Die Beteiligung der Rezipienten an der journalistischen Produktion kam – anders als in den Jahrhunderten zuvor – jedoch kaum mehr vor. „Insofern stellt das 20. Jahrhundert als ‚Jahrhundert des Journalismus' eine besondere Konstellation dar, in welcher der Journalismus nahezu exklusiv den medialen Diskurs dominierte."[208] Es entwickelten sich die im Wesentlichen einseitigen linearen Vermittlungsstrukturen, wie sie bis vor der Social-Media-Wende vorherrschten.

---

206 Vgl. Blöbaum, Bernd: Wandel und Journalismus. Vorschlag für einen analytischen Rahmen. In: Behmer / Blöbaum / Scholl 2005, S. 3.

207 Vgl. Schönhagen, Philomen: Die Mitarbeit der Leser. Ein erfolgreiches Zeitungskonzept des 19. Jahrhunderts. München, 1995.

208 Birkner / Loosen 2012, S. 20.

Über die Entwicklung der Beziehung von Journalist und Rezipient im Laufe der vergangenen Jahrzehnte lassen sich einige an Forschungsergebnissen, meist Fallstudien, orientierte Aussagen treffen. Erste größere Journalistenbefragungen Anfang der 1970er-Jahre kamen zu dem Ergebnis, dass die Distanz zwischen Journalisten und Publikum groß ist.[209] Journalisten missachteten ihre Rezipienten, schätzten sie falsch ein oder unterschätzten sie. Glotz und Langenbucher kamen in Fallstudien von 1969 zu dem Schluss, dass Journalisten ein eher negatives und verzerrtes Bild von ihren Lesern haben. Da sie sich an Kollegen statt an ihrem Publikum orientieren, entstanden Fehlannahmen wie die, dass die Leser nur an leichter sensationeller Unterhaltung interessiert sind.[210] Nach einer Studie von Silbermann aus den 1970er-Jahren wurden die Leser als ungebildet, uninteressiert und mit anspruchsvollen Inhalten überfordert angesehen, als Rezipient, der Orientierung benötigte.[211] Das Interesse am Rezipienten war in den Mainstream-Medien überwiegend gering, da ein autonomes Verständnis von Journalismus vorherrschte, das mit einer selbstbezogenen Definition von journalistischer Leistung und publizistischer Qualität – basierend auf einem Selbstverständnis als vierte Gewalt – einherging.[212] Fast alle Untersuchungen aus den 1980er-Jahren bescheinigen den Journalisten laut Hohlfeld „ein vages, verschwommenes und nur wenig realistisches Bild von den Rezipienten."[213] Das verschwommene Bild blieb jahrzehntelang

---

209 Vgl. beispielsweise Noelle-Neumann, Elisabeth / Kepplinger Hans Mathias: Journalistenmeinungen, Medieninhalte und Medienwirkungen. Eine empirische Untersuchung zum Einfluss der Journalisten auf die Wahrnehmung sozialer Probleme durch Arbeiter und Eliten. In: Steindl, Gertraude (Hrsg.): Publizistik aus Profession. Festschrift Johannes Binkowski. Düsseldorf 1978, S. 41–68.

210 Vgl. Glotz, Peter / Langenbucher Wolfgang R.: Der mißachtete Leser. Zur Kritik der deutschen Presse. Köln/Berlin, 1969, S. 108f., S. 148f..

211 Vgl. Silbermann, Alfons / Krüger, Udo Michael / Kunczik, Michael (unveröffentlichter Forschungsbericht) zitiert nach Hohlfeld, S. 211.

212 Ebd., S. 200.

213 Hohlfeld 2005, S. 210.

überwiegend negativ. Rezipienten, die Kontakt zur Redaktion suchten, galten als Querulanten: Leserbriefseiten wurden häufig als eine Art „Mülldeponie für kleinkarierte Rhapsoden oder für die handgefertigten Sprengsätze schizophrener Nörgler"[214] und als Überbleibsel der alliierten Pressepolitik betrachtet.[215] Hohlfeld folgend wurde von wissenschaftlicher Seite das Verhältnis von Journalisten und Publikum bis in die 1980er-Jahre „häufig als gestört beschrieben, auch von einer Deformation war die Rede."[216]

Zum Leserkontakt von Printredaktionen liegen keine einheitlichen Erkenntnisse vor.[217] Befragungen in den 1970er-Jahren zur Beziehung von Journalisten und Lesern zeigen für den Print-Bereich, dass persönliche Kontakte für die redaktionelle Praxis eine größere Rolle spielten als objektive und repräsentative Quellen über Leserinteressen.[218] Die Forschung dieser Zeit stellte zudem ein Informationsgefälle fest: Erhielten rund 70 Prozent der Chefredakteure noch regelmäßig Informationen aus der Marktforschung zum Leser, gelangten diese Informationen nur in 22 Prozent der Fälle zu Redakteuren.[219] Grundsätzlich konnte bei Lokaljournalisten von einem direkteren Zugang zum Publikum ausgegangen werden als bei Journalisten der überregionalen Presse.[220]

Noch Anfang der 1980er-Jahre attestierte Wolfgang Donsbach deutschen Journalisten eine mangelnde Publikumsorientierung, stattdessen orientierten sich die Journalisten weiter an ihren Kollegen.[221] Im Verlauf der 1980er-Jahre ist dann eine Wende in der

---

214 Wagner, Erich: Die Leserbriefseite, aktiviert und ausgewogen, sozusagen eine demokratische Einrichtung. In: ZV+ZV 1976, S.1616.

215 Vgl. Mlitz 2008, S. 378.

216 Hohlfeld 2005, S. 199.

217 Vgl. ebd., S. 203.

218 Vgl. z.B. Kiock, Hartmut: Kommunikationsmarketing. Die Technik journalistischer Anpassung. Düsseldorf, 1972, S.106.

219 Vgl. Langenbucher, Wolfgang / Mahle, Walter: Unterhaltung als Beruf? Herkunft, Vorbildung, Berufsweg und Selbstverständnis einer Berufsgruppe. Berlin, 1975, S. 71.

220 Vgl. Guthmann, Gerlinde: Das Publikumsbild von Lokaljournalisten. München, 1987, S. 107.

221 Vgl. Donsbach, Wolfgang: Gesellschaftliche Aufgaben der Massenmedien und berufliche Einstellungen von Journalisten. Mainz,

Beziehung von Journalisten und Publikum festzustellen. Fast alle Studien, die seitdem durchgeführt worden sind, kommen laut Hohlfeld zu konträren Ergebnissen.[222]

Nach einer Studie von Weischenberg, von Bassewitz und Armin Scholl von 1989 orientierten sich Lokaljournalisten bei ihrer Arbeit hauptsächlich am Leser, dieser sei zentraler Bezugspunkt der Arbeit. Von den vermuteten Erwartungen gingen die größten Einflüsse auf die Arbeit der Journalisten aus.[223] Für Radiojournalisten stellte Diedenhof 1986 fest, dass diese ihre Arbeit in weit höherem Maß an Hörern als an Kollegen ausrichteten.[224] Auch Jutta Wiedebusch stellte in einer Befragung von WDR-Journalisten 1989 fest, dass die Publikumsorientierung hoch ist. 80 Prozent maßen Hörerfeedback eine große Bedeutung bei. Die Mehrheit gab an, das Feedback in der redaktionellen Praxis häufig zu berücksichtigen.[225] In einer Forschungssynopse von Arnold stellt dieser auch grundsätzlich ein verändertes Verhältnis zwischen Journalist und Publikum fest: Auf Nachfrage hätten Journalisten dem Publikum einen hohen Stellenwert eingeräumt.[226]

Trotz der verstärkten Ausrichtung am Rezipienten bleibt dessen Image unter Journalisten negativ: Nach der Auswertung verschiedener Studien durch Donsbach bescheinigte dieser den Journalisten ein Publikumsbild, das weit entfernt ist vom mündigen, politisch interessierten Bürger. Der Anteil der geringschätzenden Beschreibungen des Publikums sei hoch, das tatsächliche Wissen über die Rezipienten zu der Zeit aufgrund mangelnden Interesses

---

1981, S.272 und Donsbach, Wolfgang: Journalisten zwischen Publikum und Kollegen. Forschungsergebnisse zum Publikumsbild und zum in-group-Verhalten. In: Rundfunk und Fernsehen 02–03/1981, S. 184.

222 Vgl. Hohlfeld 2005, S. 201.

223 Vgl. Weischenberg / Bassewitz / Scholl 1989, S. 287.

224 Vgl. Diedenhof zitiert nach Hohlfeld 2005, S. 203.

225 Vgl. Wiedebusch, Jutta: Selbstverständnis und Rezipientenbilder von Hörfunkjournalisten. Frankfurt am Main, 1989, S. 271.

226 Vgl. Arnold, Axel: Berufsbilder des Journalismus. Bundesrepublik, Österreich, Schweiz. München, 1987, S. 100.

und mangelnder Rückkopplung ungenügend gewesen.[227] Arnold kam 1987 noch zu dem Schluss, dass das „Bild der Journalisten vom Publikum in Deutschland alles in allem nebulös ist."[228]

Anhand von Studien aus den 1990er-Jahren lässt sich ablesen, dass sich der Trend hin zur Publikumsorientierung verstärkt. Während sich die ökonomischen Rahmenbedingungen des Printjournalismus verschlechterten, gewann das Konzept des dialogorientierten Journalismus für Zeitungen Befürworter: Oberstes Ziel war die Stärkung und Erhaltung der Leser-Blatt-Bindung. Der Mediennutzer wurde unter dem ökonomischen Druck als kritischer Kunde wahr- und ernstgenommen.[229] Mast, Popp und Theilmann stellen 1997 sowohl bei Zeitungs- als auch Zeitschriftenchefredakteuren eine beratend-dienstleistende Berufsauffassung fest. Die Wünsche von Lesern werden als Einflussgröße betrachtet, die von wachsender Bedeutung für die Arbeit der Journalisten ist.[230] In einer Untersuchung von Möllmann von 1998 gaben sogar 90 Prozent der Chefredakteure an, dass ihnen Leserwünsche wichtig sind.[231] In Studien von Scholl und Weischenberg von 1998 wurde eine positive Haltung deutscher Journalisten gegenüber ihrem Publikum belegt. Die Rezipienten wurden beispielsweise häufig als „aufgeschlossen", „gebildet", „politisch-interessiert" und „kritisch-anspruchsvoll" beschrieben.[232] Medien wurde empfohlen, eine aktive Kommunikation mit ihren Rezipienten anzustreben, zum Beispiel über Leserbriefseiten, um in der zunehmenden inter- und intramediären Konkurrenz

---

227 Vgl. Donsbach, Wolfgang: Legitimationsprobleme des Journalismus. Gesellschaftliche Rolle der Massenmedien und berufliche Einstellungen von Journalisten. Freiburg/München, 1982, S. 214–231.

228 Arnold 1987, S. 102.

229 Vgl. Mlitz 2008, S. 380.

230 Vgl. Mast, Claudia / Popp, Manuela / Theilman, Rüdiger: Journlaisten auf der Datenautobahn. Qualifikationsprofile im Multimedia-Zeitalter. Konstanz 1997, S. 168f.

231 Vgl. Möllmann 1998, S. 332.

232 Vgl. Scholl, Armin / Weischenberg, Siegfried: Journalismus in der Gesellschaft. Opladen/Wiesbaden, 1998, S. 126f.

wichtige Argumente für sich zu setzen.[233] Diese Argumentation kann in ihrem Kern auch auf die Situation des digitalen Journalismus der Social-Media-Ära bezogen werden.

Studien zur Beziehung von Journalisten und Rezipienten seit dem Einzug des Internets in den Medienalltag der Menschen liegen kaum vor. Repräsentative Studien berücksichtigen den Gesichtspunkt nur am Rande und Fallstudien konzentrieren sich auf einen kleinen Ausschnitt der Journalisten, sodass sie nur von begrenzter Aussagekraft sind. Eine Studie der Universität Eichstätt-Ingolstadt widmete sich beispielsweise 2000/2001 der Publikumsorientierung von Journalisten bei Publikumszeitschriften, Hörfunk- und Fernsehjournalisten. Ergebnis: „Aufgeschlossenheit und Beachtung [der Rezipienten] dominieren die Haltung der befragten Journalisten", „von Arroganz oder gar Missachtung keine Spur."[234] Hohlfeld sieht verallgemeinernd eine „zunehmende Dienstleistungsverpflichtung und eine stärkere Berücksichtigung von Marktforschungsimperativen"[235]. Er stellt in seiner Synopse der Publikumsforschung fest, dass eine „dünkelhafte Haltung dem Publikum gegenüber unterdessen passé ist"[236].

Das Aufkommen von Social Media und damit verbunden alternativen Nachrichtenvermittlern und dem infolgedessen fortschreitenden Abwandern von Mediennutzungszeit von Print zu Online hat die wirschaftliche Situation der Verlage drastisch verschlechtert. Gerhards spricht in diesem Zusammenhang von einem „Aufstand des Publikums"[237]. Dieser scheint die Redaktionen veranlasst zu haben, ihre Bemühungen um bestehende und potenzielle Leser weiter zu intensiveren. Andrea Mlitz untersuchte 2007 die Nutzung und Wertschätzung von Leserbriefen. Sie kommt zu dem Schluss, dass Redaktionen „Leserpost als wichtiges Feedback

---

233 Vgl. Schäfer-Dieterle, Susanne: Was wollen die Werbeleute bei uns in der Zeitung? In: Rager, Günther / Schäfer-Dieterle, Susanne / Weber, Bernd: Redaktionelles Marketing. Wie Zeitungen die Zukunft meistern. Bonn, 1994, S. 44.

234 zitiert nach Hohlfeld 2005, S. 216.

235 Ebd., S. 201.

236 Ebd., S. 214.

237 Vgl. Gerhards, Jürgen: Der Aufstand des Publikums. In: Zeitschrift für Soziologie 03/2001, S. 163–184.

auf und für ihre publizistische Arbeit"[238] betrachten und der Leser grundsätzlich „zunehmend in den Fokus des redaktionellen Interesses rückt"[239]. Der Dialog mit dem Rezipienten beschränke sich längst nicht mehr nur auf die Zeitung, sondern werde mithilfe verschiedener Aktivitäten aktiv gesucht: Rollende Redaktionen, Diskussionsforen und Lesertelefone sollen die Zeitung zum Forum machen.[240]

Blöbaum kommt zu der Einschätzung, dass sich „Journalismus stark den empirisch differenziert erhobenen Bedürfnissen und Wünschen des Publikums anpasst"[241]. Die Erwartungen der Redaktionen, die mit der neuen Haltung verknüpft sind, sind hoch: „Dem Journalismus soll sie den Anschluss an alte und neue Zielgruppen sichern und dem öffentlichen Diskurs zu mehr Vielfalt verhelfen."[242] Dass die Zuwendung zum Leser von keinem neuerwachten Verständnis des Journalismus per se herrührt, sondern ökonomischen Schwierigkeiten und dem daraus resultierenden Innovationsdruck entspringt, erläutern auch Kramp und Weichert.[243] Dass die Publikumszentrierung allein nicht ausreichen dürfte, die ökonomische Schieflage der Tageszeitungsverlage zu begradigen, ist keine gewagte These. Zu gravierend sind die Umwälzungen des Journalismus durch neue digitale Verbreitungskanäle. Dass eine starke Publikumsorientierung jedoch ein wichtiger Baustein ist, um unter den neuen Rahmenbedingungen erfolgreich zu sein, darf als sicher betrachtet werden.

7   Chancen von redaktionellen Auftritten in sozialen Netzwerken

Wenn Redaktionen in sozialen Netzwerken aktiv werden, ist dies einer von vielen möglichen Wegen, den beschriebenen Veränderun-

---

238   Mlitz 2008, S. 13.

239   Ebd., S. 385.

240   Vgl. ebd., S. 384.

241   Blöbaum 2005, S. 53.

242   Birkner / Loosen 2012, S. 21.

243   Vgl. Kramp / Weichert 2012, S. 34f.

gen, insbesondere den veränderten Mediennutzungsgewohnheiten des Internets der Social-Media-Ära, Rechnung zu tragen. Für die Journalisten ergeben sich aus redaktionellen Auftritten in sozialen Netzwerken eine Reihe von Chancen: neben ökonomischen auch solche für eine bessere Erfüllung der journalistischen Aufgabe, wie im Folgenden beleuchtet wird.

Die Beliebtheit der sozialen Netzwerke und der kontinuierliche Austausch dort stellen für professionellen Journalismus eine Chance dar, an Bedeutung zurückzugewinnen. Denn längst werden Nachrichten auch auf anderen Plattformen konsumiert, kommentiert und verbreitet (vgl. Kap. II. 5.2.). Das Internet ist ein globales Weitererzählmedium geworden und soziale Netzwerke spielen darin eine bedeutende Rolle. Denn über die Plattformen verbreiten sich (journalistische) Nachrichten mittels eines Empfehlungsprinzips rasant.[244] Journalistische Themen werden dort unabhängig von Medienpräsenzen diskutiert und Berichterstattung wird über Links in Freundeskreisen verbreitet. Wenn Medien eine eigene Präsenz in einem sozialen Netzwerk pflegen, erhöhen sie die Chance, Teil der bestehenden Diskurse zu werden und vom Empfehlungsprinzip zu profitieren.

Für die Nutzer stellen die redaktionellen Seiten in den Netzwerken verlässliche Informationsquellen dar, die sich in den eigenen individuellen Nachrichtenmix einbinden lassen, sodass Nachrichtenwebsites nicht mehr aktiv aufgesucht werden müssen, sondern die Nachricht den Weg zum Rezipienten findet.

Redaktionen bieten die in sozialen Netzwerken stattfindenden Diskussionen eine doppelte Chance: Einerseits können Journalisten in der Moderationsfunktion Diskurse begleiten und so der ureigenen Aufgabe des Journalismus Ausdruck verleihen (vgl. Kap. II. 6.1.), andererseits profitiert der Verlag wirtschaftlich, wenn eigene Inhalte diskutiert und verbreitet werden. Denn Berichterstattung und persönliche Gespräche können synergetisch zusammenwirken: „Je mehr gesprochen wird, umso eher werden Medien genutzt, und je mehr über Medieninformationen geredet wird, umso stärker

---

244   Vgl. Weichert / Kramp / von Streit 2010, S. 38.

werden die Medieneffekte."[245] Dass diese Anschlusskommunikation teilweise eine größere Wirkung auf das Individuum, sein Verhalten und Denken ausübt als die direkt erhaltene Medieninformation, ist nicht neu, sondern bereits von Lazarsfeld 1948 in der Studie „The people's choice" belegt worden.[246] Keith Kenney, Alexander Gorelik und Sam Mwangi gehen so weit zu sagen: „What users do with content is more important than how content may affect users. Users are actively chasing discovery rather than passively being informed."[247]

Zudem ist eine Präsenz in sozialen Netzwerken immer auch eine Imagekampagne. Redaktionen können sich über das Posten eigener Inhalte als vertrauenswürdiger Anbieter qualitativ hochwertiger Informationen profilieren, sich gegenüber alternativen Informationsquellen abgrenzen (siehe Kap. II. 5.2.) und ihr Profil als unverwechselbare Medienmarke schärfen. Dies ist wichtig, da Nutzer ihre Medien online wie offline auch aus Sympathiegründen auswählen. Eine Imageverbesserung über einen digitalen Kanal wird sich dabei nicht nur auf andere digitale Kanäle übertragen, sondern bestenfalls der Marke als Ganzes zugutekommen, also auch positive Auswirkungen auf das Printprodukt ausüben. Von Gehlen ist überzeugt, Medienmarken seien wie Clubs oder Bars: „Da geht man hin, weil es dort Speisen und Getränke gibt, klar. Aber man geht auch deshalb dorthin, weil man dort bestimmte Leute trifft und andere eben nicht."[248]

Redaktionelle Seiten in sozialen Netzwerken übernehmen für Nutzer die Funktion virtueller Briefkästen, sind Wege, schnell Kontakt zur Redaktion aufzunehmen und digitale Leserbriefe an

---

245 Gehrau, Volker: Team oder Gegner? Interpersonale Kommunikation und Massenmedien. In: Neuberger, Christoph / Gehrau, Volker (Hrsg.): StudiVZ. Diffusion, Nutzung und Wirkung eines sozialen Netzwerks im Internet. Wiesbaden, 2011, S. 21.

246 Vgl. Lazarsfeld, Paul Felix / Berelson, Bernard / Gaudet Hazel: The People's Choice. New York, 1948.

247 http://www.firstmonday.dk/issues/issue5_1/kenney/ (30.11.2010, 09:18 Uhr)

248 Gehlen, Dirk von: „Wir müssen uns auf die Gegebenheiten des digitalen Raums einlassen". In: Netzwerk Recherche (Hrsg.): nr-Werkstatt: Online-Journalismus. Zukunftspfade und Sackgassen. Hamburg, 2011, S. 113.

der Pinnwand zu hinterlassen. Mussten die Rezipienten bei Leserbriefen Bezug auf eine konkrete Berichterstattung nehmen, mussten sie möglichst knapp formulieren und konnten Leserbriefeschreiber nicht untereinander diskutieren,[249] spielen diese Beschränkungen in sozialen Netzwerken keine Rolle mehr. Auch lange Diskussionen zu vom Nutzer angestoßenen Themen sind möglich, wobei Mediennutzer untereinander und Redaktionen gleichermaßen mitdiskutieren können. Wieder profitieren nicht nur Nutzer von der neuen Plattform. Den Redaktionen eröffnen sich neue und ausführlichere Einblicke in die Lebenswelt ihrer Nutzer, die deutlich niedrige Hürden überwinden müssen, wenn sie sich – zur Berichterstattung – äußern möchten. Davon profitiert letztlich die Qualität des Journalismus (vgl. Kap. II. 6.1.)

In sozialen Netzwerken können Journalisten neue Formen der Berichterstattung erproben. Ähnlich wie bei Twitter eignen sich auch diese Plattformen beispielsweise für eine Live-Berichterstattung. Twitter ist in der Vergangenheit bereits häufig für die journalistische Live-Berichterstattung genutzt worden.[250] Nutzer können damit noch schneller aktuell und je nach persönlicher Einstellung sogar automatisch informiert werden. Werden Auftritte in sozialen Netzwerken so betrieben, dass sie für den Nutzer die wichtigsten Nachrichten des Tages komprimieren, ist dies ein Weg der Navigationsaufgabe des Journalismus nachzukommen (vgl. Kap II. 5.3.). Für die Rezipienten bietet sich ein hoher Nutzwert, was sich positiv auf die Bindung an die Medienmarke auswirken kann.

Die Leserbindung lässt sich über soziale Netzwerke auch mithilfe partizipativer Elemente stärken, was gleichzeitig die Berichterstattung bereichert. Bei partizipativem Journalismus wirken Laien unentgeltlich an der Herstellung eines unter professioneller Führung stehenden Medienprodukts mit. Zumindest Elemente dieses Konzepts lassen sich in sozialen Netzwerken anwenden. Bowman und Willis betonen den Vorteil für Medienunternehmen. Partizi-

---

249   Vgl. Günnewig 2009, S. 8.
250   Vgl. Neuberger / vom Hofe / Nuernbergk 2010, S. 20.

pativer Journalismus biete gleichzeitig „the potential to develop a more loyal and trustworthy relationship with their audiences."[251]

Die Möglichkeiten, Nutzer in die redaktionelle Arbeit einzubeziehen, sind vielfältig.

Neuberger unterscheidet drei Arten der Nutzerbeteiligung: Kommentierung von Veröffentlichungen der Redaktion, Mitwirkung am Redaktionsprozess (häufig z. B. als Leserreporter), Freiräume für Publikation eigener Inhalte anbieten.[252] Auf Facebook, als Beispiel für soziale Netzwerke, können alle drei von Neuberger beschriebenen Elemente der Partizipation umgesetzt werden. Dabei steht das Kommentieren von bereits veröffentlichten und verlinkten Inhalten und Postings der Redaktion im Vordergrund. Denn es entspricht dem Grundgedanken von Facebook, Veröffentlichtes von anderen Nutzern kommentieren zu lassen. Diese Funktion ist konstituierendes Element der Facebook-Architektur.

Auch die Mitwirkung am Produktionsprozess ist über soziale Netzwerke einfacher anzubieten und verspricht aufgrund der potenziell hohen Interaktionsbereitschaft und häufigen Nutzungsfrequenz der Leser höhere Rücklaufquoten. Die Möglichkeiten reichen von einer Einbeziehung bei bunten Themen bis hin zur Aufwertung der Berichterstattung zu harten Nachrichten, wenn Nutzer als Recherchequellen erschlossen und als Beobachtungsinstrument genutzt werden.[253] Sowohl bei der Themenfindung als auch bei der Themenumsetzung können sich Redaktionen mit konkreten Fragen im Sinn eines crowd sourcing an ihre Nutzer wenden, um mit den so über soziale Netzwerke generierten Informationen die Berichterstattung zu beschleunigen und zu bereichern.

Bekannte Fälle, in denen Laieninformationen Eingang in die Berichterstattung gefunden haben, sind Katastrophen, da die Laien in der Regel schneller vor Ort sind als professionelle Journalisten und möglicherweise exklusives Live-Material vom Zeitpunkt des Geschehens liefern können. Beispiele sind der Arabische Frühling 2011 oder der Hurrikan Katrina 2005.[254] Doch Nutzerinforma-

---

251 www.hypergene.net/wemedia/download/we_media.pdf, S. 53(26.03.2013, 13:11 Uhr)

252 Vgl. Neuberger 2009, S. 79f.

253 Vgl. Neuberger / vom Hofe / Nuernbergk 2010, S. 19.

254 Vgl. Schmidt 2009, S. 134.

tionen können auch bei weniger dramatischen und weniger globalen Geschehnissen genutzt werden. Das Prinzip ist auf die regionale Ebene übertragbar. Mithilfe von Nutzern lassen sich Informationsquellen erschließen, die den Redaktionen sonst verborgen geblieben wären. Der Umfang der Partizipation kann variieren und von kurzen Kommentaren mit Nutzerhinweisen auf der Redaktionsseite, über die Einsendung von Fotos und Videos bis hin zur Einsendung kompletter Nutzerartikel reichen.

Facebook bleibt für Partizipation der zweiten und dritten Art dabei eher Eingangstor, das heißt: Für umfänglicheres eigenes Publizieren der Nutzer ist Facebook kein geeigneter Ort, auch für umfassendere inhaltliche Mitarbeit ist die Plattform wenig geeignet. Für die Redaktionen liegt darin jedoch auch die Chance, sich über die sozialen Netzwerke langsam mit dem Konzept des partizipativen Journalismus vertraut zu machen. Traditionelle Arbeitsweisen der Redaktion werden noch wenig angegriffen, das heißt Redakteure müssen nicht zwangsläufig viel Kompetenz an Nutzer abgeben. Die Redakteure steuern den Grad der Partizipation, die eigentliche Produktion bleibt in ihrer Hand, anders als dies zum Beispiel bei Nutzer-Blogs oder Youtube-Aktionen der Fall wäre.

Damit die Redaktion und die Berichterstattung von einer aktiven Nutzerschaft profitieren können, ist es notwendig, dass eine hohe Bindung der Nutzer an die Medienmarke zumindest in Form der Redaktionsseite im Netzwerk besteht und die Nutzer sich als Mitproduzenten und Ideengeber ernst genommen fühlen (vgl. Kap. II. 5.2.). Neben der Qualität der verlinkten Berichterstattung ist dafür auch eine nicht-hierarchiebetonende Kommunikationskultur entscheidend.

Um seine gesellschaftliche Aufgabe langfristig in der digitalen Ära erfüllen zu können, muss der Journalismus zudem auf einem stabilen wirtschaftlichen Fundament stehen. Noch suchen die Zeitungen ein neues Geschäftsmodell für den Journalismus der digitalen Ära. Weichert und Kramp mahnen: „Die in unterschiedlichen Bereichen des Journalismus eher en passant geleisteten Bemühungen reichen bei weitem noch nicht aus, um dem digitalen Wandel wirksam zu begegnen."[255]

---

255 Kramp / Weichert 2012, S. 25.

Wenn Redaktionen in sozialen Netzwerken aktiv werden, ist dies auch Ausdruck der Suche nach besserer ökonomischer Stabilität. Den Kern des Online-Geschäfts bilden in der Regel werbefinanzierte Websites. Mit Blick auf deren zukünftige Rentabilität ist vor allem die Nutzung von Facebook für Redaktionen besonders lohnenswert. Denn für den ökonomischen Erfolg der Websites sind die Zugriffszahlen entscheidend, da von diesen die Anzeigenpreise abhängig sind und Facebook ist im Begriff, Google als großen Traffic-Verteiler abzulösen.[256]

Ein erheblicher und steigender Teil der Besucher von Websites professioneller Medien gelangt über Links in sozialen Netzwerken zum Nachrichtenangebot. Die Homepage ist längst nicht mehr die am häufigsten gewählte Eingangstür zum Medienangebot. Die Zahl der Nutzer, die über Direktlinks zu Artikeln der Website gelangen, wächst. Aufschlussreich ist eine vom Medienportal Meedia durchgeführte Analyse der IVW-Zahlen in Bezug auf das Verhältnis von Homepageklicks zur Gesamtzahl der Visits: Von den dort als „Top-Nachrichtenwebsites" angeführten Titeln erreicht die Hälfte nur einen Homepage-PI-Visits-Quotienten von unter 100 Prozent, unter den Top-20-Angeboten zeigt sich das gleiche Bild.[257] 50 Prozent der Nachrichtenwebsites profitieren also bereits erheblich von Traffic, der – über andere Websites aufmerksam gemacht – einzelne Artikel abruft, statt über die Homepage in die Artikelvielfalt vorzustoßen. In den USA ist Facebook für einige News-Websites wie die Huffington Post oder die New York Times bereits zweit oder drittgrößter Traffic-Lieferant.[258]

Wenn Medien attraktive Rahmenbedingungen in sozialen Netzwerken schaffen, kann es gelingen, einen Teil der Nutzer über Links zurück zur Nachrichtenwebsite zu leiten. „Vieles spricht dafür, dass eine größere Verteilung journalistischer Inhalte über gleich welche Plattformen am Ende nicht nur die Popularität der eigenen Zeitung stärkt, sondern auch die Zahl der Online-Nutzer auf den

---

256 Vgl. Söfjer, Jan: Content-Knechte. In: Journalist 02/2011, S. 22–26.

257 Vgl. http://meedia.de/internet/die-staerksten-homepages-der-news-anbieter/2012/03/29.html (27.04.2012, 19:16 Uhr)

258 http://www.journalism.org/analysis_report/facebook_becoming_increasingly_important (17.01.2013, 10:32 Uhr)

eigenen Seiten erhöht."[259] Dass der Einfluss redaktioneller Berichterstattung auf die Diskussionen im Social Web groß ist, bestätigen
auch Neuberger et al. in ihrer Studie zum Microblogging-Dienst
Twitter. Dies biete eine Chance, Aufmerksamkeit auf die Medienmarke zu lenken und letztlich die Nutzer zurück auf die Nachrichtenwebsite zu führen.[260] Eine Reichweitensteigerung, die so erfolgen
könnte, ist neben der Erhöhung der Meinungsvielfalt eine der häufigsten Motivationen von Medienhäusern, Nutzer einzubeziehen.
Für Thomas Knüwer ist es für den Erfolg von Medien auf digitalen
Kanälen entscheidend, ob es ihnen gelingt, Links in Social Media zu
verbreiten und Nutzer zum Klick auf diese Links zur eigenen Website zu animieren: „Die strategische Frage für alle Online-Inhalte-
Anbieter wird in den nächsten Jahren sein: Wo bekomme ich meine
Links aus Social Media her? Denn wenn ich dort keine Verlinkungen mehr bekomme, habe ich auf Dauer immer weniger Leser."[261]

8 Social-Media-Integration in der redaktionellen Praxis

Beschrieben worden sind in den vergangenen Kapiteln die möglichen Chancen, die sich für Redaktionen durch Auftritte in sozialen Netzwerken ergeben. Die Sinnhaftigkeit dieser Aktivitäten angesichts neuer digitaler Rahmenbedingungen und die theoretische
Verwurzelung der neuen Redaktionsaufgabe als Weg zur Erfüllung
des gesellschaftlichen journalistischen Auftrags wurden dargelegt.
Im Folgenden soll der Blick weg von der Theorie hin zur redaktionellen Praxis gelenkt werden. Im Mittelpunkt steht die Frage, inwieweit Redaktionen, speziell regionale Tageszeitungen, soziale Netzwerke bereits nutzen, wo Entwicklungspotenziale und Vorbehalte
festzustellen sind. Es wird mithilfe vorliegender empirischer Er-

---

259 Münker, Stefan: Die digitale Öffentlichkeit und die Krise des Jour-
     nalismus. In: Netzwerk Recherche (Hrsg.): nr-Werkstatt: Online-
     Journalismus. Zukunftspfade und Sackgassen. Hamburg, 2011,
     S. 71.
260 Vgl. Neuberger / vom Hofe / Nuernbergk 2010 , S. 19.
261 Söfjer 2011, S. 22–26.

kenntnisse eine Momentaufnahme des redaktionellen Engagements nachgezeichnet, die als Basis und Bezugspunkt für die folgenden empirischen Erhebungen zu verstehen ist.

8.1 Akzeptanz von Social Media und redaktionelle Ziele

Dass Nutzerintegration als eine Teilaufgabe der redaktionellen Arbeit zu verstehen ist, setzt sich in der Praxis immer mehr durch. Schon in der Twitter-Studie von Christoph Neuberger et al. gaben 2010 eine Mehrheit der befragten Journalisten – unabhängig von der eigenen redaktionellen Aktivität im Social Web – an, in Social Media *nicht* einen Hype zu sehen, sondern eine Entwicklung mit nachhaltigen Auswirkungen auf den Journalismus. 41,7 Prozent lehnen die Einordnung als Hype eher, 40 Prozent sogar voll und ganz ab.[262] Der Grund für die zunehmende Offenheit gegenüber Social Media in Redaktionen war wohl auch der sich durchsetzenden Annahme geschuldet, dass die Mediennutzer dieses Engagement erwarten. Zumindest waren 80 Prozent der im Rahmen der Twitter-Studie 2010 befragten Redaktionsleiter überzeugt, dass Nutzer Social-Web-Dienste erwarten.[263]

Betrachtet man die Ergebnisse des jährlich erscheinenden Trend-Monitors, einer Studie der dpa-Tochter news aktuell und der Unternehmensberatung Faktenkontor, wirkte sich die Erkenntnis, dass Social Media von den Nutzern gewünscht wird und genutzt werden sollte, bisher jedoch nur langsam auf die redaktionelle Praxis aus. 2010 sahen 55 Prozent der knapp 2700 befragten Redakteure Social Media als relevant oder sehr relevant für ihre Arbeit an, während knapp ein Drittel (31,9 Prozent) Social Media nur eine geringe Relevanz zubilligte.[264] Nach einer Folgebefragung 2012 blieb die Ablehnung der noch jungen Verbreitungskanäle bestehen und stieg sogar an: 51 Prozent der Befragten sahen keine Bedeutung von So-

---

262 Vgl. Neuberger / vom Hofe / Nuernbergk 2010, S. 70.

263 Vgl. ebd.

264 Vgl. www.newsaktuell.de/pdf/medientrendmonitor062010be-richtsband.pdf, S. 19 (14.01.2013, 06:18 Uhr)

cial Media für ihre redaktionelle Arbeit. Auch die Angaben, Social Media sei relevant oder sehr relevant, waren um 15 Prozentpunkte auf 40 Prozent gesunken.[265] Gründe für die subjektiv sinkende Relevanz mögen in ersten Praxiserfahrungen mit enttäuschenden Ergebnissen liegen oder doch einem zurückgegangenen Interesse der Branche insgesamt am Thema geschuldet sein, das 2010, da noch sehr neu, stark im Fokus stand. Die Redaktionen, die sich für den Einsatz von Social Media entschieden, berichteten 2012, dass ihre Arbeit eher davon profitiert habe (46 Prozent). Ablehnend äußerten sich dazu nur 17 Prozent.[266]

Als die drei wichtigsten Ziele, die Tageszeitungen mit dem Einsatz von Social Media allgemein verbinden, ermittelte der Trendmonitor 2012: die Nutzer-/Leserbindung erhöhen (78 Prozent), Imagepflege (54 Prozent) und Traffic auf die Website lotsen (44 Prozent). Den Dialog mit den Lesern zu intensivieren, spielt eine eher untergeordnete Rolle mit 35 Prozent, ebenso das Ziel, die eigene Bekanntheit zu steigern (23 Prozent).[267]

Auf soziale Netzwerke beschränkt, liefert Ophüls' Studie erste Ergebnisse. Danach ist ein Hauptgrund für das Engagement die Erhöhung der Reichweite der eigenen Artikel. „Über die sozialen Netzwerke sollen neue, internetaffine Zielgruppen erschlossen und gleichzeitig die Besucherzahlen des eigenen Internetauftritts gesteigert werden"[268], fasst Ophüls die Ergebnisse seiner Experteninterviews zusammen. Häufig sprachen die Befragten vom Verkaufen der eigenen Nachrichten in Facebook. Die Inhalte sollen dazu beitragen, das Image der eigenen Marke und das journalistische Profil zu schärfen. Gleichzeitig soll den Erwartungen der Nutzer an Aktualität, Themenauswahl und Glaubwürdigkeit entsprochen werden.[269]

Ähnliches bestätigt die Studie von Hoffmeister: Die Traffic-Erhöhung der eigenen Website, Imageverbesserung und Kundenbin-

---

265 Vgl. http://www.newsaktuell.de/pdf/trendmonitor_2012.pdf, S. 10 (13.01.2013, 16:34 Uhr)

266 Vgl. ebd., S. 12.

267 Vgl. http://www.newsaktuell.de/pdf/trendmonitor_2012.pdf, S. 27 (13.01.2013, 16:34 Uhr)

268 Ophüls 2010, S. 63.

269 Vgl. ebd.

dung sind die drei am häufigsten genannten Gründe für Social-Media-Engagement.[270] Auch rechnen die Redaktionen mit positiven Einflüssen auf die Online-Werbeerlöse und andere Online-Erlöse, zum Beispiel durch Paid Content. Dabei konstatiert Hoffmeister einen strukturellen Unterschied zwischen größeren und kleineren Zeitungsverlagen: Die größeren würden die als realistisch erkannten Ziele mit ihrem Social-Media-Engagement eher verfolgen, während kleinere eher beim Wissen um die Chancen stehen blieben. Auch würde technisch messbaren Zielen häufig der Vorzug vor Zielen gegeben, die nicht mittels Webanalyse erfasst werden können.[271]

8.2 Verbreitung der redaktionellen Nutzung von sozialen Netzwerken

Soziale Netzwerke haben im Spektrum der Social-Media-Aktivitäten von Redaktionen in den vergangenen zwei bis drei Jahren rasant an Bedeutung gewonnen. Waren redaktionelle Aktivitäten auf Facebook 2010 noch eine Seltenheit und eine Sache für die Innovationsführer der Zeitungslandschaft, gehört drei Jahre später ein Auftritt bei Facebook fast so selbstverständlich zu den redaktionellen Aufgaben wie eine eigene Website. Im Februar 2010 ermittelte der BDZV noch, dass nur 17 Prozent der deutschen Tageszeitungen mit einem eigenen Auftritt auf Facebook vertreten waren.[272] Die Twitter-Studie von Neuberger et al. gehörte zu den ersten, die Facebook eine große redaktionelle Bedeutung bescheinigte: Nach einer Redakteursbefragung im Mai und Juni 2010 pflegten 85,1 Prozent der Tageszeitungsredaktionen eine Seite bei Facebook. Obwohl für den exponentiellen Anstieg im Vergleich zu den Ergebnissen der BDZV-Studie auch methodische Gründe verantwortlich sein werden, zeigt sich hier doch ein massiver Bedeutungsgewinn von Facebook in der redaktionellen Praxis. Das Netzwerk gehörte damit zu den drei am häufigsten genutzten Elementen eines redaktionellen Social-Media-Mi-

---

270 Vgl. Hoffmeister 2012, S. 38.

271 Vgl. ebd.

272 Vgl. http://www.bdzv.de/bdzv_intern+M57cf273036e.html (10.01.2013, 15:50 Uhr)

xes. Netzwerke wie Myspace (61,7 Prozent) oder studiVZ/meinVZ (63,8 Prozent) wurden dagegen von einer Mehrheit als eher unwichtig oder unwichtig eingeschätzt.[273]

Weitere Studien haben in den vergangenen Jahren bestätigt, dass Facebook das von Tageszeitungen am häufigsten genutzte Netzwerk ist. Eine der neueren ist der Social Media Trendmonitor 2012: Danach führt Facebook mit 63 Prozent vor Xing (48 Prozent). Twitter rangiert weit abgeschlagen mit 13 Prozent auf Platz drei.[274]

Dass auch die Zahl der Redaktionen, die sich mit sozialen Netzwerken beschäftigen, gewachsen ist, macht ein Blick auf das drehscheibe-Ranking deutlich: Im Juni 2011 ermittelte die Organisation noch 163 Tageszeitungen und Tageszeitungsausgaben, die mit einer Seite auf Facebook vertreten waren.[275] Im August des Folgejahres kommt das Ranking auf 188 Zeitungen. Eine Studie von Kinnebrock und Kretzschmar kommt sogar zu dem Ergebnis, dass im Jahr 2012 90 Prozent der Tageszeitungen bei Facebook vertreten sind.[276]

Twitter scheint im redaktionellen Alltag von abnehmender Bedeutung. Zwei Drittel der von Neuberger et al. befragten Redaktionen erachten Twitter für eher unwichtig, obwohl 97 Prozent der befragten Redaktionen zumindest über einen eigenen Twitter-Kanal verfügen.[277] Darin spiegelt sich wider, dass Twitter eher ein Informationswerkzeug für eine Elite ist, jedoch wenig von der breiten Öffentlichkeit genutzt wird. Twitter ist als Werkzeug, um mit den eigenen Mediennutzern in Kommunikation zu treten und um viral eine breite Öffentlichkeit auf die eigenen journalistischen Leistungen aufmerksam zu machen, nur bedingt geeignet. Im Vergleich dazu scheint Facebook das zukunftsträchtigere soziale Medium zu sein.

---

273 Vgl. Neuberger / Vom Hofe / Nuernbergk 2010, S. 65.

274 Vgl. http://www.newsaktuell.de/pdf/trendmonitor_2012.pdf, S. 16 (13.01.2013, 16:34 Uhr)

275 Vgl. http://drehscheibe.org/facebook-ranking-juni-2011.html (10.01.2013, 15:50 Uhr)

276 Vgl. http://www.bpb.de/system/files/dokument_pdf/ final_Crossmedia_Abschlussbericht_04_06_2012.pdf (11.01.2013, 10:06 Uhr)

277 Vgl. Neuberger / Vom Hofe / Nuernbergk 2010, S. 44.

Übereinstimmend kommen verschiedene Studien zu dem Ergebnis, dass Facebook als soziales Netzwerk für Redaktionen noch weiter an Bedeutung gewinnen wird, während andere Netzwerke an Relevanz verlieren werden: In Hoffmeisters Social-Media-Studie sind 90 Prozent der Befragten überzeugt, dass der Stellenwert von sozialen Netzwerken generell steigen wird, 98 Prozent prognostizieren für Facebook eine wachsende Bedeutung. Andere soziale Netzwerke werden, abgesehen von Youtube, nach Ansicht der Befragten dagegen Gewicht verlieren.[278] Dass Facebook seinen Status als Kanal der Zukunft, den es bereits seit einigen Jahren in der Medienbranche genießt, verliert, ist nicht abzusehen. Auch in einer der neuesten Studien zum Themenfeld, dem Innovationsreport Journalismus, setzen die Befragten auf Facebook: 75 Prozent prognostizieren dem Netzwerk eine steigende Bedeutung, Sie bestätigen Twitters Absturz ins Nischendasein: Nur 33 Prozent gehen von einer zunehmenden Relevanz aus.[279]

Hoffmeister kommt in seiner Studie zu dem Schluss, dass größere Zeitungsverlage im Vergleich zu kleineren eine deutlich höhere Intensität bei der Nutzung von Social Media an den Tag legen. „Dieses Teilnehmersegment [der großen Zeitungsverlage] liegt bei der Nutzung von Netzwerken bei Youtube mit 75 Prozent und den VZ-Netzwerk mit 50 Prozent deutlich über dem Durchschnitt und noch deutlicher vor Zeitungen mit weniger als 50.000 Exemplaren."[280] Tendenziell planen die Zeitungsverlage – unabhängig von ihrer Größe – ihre Social-Media-Aktivitäten, insbesondere die Facebook-Aktivitäten, auszubauen. Denn vor allem durch letztere haben in Hoffmeisters Studie 82 Prozent der Verlage bereits einen positiven Effekt auf die Erreichung der eigenen Unternehmensziele beobachtet.[281] Trotz der verstärkten Integration von sozialen Netzwerken in den Redaktionsalltag ist es noch nicht so weit, dass die Tageszeitungen ihren Erfolg primär über digitale Kanäle suchen. Vielmehr ist

---

278   Vgl. Hoffmeister 2012, S. 43.

279   Vgl. Kramp / Weichert 2012, S. 120f.

280   Hoffmeister 2012, S. 37.

281   Vgl. Hoffmeister 2012, S. 42.

vor allem bei regionalen Zeitungen immer noch das Printprodukt – dem konservativen Geschäftsmodell entsprechend – die oberste Priorität.[282]

8.3 Social-Media-Kompetenz von Redaktionen

Wie sind die deutschen Verlage und Medienunternehmen für die digitale Zukunft gerüstet? Nach Medien-Trendmonitor-Umfrage 2010 gaben 53,1 Prozent an: „mittelmäßig".[283] Weichert, Kramp und von Streit bezeichnen professionelle Journalisten angesichts ihres Eindrucks des Redaktionsalltags sogar als „Neandertaler der digitalen Ära."[284] Noch seien die Redaktionen zu verschlossen für die neuen Wege und Möglichkeiten des Berufs. Die Aus- und Weiterbildungseinrichtungen seien noch zu wenig auf die Zukunft des Berufs ausgerichtet. Wenn sich dies nicht ändert, drohe ihnen ein Aussterben, wie einst dem Neandertaler. Dies passt zur Einschätzung von Meier. Er ist der Überzeugung: „Innovationen haben im Journalismus kaum Chancen".[285] Zumindest tun sich Redaktionen anscheinend schwer, auf neue Rahmenbedingungen zu reagieren.

Innovationen wie die Etablierung von Auftritten in sozialen Netzwerken gehen nach Kinnebrock und Kretzschmar in der Regel eher von der Verlagsleitung als von der Chefredaktion aus. Auf die Unterstützung von externen Beratungen verzichten die Zeitun-

---

282   Vgl. Vogel, Andreas: Online als Geschäftsfeld und Vertriebskanal der Pressewirtschaft. In: Media Perspektiven 03/2012, S. 171 und vgl. http://www.bpb.de/system/files/dokument_pdf/final_Crossmedia_Abschlussbericht_04_06_2012.pdf (11.01.2013, 10:15 Uhr)

283   Vgl. www.newsaktuell.de/pdf/medientrendmonitor062010berichtsband.pdf, S. 8 (14.01.2013, 06:18 Uhr)

284   Weichert / Kramp / von Streit 2010, S. 41.

285   Meier, Klaus: Kritik und Innovation. Die Doppelrolle anwendungsorientierter Journalistik. In: Aviso 02/2002, S. 5.

gen dabei in der Regel. Wenn sie neue Projekte anstoßen, greifen sie – wenn überhaupt – eher auf Marktforschungsergebnisse zurück.[286]

Die Kompetenzsituation für Social Media in Redaktionen war nach der Twitter-Studie von 2010 noch entwicklungsfähig: 93 Prozent der Redaktionsleiter sahen die Notwendigkeit, die Social-Media-Kenntnisse ihrer Mitarbeiter zu verbessern. 60 Prozent sahen sogar einen starken Verbesserungsbedarf. Vor allem Tageszeitungen sahen bei ihren Mitarbeitern große Defizite, Rundfunk und Wochenzeitungen/Publikumszeitschriften sehen nur geringe Wissenslücken.[287] Kenntnisse wurden in den allermeisten Fällen über Learning-by-Doing (98,3 Prozent) oder den informellen Austausch mit Kollegen (71,7 Prozent) erworben. Nur in knapp einem Drittel (28,3 Prozent) der Fälle fanden interne Weiterbildungen statt. Der Weiterbildungsbedarf in Social Media wurde, je nach Medium und Recherchestärke der Redaktion, unterschiedlich bewertet. Insgesamt befürworteten jedoch 85 Prozent der Befragten aus ihrer Erfahrung, das Thema stärker in der journalistischen Ausbildung zu berücksichtigen.[288]

Die Qualifikationssituation in Bezug auf soziale Netzwerke und Social Media im Allgemeinen ist jedoch in Bewegung gekommen: Während 2011 vor allem in Zeitschriften und Tageszeitungsredaktionen noch Hilflosigkeit angesichts der neuen Möglichkeiten vorherrschte, nur jeder fünfte Befragte (jeweils 21 Prozent) sich gut gewappnet im Umgang mit Social Media fühlte und nur jede dritte Redaktion (33 Prozent) sich gut bis sehr gut gerüstet sah, ist das Selbstbewusstsein ein Jahr später deutlich gewachsen. 2012 sahen sich 40 Prozent der Tageszeitungsredaktionen gut oder sehr gut gerüstet und nur 18 Prozent aller Redaktionen schlecht oder sogar sehr schlecht aufgestellt.[289] Dass die Social-Media-Strategien von

---

286 Vgl. http://www.bpb.de/system/files/dokument_pdf/
      final_Crossmedia_Abschlussbericht_04_06_2012.pdf, S. 18
      (11.01.2013, 9:33 Uhr)

287 Vgl. Neuberger / Vom Hofe / Nuernbergk 2010, S. 66.

288 Vgl. ebd., S. 68.

289 Vgl. http://www.newsaktuell.de/pdf/trendmonitor_2012.pdf, S. 6
      und 9 (13.01.2013, 16:34 Uhr)

Redaktionen noch wenig ausgereift sind, bestätigt beispielsweise auch Hoffmeisters Social-Media-Studie.[290]

Dass noch Weiterbildungsbedarf im Bereich Crossmedia, soziale Netzwerke eingeschlossen, besteht, belegt eine quantitative Studie von Kinnebrock und Kretzschmar: In einer Befragung unter Crossmedia-Verantwortlichen von deutschen Tageszeitungen gaben die Befragten übereinstimmend an, dass der Bedarf an Schulungen noch groß ist. Gleichzeitig wächst die Überzeugung, dass die Betreuung und Nutzung von sozialen Netzwerken zu den Stärken der eigenen Redaktion gehört.[291]

8.4 Redaktionelle Organisation von Social-Media-Engagement

Dass Social-Media-Engagement nicht nebenbei betrieben werden kann, sondern einer Strategie bedarf, findet mittlerweile breite Zustimmung in der deutschen Zeitungslandschaft.[292] Dennoch sind die Unterschiede im Professionalisierungsgrad und die verfolgten Strategien selbst, nicht zuletzt wegen der mangelnden Kompetenz in den Redaktionen, sehr unterschiedlich.

Nach Ophüls' explorativer Studie scheint es sich bei im Social Web aktiven Redaktionen durchzusetzen, die Stelle eines Social-Media-Redakteurs einzurichten.[293] Meist handele es sich um ein oder zwei Spezialisten, die in den Redaktionen mit der Pflege der Aktivitäten betraut sind. Anders Hoffmeisters Fazit: In seiner Studie haben nur 10 Prozent der untersuchten Zeitungen eine eigene Social-Media-Einheit eingerichtet.[294] Die Zahl widersprüchlicher Analysen ließe sich fortsetzen. Eine der neueren Studien von Kinnebrock und Kretzschmar kommt zu dem Schluss, dass Koordinatoren, die dar-

---

290   Vgl. Hoffmeister 2012, S. 43.

291   Vgl. http://www.bph.de/system/files/dokument_pdf/final_Crossmedia_Abschlussbericht_04_06_2012.pdf (11.01.2013, 9:30 Uhr)

292   Vgl. beispielsweise Langer, Ulrike: Pionierarbeit auf Facebook & Co. In: Medium Magazin 07-08/2011, S. 48–49.

293   Vgl. Ophüls 2010, S. 60.

294   Vgl. Hoffmeister 2012, S. 40.

über entscheiden, wann welches Thema über welchen Kanal ausge-
spielt wird, keineswegs in jeder Redaktion klar benannt sind.[295]
Die Verantwortung der Social-Media-Aktivitäten in Planung
und Controlling liegt nach Hoffmeisters Analysen nur in 17 Prozent
der Fälle auf Geschäftsführerebene. Bei kleineren Zeitungsverlagen
wählen diese Verantwortlichkeit jedoch 77 Prozent der Verlage. 21
Prozent der Befragten wollten keine Angabe zur Verantwortungs-
struktur machen.[296] Ein relativ hoher Prozentsatz, der auf die große Unsicherheit der Verlage bei der Organisation der Social-Media-Aktivitäten hindeutet. Die Umsetzung respektive Betreuung der
Social-Media-Angebote obliegt im Allgemeinen der Online-Redaktion (82 Prozent).

Dabei ist die redaktionelle Arbeit in sozialen Netzwerken
längst nicht in allen Redaktionen geleitet von einem schriftlich fi-
xierten Arbeitshandbuch. Zwar werden Aktivitäten in sozialen
Netzwerken zunehmend als redaktionell notwendig erachtet, die
Umsetzung ist jedoch noch eher experimentell. Kinnebrock und
Kretzschmar kommen zu dem Schluss: „[Es fehlt] an Richtlini-
en, wie sich die Zeitung auf Facebook oder Twitter verhalten soll.
Strukturell ist die Anpassung an Vielkanalbedingungen noch nicht
erfolgt."[297] Handlungsroutinen und Standards werden dabei nach
Ophüls maßgeblich von den Social-Media-Redakteuren oder On-
line-Redakteuren geprägt. Sie nehmen eine Schlüsselrolle ein.[298]
Crossmediale Konferenzen, in denen Kanäle und Themen koordi-
niert werden, bilden noch eine Ausnahme. Bisher wird eher spontan, nach Zuruf entschieden.[299]

So wenig wie die Arbeitsabläufe systematisiert sind, ist auch
das Social-Media-Monitoring noch im Entwicklungsstadium: Nach

---

295 Vgl. http://www.bpb.de/system/files/dokument_pdf/
final_Crossmedia_Abschlussbericht_04_06_2012.pdf (11.01.2013,
9:33 Uhr)

296 Vgl. Hoffmeister 2012, S. 40.

297 http://www.bpb.de/system/files/dokument_pdf/final_Cross-
media_Abschlussbericht_04_06_2012.pdf, S. 13 (11.01.2013,
9:33 Uhr)

298 Vgl. Ophüls 2010, S. 63.

299 http://www.bpb.de/system/files/dokument_pdf/final_Crossme-
dia_Abschlussbericht_04_06_2012.pdf, S.13 (11.01.2013, 9:33 Uhr)

Hoffmeister betreiben überhaupt nur 25 Prozent der Zeitungen ein solches Monitoring, wobei die Mehrheit angab, dies eher „in geringem Maß" zu nutzen und mit den Ergebnissen bisher nicht zufrieden zu sein. Der Trendmonitor 2012 kam zum Ergebnis, dass 35 Prozent der Tageszeitungen kein Social-Media-Monitoring betreiben. Die Bedeutung wird noch gering eingeschätzt und es scheint die Überzeugung vorzuherrschen, dass kostenlose Software genügt, um Monitoring zu betreiben. 32 Prozent der Tageszeitungen gaben an, auf kostenlose Varianten zu setzen und 51 Prozent äußerten, auch zukünftig nicht in kostenpflichtige Tools oder externe Dienstleister investieren zu wollen.[300] Hoffmeisters Studie macht dabei einen strukturellen Unterschied zwischen kleinen und größeren Verlagen aus: Ab einer Auflage von 200.000 Exemplaren werde Monitoring deutlich intensiver betrieben.[301]

Den Erfolg im Social Web messen Tageszeitungsredaktionen dem Trendmonitor zufolge am ehesten über die Zahl ihrer Follower oder Fans (60 Prozent), über die Anzahl der Erwähnungen (48 Prozent), über die Intensität der Dialoge (39 Prozent). Die Zahl der neuen Kontakte (28 Prozent) und die Tonalität der Erwähnungen scheinen eine untergeordnete Rolle zu spielen (19 Prozent).[302] Monitoring setzen die Tageszeitungen zwar auch zur Erfolgskontrolle ein, dies gaben 48 Prozent an, doch in erster Linie möchten die Redaktionen auf diese Weise „vorausschauend Themen erkennen" (55 Prozent). Marktbeobachtung gaben die Befragten als weiteres Argument für Monitoring an (35 Prozent).[303]

---

300 Vgl. http://www.newsaktuell.de/pdf/trendmonitor_2012.pdf, S. 56f. (13.01.2013, 16:34 Uhr)

301 Vgl. Hoffmeister 2012, S. 39.

302 Vgl. http://www.newsaktuell.de/pdf/trendmonitor_2012.pdf, S. 49 (13.01.2013, 16:34 Uhr)

303 Vgl. ebd., S. 64.

8.5 Inhalte redaktioneller Auftritte in sozialen Netzwerken

Die Ausgestaltung des Facebook-Engagements von Tageszeitungen variiert. In der Anfangsphase waren relativ häufig noch automatisierte Newsfeeds oder an Twitter gekoppelte Seiteneinträge zu finden, beispielsweise beim Auftritt der Neuen Presse Hannover. Mittlerweile pflegt die große Mehrheit der Zeitungen ihre Facebook-Seiten jedoch redaktionell. Diese sind mehr oder weniger stark auf Dialog mit dem Nutzer ausgerichtet.

Vor allem größere Zeitungen pflegen teilweise nach Themenschwerpunkten oder Lokalausgaben getrennte Facebook-Seiten. Die Welt kam als extremes Beispiel zeitweise auf zwölf Facebook-Seiten.[304] Nach einer Studie von Hoffmeister unterhalten 69 Prozent der Zeitungen mehr als einen Facebook-Account und immerhin 44 Prozent sogar mehr als zwei Accounts.[305]

Zur konkreten inhaltlichen Ausgestaltung von redaktionellem Social-Media-Engagement im Allgemeinen oder Auftritten in sozialen Netzwerken im Besonderen liegen für deutsche Medien bisher kaum empirische Untersuchungen vor. Eine Pionierarbeit legten Neuberger et al. mit ihrer Twitter-Studie 2010 vor, in der sie auch Inhalte und Strukturen von redaktioneller Twitternutzung beleuchteten. Da Twitter sich jedoch wesentlich von anderen sozialen Netzwerken unterscheidet und nicht unbedingt zu dieser Gruppe gezählt werden sollte,[306] lassen sich die Studienergebnisse nur bedingt auf redaktionelle Auftritte in sozialen Netzwerken übertragen.

Ophüls hat im Rahmen seiner Diplomarbeit eine explorative Studie zu Twitter und Facebook durchgeführt. Insbesondere mit seiner intensiven Analyse redaktioneller Facebook-Nutzung hat er in der kommunikationswissenschaftlichen Forschung Neuland betreten. Da es kaum dem eigenen Forschungsvorhaben näher stehende Studien gibt, soll im Folgenden auf die Ergebnisse der explorativen Facebook-Studie näher eingegangen werden.

---

304 Vgl. Hoffmeister 2012, S. 34.

305 Vgl. ebd., S. 37.

306 Vgl. zum Unterschied zwischen dem Microbloggingdienst Twitter und sozialen Netzwerken: Neuberger / Vom Hofe / Nuernbergk 2010, S. 21.

Eine Frequenz zwischen zwei und sechs nachrichtlichen Posts pro Tag wird für Facebook-Auftritte als optimal betrachtet. Da das Netzwerk nicht nur zum Nachrichtenkonsum genutzt werde, lasse sich auch eine überschaubare Anzahl von Posts rechtfertigen, so die Meinung der Redakteure. Die Messlatte, ob eine Statusmeldung erfolgreich ist, ist allein die Reaktion der Nutzer: Wird häufig kommentiert, repostet oder „gefällt mir" geklickt? Soziale Netzwerke werden als ein Vertriebskanal von vielen gesehen, mit dem Vorteil, dass sehr schnell ablesbar ist, welche Posts bei den Nutzern ankommen und welche nicht.

Inhaltlich werden nicht nur breaking news veröffentlicht, sondern – vor allem bei überregionalen Medien – auch zeitlose Themen. Bundespolitik und Fußball waren die einzigen Themen, die von allen Befragten gleichermaßen als für soziale Netzwerke geeignet klassifiziert wurden. Zur Eignung von Service-, Internet- und Kulturthemen gehen die Meinungen beispielsweise auseinander. Redakteure regionaler und lokaler Medien berichteten zudem davon, dass vor allem lokale, sogar hyperlokale Themen auf auffallend großes Nutzerinteresse stoßen. Großes Interesse besteht beispielsweise an Meldungen zu Straßensperrungen, Polizeieinsätzen und Bränden – Nachrichten, die die Lebenswirklichkeit der Menschen vor Ort direkt betreffen. Einige Redakteure äußerten aufgrund von regelmäßigen Nutzerkommentaren den Eindruck, dass Nutzer die Redaktionen – auch, aber nicht nur in sozialen Netzwerken – sogar in einer Art Bringschuld für diese hyperlokalen Themen sehen.[307]

Vor allem Nachrichten, die polarisieren, animieren die Nutzer zu Diskussionen. Erwartbare Nachrichten, so die Befragten, haben in sozialen Netzwerken kaum Chancen. Diskussionen entstehen dabei auch ohne direkte Aufforderung zur Meinungsäußerung. Allerdings herrscht Uneinigkeit, ob Redaktionen das Stilmittel der Aufforderung nutzen sollten oder nicht. Einigkeit bestand hingegen unter den Befragten, dass sich die Redaktionen nicht in die Diskussionen einmischen sollten. Vor allem in Facebook greifen nur die wenigsten Redakteure in Diskussionen ein, sodass ein Dialog eher zwischen den Nutzern als mit der Redaktion stattfindet.[308]

---

307 Vgl. Ophüls 2010, S. 66.
308 Vgl. ebd., S. 65.

Die Akzeptanz, sich in Social Media und in sozialen Netzwerken im Speziellen zu engagieren, ist jedoch nicht gleichzusetzen mit der Bereitschaft zu größerer redaktioneller Transparenz, worauf die Studie von Ophüls hinweist. Zwar gaben dort einige Redakteure an, in ihren Posts bewusst Einblicke in die journalistische Arbeitsweise und in den Redaktionsalltag zu geben, genauso gab es jedoch Redakteure, die dies prinzipiell ablehnten.[309] Eine Mehrheitsmeinung war nicht festzustellen, ebenso wie in einigen Fällen die Redaktionshaltung nicht konzeptionell untermauert ist, sondern eher einem diffusen Bauchgefühl entspringt.

8.6 Soziale Netzwerke und Partizipation

Social Media basiert auf der Partizipation der Nutzer. Doch wie hoch ist die Bereitschaft von Redaktionen, die in Social Media aktiv sind, sich die Funktionsweisen der Plattformen zu eigen zu machen, indem sie Nutzer in den redaktionellen Prozess einbeziehen? Bisher ist diese Frage nur wenig kommunikationswissenschaftlich erforscht worden.

Dass Tageszeitungen soziale Netzwerke dazu nutzen, mit den Lesern ins Gespräch zu kommen und zu bleiben, belegte der Trendmonitor 2012, der dieses als vierthäufigstes Ziel von Social-Media-Einsatz (35 Prozent Zustimmung) identifizierte.[310] In einer anderen Befragung von Kramp/Weichert gab jeder zweite Befragte an, dass die Vernetzung mit den Nutzern die journalistische Arbeit aufwerte.[311] Eine Kollaboration mit den Nutzern, also eine weitergehende auch inhaltliche Einbindung der Nutzer, betrachtet allerdings nur ein Drittel der Befragten als Weg, Nutzer für journalistische Inhalte zu begeistern.[312] Die grundsätzliche Befürwortung scheint solange zu bestehen, wie sie traditionelle Produktionsabläufe nicht in Frage stellt.

---

309 Vgl. Ophüls 2010, S. 67.
310 Vgl. http://www.newsaktuell.de/pdf/trendmonitor_2012.pdf,
     S. 27 (13.01.2013, 16:34 Uhr)
311 Vgl. Kramp / Weichert 2012, S. 117.
312 Vgl. ebd., S. 128.

Wie sich die vorsichtige Befürwortung in der Praxis darstellt, haben beispielsweise Neuberger et al. im Rahmen ihrer Twitter-Studie ermittelt. Allerdings sind die Ergebnisse hauptsächlich auf den Microbloggingdienst Twitter bezogen und mittlerweile einige Jahre alt, sodass die Aussagekraft eingeschränkt ist. Zumindest einen Anhaltspunkt zur Redaktionspraxis kann die Studie trotz der dünnen Forschungslage liefern. Die Bestandaufnahme fiel 2010 ernüchternd aus: Nur ein Fünftel der befragten Redakteure antwortete auf alle Anfragen, die sie über Twitter erreichen, obwohl der abstrakten Regel, auf Anfragen immer zu antworten, rund 70 Prozent zustimmten. Partizipation kann auch in die Recherche eingebunden werden, wenn beispielsweise über soziale Netzwerke Protagonisten gesucht werden. Für die Recherche wurde Twitter allerdings nur in 12 Prozent der Redaktionen häufig genutzt, soziale Netzwerke wie Facebook erreichten auch nur 22 Prozent. Häufig wurde Twitter genutzt, um Reaktionen auf die eigene Berichterstattung zu erfahren oder Themenideen zu erhalten. Hintergrundinformationen oder Fakten und Informationen zur Gegenprüfung werden kaum über Twitter gesucht.[313]

Für soziale Netzwerke konnte Ophüls in einer qualitativen Studie 2010 erste Antworten generieren: Grundsätzlich besteht in allen in sozialen Netzwerken aktiven Redaktionen die Bereitschaft, Nutzer in ihre redaktionelle Arbeit zu integrieren. Nicht immer münde diese Bereitschaft jedoch in einer entsprechend veränderten Redaktionspraxis.[314] Dabei stellten alle Befragten eine große Bereitschaft ihrer Nutzer fest, an der Erstellung des Mediums mitzuwirken – als Beleg wurde die große Resonanz auf Aufrufe zum Einsenden von Fotos genannt. Vor allem bei Katastrophen, Unwettern oder Großereignissen machen Redaktionen davon Gebrauch. In sozialen Netzwerken stellten die Befragten übereinstimmend eine höhere Bereitschaft der Nutzer zum eigeninitiativen Einreichen von Material fest. Zudem sei die Qualität aufgrund der geringeren Anonymität und stärkeren sozialen Bindung an das Medium tendenziell höher als bei anderen Kanälen der Nutzerintegration.[315]

---

313   Vgl. Vom Hofe, Hanna Jo / Nuernbergk, Christian: Twitter im professionellen Journalismus. In: Journalistik Journal 01/2012, S. 31.
314   Vgl. Ophüls 2010, S. 71.
315   Vgl. ebd. S. 71.

Allerdings wurde die Integration der Nutzer durch Befragungen und Fotoeinsendungen bei den befragten Redaktionen meist nicht zur inhaltlichen Bereicherung der Berichterstattung, sondern als unterhaltendes Element betrieben.[316] Nur selten werden Nutzer in die Themenfindung, Recherche oder Abfassung eines Artikels eingebunden, die offensichtlichste Einbindung geschieht auf der Antwortstufe des redaktionellen Prozesses.[317] Häufig gehe die Initiative sich einzubringen, auch direkt von Nutzern selbst aus. Ophüls' Fazit zur Partizipation ist daher eher ernüchternd: „Partizipative Elemente werden in einigen Redaktionen gelegentlich, in anderen so gut wie gar nicht eingesetzt. [...] Tiefergehende Nutzerpartizipation findet sich kaum, ebenso fehlen weitestgehend die Konzepte zur systematisierten Einbindung."[318] Noch überwiegen die einseitigen, monologischen Formen der Social-Media-Arbeit in Redaktionen.

9 Zwischenfazit

Die Ausführungen zeigen, dass die Entwicklung von Social Media den Journalismus nachhaltig beeinflusst hat. Bereits das Internet hatte die Anforderungen an professionellen Journalismus verändert, doch mit dem Aufkommen von Social Media hat der Innovationsdruck weiter zugenommen (vgl. Kap. II. 5.2.). Alternative Anbieter können zwar die Leistungen von professionellen Redaktionen (noch) nicht ersetzen, doch sie erfreuen sich großer Beliebtheit bei den Mediennutzern, die Nachrichten nicht mehr ausschließlich über die Seiten der Presse rezipieren. Gleichzeitig ist zu beobachten, dass die Zeit, die für soziale Netzwerke aufgewendet wird, die für den Besuch auf Zeitungswebsites längst übersteigt. Das geänderte Nutzungsverhalten zwingt den Journalismus, seine Rolle und seine Angebote zu überdenken (vgl. Kap. II. 5.2.). Um ökonomisch bestehen und um seine gesellschaftliche Aufgabe erfüllen zu können,

---

316 Vgl. Ophüls 2010, S. 72.
317 Vgl. ebd., S. 86.
318 Ebd.

muss digitaler Journalismus neue Wege gehen (vgl. Kap. II. 5.3.) und sich verstärkt an den Interessen und Bedürfnissen der Nutzer ausrichten.

Wenn Redaktionen Auftritte in sozialen Netzwerken pflegen, übernehmen sie kein völlig neues Betätigungsfeld, das womöglich kaum mit der journalistischen Kernaufgabe zu tun hat. Im Gegenteil: Dialog gehört zum Wesen des Journalismus. Und ohne Dialog mit den Rezipienten könnte dieser seine gesellschaftliche Aufgabe nicht ausüben. War die Kommunikation zwischen Journalisten und Rezipienten jedoch früher mit relativ hohen Hürden verbunden, ist nun eine größere kommunikative Nähe zum Nutzer möglich. Redaktionelle Auftritte in sozialen Netzwerken sind, so betrachtet, nicht nur empfundene ökonomische Notwendigkeit, sondern neuester Ausdruck der historischen Entwicklung, den Mediennutzer und seine Interessen immer stärker in den Fokus der Redaktionsarbeit zu stellen (vgl. Kap. II. 6.2.).

Aus ökonomischer Sicht sind redaktionelle Auftritte in sozialen Netzwerken sinnvoll, da Zeitungen so die Chance haben, Bedeutung innerhalb der Internet- und der Nachrichtenrezeption zurückzugewinnen. Redaktionen engagieren sich damit dort, wo sich eine große Zahl potenzieller Kunden täglich lange – und länger als auf Nachrichtenwebsites – aufhält. Erfolgversprechend scheint vor allem die Möglichkeit, die Netzwerkauftritte als Traffic-Zubringer für die eigene Website verwenden zu können, wenn Redaktionen entsprechende Links posten. Doch nachhaltiger sind wohl die Möglichkeiten als Instrument der Imagepflege und Kundenbindung: Redaktionen können über die Seiten den Dialog mit den Nutzern pflegen, deren Interessen erfahren und ihre digitalen und Printprodukte besser daran ausrichten, was sich letztlich positiv auf die Umsätze auswirken kann (vgl. Kap. II. 8.).

Die Nutzer profitieren von den redaktionellen Auftritten ebenfalls. Denn diese entsprechen dem Nutzerbedürfnis, sich Nachrichtenmixe individuell zusammenzustellen und Informationen dann nach dem Push-Prinzip zu erhalten, statt sich täglich selbst aktiv zu informieren. Darüber hinaus bieten sie Nutzern das niedrigschwellige Angebot, aktiv an der Gestaltung des Medienprodukts (online wie offline) mitzuwirken, sodass dieses letztlich eher ihren Interessen entspricht, was die Bindung an die Medienmarke und schließlich die Zahlungsbereitschaft für Produkte des Verlags erhöht. Dass die Berichterstattung von diesen partizipativen Elementen inhaltlich profitiert und die journalistische Arbeit erleichtert wird, ist ein weiteres Argument für Redaktionen, in den Netzwerken aktiv zu sein.

Eine redaktionelle Facebook-Seite kann als ein Baustein verstanden werden, um das Unternehmen zukunfts- und nutzerorientiert aufzustellen. Sie allein wird weder Klick- noch Kaufzahlen dramatisch erhöhen und den Unternehmenserfolg verbessern. Sie ist vielmehr eine Maßnahme, die – in ein Gesamtkonzept integriert – durchaus eine Wirkkraft entfalten kann. Studien zu Chancen und Nutzen von Medieninhalten in sozialen Netzwerken gibt es bisher wenige und die existierenden lassen keine verlässliche Prognose über die zukünftige Entwicklung von Medienanbietern in sozialen Netzwerken zu. Hier besteht massiver Forschungsbedarf (vgl. Kap. II. 4.4). Allerdings unterscheiden sich soziale Netzwerke und Nachrichtenwebsites trotz aller Medienkonvergenz, was Zeitungen in ihren Auftritten berücksichtigen sollten: Netzwerke scheinen demnach eher prädestiniert als ein Ort für (Anschluss-)Diskussionen, während ausführliche (Hintergrund-)Informationen weiter auf Nachrichtenwebsites konsumiert werden. Doch auch zu den Unterschieden in der Nutzungsweise besteht weiterer Forschungsbedarf.

In der Redaktionspraxis spielt die partizipative Nutzung von Auftritten in sozialen Netzwerken bisher noch eine untergeordnete Rolle. Zwar ist den Redakteuren bekannt, dass die journalistische Arbeit von der Vernetzung mit den Nutzern profitiert, doch je stärker die Partizipation in die klassischen Redaktionsabläufe eingreift, desto weniger wird sie genutzt. Einerseits werden soziale Netzwerke genutzt mit dem Ziel, das Image der Zeitung zu verbessern und Leser zu binden, andererseits wird dem Dialog mit den Nutzern nur eine untergeordnete Bedeutung beigemessen. Hier fehlt es noch an Verständnis für die Bedeutung des Journalisten-Rezipienten-Dialogs. Dass Social Media, und damit auch soziale Netzwerke, Teil der redaktionellen Arbeit sein sollte und mehr ist als ein kurzzeitiger Hype, darf unter deutschen Journalisten als unstrittig gelten. Die Kompetenzsituation in den Redaktionen hat sich dementsprechend in diesem Bereich in den vergangenen Jahren verbessert, wird jedoch weiter als ausbaufähig beschrieben. Die Relevanz der neuen Kanäle für die eigene Arbeit liegt nur auf mäßigem Niveau (vgl. Kap.

II. 8.1., 8.3.). Insgesamt kann somit noch ein erhebliches Entwicklungspotenzial der redaktionellen Nutzung von sozialen Netzwerken konstatiert werden.

Verschiedene Studien deuten darauf hin, dass Facebook als das in Deutschland am weitesten verbreitete Netzwerk besonders große Aufmerksamkeit in Redaktionen erhält. Während der Nachrichtendienst Twitter seinen Zenit überschritten zu haben scheint, wird Facebook von Redakteuren mittelfristig sogar ein weiterer Bedeutungszuwachs vorhergesagt. (vgl. Kap. II. 8.2.) Längst lassen sich dort nicht mehr nur junge Mediennutzer erreichen, die Zahl der älteren Nutzer in Facebook steigt kontinuierlich (vgl. Kap. II. 3.2.). Dies macht den Verbreitungskanal noch einmal interessanter für tagesaktuelle Nachrichtenmedien, die sich grundsätzlich an ein breites Altersspektrum richten.

Ob das neue redaktionelle Angebot in sozialen Netzwerken, so wie es sich in der Praxis darstellt, den Wünschen der Nutzer entspricht, ist bisher empirisch noch wenig erforscht. Verschiedene Studien haben ergeben, dass vor allem Offline-Kontakte ins Netzwerk transportiert und weniger neue Kontakte geknüpft werden (vgl. Kap. II. 3.3.). Zwar beziehen sich die Studien auf reale Personen, dennoch lassen sie den Schluss zu, dass allein über Facebook kaum neue Kunden beziehungsweise zunächst Online-Fans gewonnen werden können, sondern bereits im Vorfeld eine positive – wenn auch lose – Beziehung vorhanden sein sollte, die dann Nutzer animiert, der Medienmarke auch im sozialen Netzwerk zu folgen.

Wissenschaftliche Erhebungen zu den konkreten Inhalten der redaktionellen Seiten in sozialen Netzwerken liegen kaum vor (vgl. Kap. II. 8.5.). Die regionalen Tageszeitungen orientieren sich derzeit vor allem an den eigenen Erfahrungen oder an einigen in der Branche bekannten Leuchtturm-Beispielen. Hier knüpfen die nächsten Kapitel der vorliegenden Arbeit an. Bevor die Redaktionspraxis regionaler Tageszeitungen auf Facebook analysiert wurde und abschließend Experten aus Tageszeitungsredaktionen zu Strategien und Zielen ihrer Facebook-Aktivitäten befragt worden sind, wurde als erste empirische Teilstudie eine Online-Befragung durchgeführt, um den Raum der Nutzerinteressen aus wissenschaftlicher Perspektive auszuleuchten. Ihre Methodik und ihre Ergebnisse werden im Folgenden dargestellt.

III Was erwarten Nutzer von redaktionellen Auftritten in sozialen Netzwerken? Eine quantitativ-qualitative Online-Befragung in Facebook

Der Erfolg einer redaktionell gepflegten Seite in einem sozialen Netzwerk hängt maßgeblich von der Akzeptanz seiner Nutzer ab. Erst wenn diese gegeben ist, können sich die im theoretischen Teil dargelegten möglichen Nutzen für die Tageszeitungen entfalten. Bisher mangelt es jedoch an wissenschaftlichen, empirischen Untersuchungen, die analysieren, welche Interessen und Wünsche die Nutzer in Bezug auf einen redaktionellen Auftritt in einem solchen Netzwerk haben. Um dazu beizutragen, diese Forschungslücke zu schließen, wurde eine Online-Befragung unter aktiven Nutzern von Facebook-Seiten regionaler Tageszeitungen durchgeführt. Die Gründe für diese Eingrenzung, die Methodik der Erhebung und ihre Ergebnisse werden in den folgenden Kapiteln beschrieben und erläutert.

1 Methode

Wie das Forschungsdesign zur Erhebung der Nutzerinteressen gestaltet ist und welche Überlegungen ihm zugrunde liegen, wird in den folgenden Abschnitten dargelegt. Dabei werden Stichprobenwahl, Fragebogenentwicklung und Datenerhebungsinstrumente vorgestellt.

1.1 Auswahl des Erhebungsinstruments

Um die Interessen und Nutzungsgewohnheiten von Mitgliedern sozialer Netzwerke, insbesondere im Hinblick auf ihre Wünsche in Bezug auf Nachrichtenseiten professioneller Medienanbieter, zu untersuchen, bietet sich die Befragung als Erhebungsinstrument nicht nur an, sie „ist das einzig sinnvolle Verfahren zur Ermittlung von Meinungen, Wissen und Wertvorstellungen."[319] Die Methode der Befragung lässt sich aufbauend auf Scheuchs Definition von 1967 ganz allgemein definieren als „ein planmäßiges Vorgehen mit wissenschaftlicher Zielsetzung, bei dem die Versuchspersonen durch eine Reihe gezielter Fragen […] zu verbalen Reaktionen veranlasst werden sollen."[320]

Indem die Befragung mittels eines Fragebogens standardisiert wurde, sollte erreicht werden, dass die Fragen für jeden Interviewten den gleichen Stimulus darstellen, um die Vergleichbarkeit der Ergebnisse und somit die Aussagekraft der Gesamtstudie zu erhöhen. Eine konkretere Definition zur standardisierten Befragung formulieren Möhring und Schlütz: „Eine standardisierte Befragung ist eine besondere Form der geplanten Kommunikation, die auf einem Fragebogen basiert. Ihr Ziel ist es, zahlreiche individuelle Antworten zu generieren, die in ihrer Gesamtheit zur Klärung einer (wissenschaftlichen) Fragestellung beitragen."[321] Im vorliegenden Fall sollten möglichst viele Nutzer von Facebook dazu animiert werden, ihre Meinung und Nutzungsgewohnheiten im Hinblick auf Auftritte regionaler Tageszeitungen im Netzwerk kundzutun.

Da die Haltung zu einem Online-Phänomen, hier den sozialen Netzwerken am Beispiel von Facebook, analysiert werden sollte, bot sich eine Online-Befragung an. Sie kann als eine Sonderform der schriftlichen Befragung gelten. Diekmann beschreibt die Online-Befragung treffend: „Bei der Online-Befragung kommen die Fragen via Internet auf den Bildschirm, werden am Computer ausgefüllt, und die Antworten werden per Knopfdruck durch das Netz zurückgeschickt. Online-Fragebögen können per E-Mail versandt oder als ‚Web-Befragung' (die Fragen stehen unter einer Internetadresse) durchgeführt werden."[322]

---

319   Möhring, Wiebke / Schlütz, Daniela: Die Befragung in der Medien- und Kommunikationswissenschaft. Wiesbaden, 2010, S. 14.

320   Diekmann 2010, S. 439.

321   Möhring / Schlütz 2010, S. 14.

322   Diekmann, Andreas: Empirische Sozialforschung. Grundlagen, Methoden, Anwendungen. Reinbek, 2010, S. 522.

Die Vorteile der Methode: Sie ist kostengünstig und im Vergleich zu anderen Befragungen schnell durchführbar.[323] In kurzer Zeit kann darüber hinaus eine große Zahl Befragter erreicht werden. Aufgrund der automatisierten Übertragung der Daten in ein Analyseprogramm ist die Erhebung zudem fehlerfreier und schneller als eine manuelle Auswertung. Plausibilitätskontrollen und Zwischenauswertungen können bereits während der Datenerhebung erfolgen.[324]

Die Befragung wurde mithilfe eines Online-Fragebogens des Softwareanbieters Globalpark durchgeführt, der über Internetbrowser erreichbar und ausfüllbar war. Nach Ablauf der Feldphase wurden die auf dem Server des Softwareanbieters gespeicherten Antwort-Daten auf einen lokalen Rechner exportiert und mithilfe des Analyseprogramms SPSS ausgewertet.

1.2 Grundgesamtheit und Stichprobe (Repräsentativität)

Die Nutzererwartungen und -interessen an redaktionelle Auftritte in sozialen Netzwerken wurden am Beispiel von regionalen Tageszeitungen in Facebook näher untersucht. Die Zuspitzung auf diese Mediengattung erfolgte, da regionale Tageszeitungen sich infolge ökonomischer Entwicklungen beziehungsweise aufgrund von Veränderungen des Mediennutzungsverhaltens verstärkt für neue Kanäle zur Nutzerbindung und zur Verbreitung ihrer Inhalte interessieren (vgl. Kap II. 5) und ein hoher Forschungsbedarf festgestellt werden kann. Die Auflagen der Tageszeitungen sind seit den 1990er-

---

323 Vgl. Zerback, Thomas / Jackob, Nikolaus /Schoen, Harald et al.: Anwendungsmodalitäten und Qualität von Online-Befragungen in der Kommunikationswissenschaft. In: Jackob, Nikolaus / Zerback, Thomas / Jandura, Olaf et al. (Hrsg.): Das Internet als Forschungsinstrument und -gegenstand in der Kommunikationswissenschaft. Köln, 2010, S. 51.

324 Vgl. Kuckartz, Udo / Ebert, Thomas / Radiker, Stefan et al.: Evaluation online. Wiesbaden, 2009, S. 110, vgl. zu Vorteilen der Online-Befragung auch: Diekmann 2010, S. 522f.

Jahren rückläufig.[325] Menschen lesen immer weniger Zeitung, beziehen ihre Informationen zunehmend kostenlos online.[326] Doch noch steht die Suche nach einem erfolgreichen Erlösmodell für den Online-Journalismus erst am Anfang. Bisher gelingt es kaum, mit den Internetauftritten Gewinne zu erzielen.[327] Umso intensiver beobachten die Redaktionen neue technologische Trends. Soziale Netzwerke sind ein weiterer Verbreitungskanal, aber auch – angesichts der wachsenden Beliebtheit der Plattformen – ein attraktives Marketinginstrument für die Websites regionaler Tageszeitungen (vgl. Kap. II. 7.). Aufgrund des enormen Innovationsdrucks im Bereich der regionalen Tageszeitungen konzentriert sich die Nutzerbefragung auf diese Mediengattung.

Da Facebook das Netzwerk mit den meisten Nutzern in Deutschland ist und auch mittelfristig wohl an Bedeutung eher gewinnen als verlieren wird (vgl. Kap. II. 4. und Kap. II. 8.2.), wurde die Befragung auf Facebook-Nutzer beschränkt. Die Ergebnisse können in gewissem Maß auf andere soziale Netzwerke übertragen werden, da alle ähnlich aufgebaut und daher ähnliche Nutzungsmuster und -interessen zu erwarten sind.

Die Forschungsfrage lautete also: „Welche Wünsche haben Facebook-Nutzer an redaktionelle Auftritte regionaler Tageszeitungen im Netzwerk?" Die Forschungsfrage richtete sich damit prinzipiell an alle deutschsprachigen Nutzer des sozialen Netzwerks. Sie bilden die Grundgesamtheit der Studie. Denn sie alle können sich entscheiden, einer regionalen Tageszeitung in Facebook zu folgen. Vor allem die Meinung von Nutzern, die sich bereits mit Zeitungsauftritten beschäftigt hatten, war von Interesse. Daher wurde mithilfe einiger Filterfragen zu Beginn des Fragebogens die Befragtengruppe auf diese Nutzer reduziert. Da es nicht möglich war und ist,

---

325 Vgl. Röper, Horst: Konzentrationssprung im Markt der Tageszeitungen. In: Media Perspektiven 08/2008, S. 424.

326 2010 überholten die Onlinemedien mit einer Reichweite von 72 Prozent erstmals die Zeitung. Vgl. https://www.agma-mmc.de/fileadmin/user_upload/Pressemitteilungen/2010/PM%20ma%202010%20Online%20I.pdf mit https://www.agma-mmc.de/fileadmin/user_upload/Pressemitteilungen/2010/PM%20ma%202010%20Tageszeitungen.pdf (25.03.2013, 10:01 Uhr)

327 Vgl. Neuberger / Nuernbergk / Rischke 2009, S.180.

die Grundgesamtheit zu erreichen, wurde auf eine Stichprobe der Nutzer zurückgegriffen.

Bei Online-Befragungen ist es schwierig, eine zufallsgesteuerte Stichprobenauswahl zu treffen und eine Repräsentativität der Studienergebnisse sicherzustellen. Eine solche Stichprobenauswahl „ist bei Online-Befragungen aus verschiedenen Gründen problematisch, bisweilen sogar unmöglich. [...] Die Anwendung von Online-Befragungen ist folglich auf spezielle Populationen beschränkt [...]."[328] Die Problematik der mangelnden Repräsentativität spielt im vorliegenden Fall jedoch nur eine untergeordnete Rolle, denn die Erhebung hat einen explorativen Charakter. Sie zielte nicht darauf ab, repräsentative Ergebnisse zusammenzutragen. Dies wäre im Rahmen dieses Forschungsvorhabens – und auch unabhängig davon – aufgrund der großen in ihren wesentlichen Charakteristika unbekannten Grundgesamtheit kaum zu realisieren. Vielmehr sollen die Ergebnisse das nur rudimentäre Wissen im Themenfeld der redaktionellen Facebook-Nutzung erweitern und erste Anhaltspunkte für die Arbeit von regionalen Tageszeitungen liefern. Zudem wurde mit Facebook-Nutzern gerade eine spezielle, onlineaffine Zielgruppe befragt. Damit war die Methode für das Forschungsanliegen zu einem Online-Thema gut geeignet.

Der Link zur Online-Befragung wurde über die Facebook-Pinnwand verschiedener regionaler Tageszeitungen in Umlauf gebracht. Dieses Vorgehen diente als erster Filter, damit nur Facebook-Nutzer an der Befragung teilnahmen, die sich mit dem Untersuchungsgegenstand bereits beschäftigt hatten. Eine Filterfrage zur Nutzung von Tageszeitungsangeboten in Facebook zu Beginn des Fragebogens sollte darüber hinaus die inhaltliche Kompetenz der Befragten sicherstellen. Es wurden so nur Nutzer befragt, die den „Gefällt mir"-Button bei mindestens einer regionalen Tageszeitung geklickt hatten. Zwar konnte nicht ausgeschlossen werden, dass Facebook-Nutzer ohne Erfahrungen mit Tageszeitungsauftritten den Fragebogen ausfüllten oder Nutzer den Fragebogen nicht zu Ende ausfüllten, der verzerrende Einfluss der Selbstselektion, der

---

328   Zerback 2010, S. 51f.

bei Online-Befragungen immer eine Rolle spielt[329], wurde über das Untersuchungsdesign jedoch bestmöglich minimiert.

Zur Auswahl der Zeitungen wurde das Ranking des Forums *drehscheibe* (Stand: Juni 2011) für Tageszeitungen mit eigener Facebook-Seite herangezogen. Die Platzierung der Zeitungen ergab sich dabei aus dem Verhältnis von Fans zur gedruckten Auflage. Die zehn nach diesem Ranking am besten platzierten regionalen Tageszeitungen wurden angeschrieben mit der Bitte, für die Online-Befragung auf ihrer Facebook-Seite zu werben. Da vor allem kleinere Tageszeitungen aufgrund des Quotienten aus Auflage und Fanzahl im vorderen Bereich platziert waren, wurden ergänzend die zehn Tageszeitungen des Rankings mit der höchsten gedruckten Auflage zur Befragung hinzugenommen. Bestimmt wurden diese basierend auf den Angaben des IVW für das erste Quartal 2010. Die Methode ermöglichte es, ein breites Spektrum an Nutzern von größeren und kleineren Zeitungen aus den verschiedenen Regionen Deutschlands zu erfassen. Konnte eine Zeitung aus dem Ranking nicht zur Teilnahme gewonnen werden, so rückte die nächstplatzierte Redaktion in die Stichprobe auf. Die Teilnahmebereitschaft der Redaktionen war insgesamt hoch, so dass ein aussagekräftiges Panel zur Verbreitung des Links gewonnen werden konnte. Die wenigen Zeitungen, die im Ranking zwar gut platziert sind, die Befragung aber nicht unterstützten, wurden aus Gründen der Vollständigkeit in den Tabellen (vgl. T. 1, S. 96 und T. 2, S. 97) kursiv gesetzt.

1.2.1 Die ausgewählten regionalen Tageszeitungen

Die für die Verbreitung der Nutzerbefragung ausgewählten Zeitungen (vgl. T. 1, S. 96 und T. 2, S. 97) werden im Folgenden in zwei Tabellen aufgelistet. Die Zeitungen sind gekennzeichnet durch eine große Heterogenität ihrer Online- und Social-Media-Aktivitäten.

---

329   Vgl. Leiner, Dominik Johannes / Doedens, Sebastian: Test-Retest-Reliabilität in der Forschungspraxis der Onlinebefragung. In: Jackob, Nikolaus / Zerback, Thomas / Jandura, Olaf et al. (Hrsg.): Das Internet als Forschungsinstrument und -gegenstand in der Kommunikationswissenschaft. Köln, 2010, S. 317f.

Gemeinsam ist ihnen allein, dass sie einen Facebook-Auftritt redaktionell pflegen. Die Strukturen und Historie, aus denen heraus dies geschieht, sind dabei ganz unterschiedlich: Einige Zeitungen haben das Internet früh als Publikationskanal genutzt, andere sind erst relativ spät ins Netz gegangen. Auf eine Darstellung der einzelnen Aktivitäten von Zeitungen wird an dieser Stelle verzichtet, da diese für den weiteren Fortgang der Arbeit von keiner wesentlichen Relevanz ist und die Praxis zudem einem schnellen Wandel unterworfen ist, sodass die Ausführungen wohl ohnehin mit Erscheinen der vorliegenden Arbeit nur historische Beschreibung wären. Die Tabellen unterscheiden zwischen den zehn Tageszeitungen mit der besten Fan-Auflagen-Quote, die in der Stichprobe vertreten sind, und den Tageszeitungen im Sample mit der höchsten verkauften Printauflage.

In der ersten Gruppe fällt zunächst auf, dass der Anteil der Facebook-Fans – prozentual zur gedruckten, verkauften Auflage gesehen – trotz des guten Fan-Auflage-Quotienten noch sehr gering ist. Allein die Sindelfinger/Böblinger Zeitung[330] erreicht einen zweistelligen Quotienten. Dabei lässt sich keine geographische Tendenz für Zeitungen mit besonders aktiven Facebook-Fans feststellen: Mit der Sindelfinger und Böblinger Zeitung, der Frankenpost, der Schwäbischen Post und der Pforzheimer Zeitung sind zwar recht viele Zeitungen aus dem süddeutschen Raum vertreten, doch auch norddeutsche Redaktionen wie die Hamburger Morgenpost, die Oldenburgische Volkszeitung, die Allgemeine Zeitung für die Lüneburger Heide oder die Niederelbe-Zeitung haben sich oben im Ranking platziert.

---

330 Im Folgenden auch SZBZ genannt.

Name der Tageszeitung	Verkaufte Auflage	Absolute Fanzahl	Quotient Fans/Auflage
1. Sindelfinger/Böblinger Zeitung	11.900	2225	18,70
2. Hamburger Morgenpost	110.300	10.107	9,16
3. Werra-Rundschau	11.100	980	8,83
Solinger Tageblatt	24.800	2055	8,29
4. Oldenburgische Volkszeitung	21.700	1785	8,23
Allgemeine Zeitung für die Lüneburger Heide	23.100	1733	7,50
5. Frankenpost	55.100	3777	6,85
6. Schwäbische Post	25.400	1722	6,78
7. Pforzheimer Zeitung	39.000	2517	6,45
8. Niederelbe-Zeitung	9000	575	6,39
9. Grafschafter Nachrichten	25.500	1501	5,89
10. Süderländer Volksfreund	1600	91	5,69

T. 1: Regionale Tageszeitungen mit den meisten Facebook-Fans im Verhältnis zur gedruckten Auflage. Quelle: drehscheibe.org, Ranking: Juni 2011

Nachdem der Blick auf die Tageszeitungen des *drehscheibe*-Rankings mit den höchsten Fan-Auflage-Quotienten gerichtet war, folgt die Auflistung der großen im *drehscheibe*-Ranking vertretenen Tageszeitungen. Sie wurden nach ihrer Auflage in absteigender Reihenfolge geordnet. Dabei fällt auf, dass alle Titel nur eine geringe Facebook-Fanquote erreichen. Sie bewegt sich durchschnittlich bei einem Prozent. Spitzenreiter ist das Hamburger Abendblatt mit gerade einmal 2,04 Prozent.

Name der Tageszeitung	Verkaufte Auflage	Absolute Fanzahl	Quotient Fans/ Auflage
1. Westdeutsche Allgemeine	783.200	7266	0,93
2. Kölner Stadt-Anzeiger und Kölnische Rundschau	336.100	5322	1,58
3. Thüringer Allgemeine	313.600	355	0,11
4. Rheinische Post	310.900	4970	1,60
5. Freie Presse	287.400	1210	0,42
6. Nürnberger Nachrichten (inkl. Nürnberger Zeitung und Pregnitz Zeitung)	284.800	3423 nur NN:1375 (Stand: 4.9.2011)	1,2
Sächsische Zeitung	259.600	4272	1,65
Hannoversche Allgemeine Zeitung	238.300	3409	1,43
7. Hamburger Abendblatt	235.000	4785	2,04
8. Mitteldeutsche Zeitung	233.700	2132	0,91
9. Rheinpfalz	233.200	3204	1,4 (Stand: 7.10.2011)
10. Augsburger Allgemeine	228.400	10.091	4,42

T. 2: Regionale Tageszeitungen nach verkaufter Auflage laut IVW (Stand 1. Quartal 2010) = drehscheibe-Ranking. Fanzahlen nach drehscheibe.org, Ranking: Juni 2011.

1.3 Untersuchungszeitraum

Die Feldphase der Online-Befragung fand vom 12. September bis 3. Oktober 2011 statt. Der Starttermin wurde zu Beginn des neuen Schuljahres in allen beteiligten Bundesländern datiert, da werktags soziale Netzwerke in der Regel intensiver besucht werden und an Wochenenden, Feiertagen und zu Urlaubszeiten die Nutzung zurückgeht. So sollte eine möglichst hohe potenzielle Teilnehmerzahl erreicht werden. Ursprünglich war geplant, den Link von allen Zeitungen am gleichen Stichtag auf Facebook online zu stellen und die Befragung nach drei Wochen zu schließen. Allerdings stellte sich das Vorhaben aus verschiedenen Gründen als nicht praktikabel heraus. Im Folgenden werden die Schwierigkeiten der Zeitungsrekrutierung dargestellt und die methodischen Anpassungen begründet, da sich daraus für zukünftige Forschungen wertvolle methodische Anregungen ergeben.

Die (Online-)Chefredakteure waren ungefähr vier Wochen vor dem Stichtag schriftlich über die bevorstehende Befragung informiert worden. Einige Tage vor dem angestrebten Befragungsbeginn am 12. September 2011 wurden sie telefonisch kontaktiert, um ihnen im Anschluss per Mail den Link zur Befragung zuzuleiten. Rückblickend erscheint der zeitliche Abstand zwischen erstem Kontakt und telefonischem Nachfassen zu groß, da eine Mehrheit der Befragten sich nicht an das Schreiben erinnerte oder es nicht erhalten hatte. Dies führte dazu, dass einige Redakteure sich Bedenkzeit erbaten, ob sie die Befragung unterstützen wollten und so den Link nicht am geplanten Datum veröffentlichten. Anstatt zeitgleich eine größere Zahl Redaktionen zu kontaktieren, um einen einheitlichen Starttermin von 20 Redaktionen sicherzustellen, wurden Nachrücker erst nach einer definitiven Absage benachrichtigt. Die Einhaltung der Rankingreihenfolge und damit die Aussagekraft des Samples aus besonders facebookaktiven und auflagenstarken Zeitungen erhielten die Priorität vor der zeitgleichen Bekanntmachung der Veröffentlichung.

Es ergaben sich Verzögerungen von einigen Tagen bis zu einigen Wochen, da auch die nachgerückten Redaktionen erst Bedenkzeit benötigten. Eine weitere Schwierigkeit: Einige Redaktionen konnten den Link nicht für ein festes Datum einplanen, da sie sich ein Limit an Facebook-Posts gesetzt hatten und der Befragungslink erst dann einen Veröffentlichungsplatz erhalten konnte, wenn keine andere prioritäre Berichterstattung zu behandeln war. Zu diesen Ereignissen zählten auch der Schulanfang in Bayern (Frankenpost), die Wahlberichterstattung in Niedersachsen (Grafschafter Nachrichten, Niederelbe Zeitung) oder der Papstbesuch in Thüringen (Thüringer Allgemeine). Letztlich schalteten die Zeitungen den

Link in einem Zeitfenster vom 12. bis 30. September 2011 frei, wobei eine Laufzeit jedes Links von mindestens fünf Werktagen sichergestellt wurde.

Dass der Link zeitlich versetzt veröffentlicht wurde, war methodisch aus verschiedenen Gründen hinnehmbar: Facebook-Posts haben eine relativ geringe Halbwertszeit, das heißt sie rutschen schnell auf dem persönlichen Newsfeed der Nutzer nach unten und verschwinden damit ebenso schnell aus deren Aufmerksamkeitsfeld, sodass eine längere Feldzeit der Befragung nicht mit einer steigenden Teilnehmerzahl verbunden ist. Zudem richtete sich die Befragung an regelmäßige Facebook-Nutzer, die den Link potenziell ohnehin zeitnah entdecken, sodass eine allzu lange Feldphase der Befragung auch aus dieser Perspektive nicht zweckmäßig erschien. Eine Mindestlaufzeit von fünf Werktagen für den letzten online gestellten Link wurde als ausreichend betrachtet, da es sich zeigte, dass bei teilnehmenden Zeitungen, die den Link am Anfang der Feldphase online gestellt hatten, dieser bereits nach ein bis zwei Tagen kaum noch von neuen Nutzern angeklickt worden war. Die ursprünglich geplante Feldphase von zwei bis drei Wochen wurde damit nicht ausgeschöpft. Eine längere Feldphase als fünf Werktage ergab damit keinen weiteren Nutzen für die Befragung. Entscheidend für die Qualität der Ergebnisse ist die Kompetenz der Facebook-Nutzer, Aussagen über den Forschungsgegenstand machen zu können. Dass ein breites Spektrum an kompetenten und aktiven Nutzern für die Teilnahme gewonnen wurde, wurde so gut wie möglich über die Auswahl der zur Befragung verlinkenden Tageszeitungen sichergestellt.

1.4 Forschungsfragen und Fragebogenkonstruktion

Da die Nutzerbefragung auf wenig empirische Forschung aufbauen konnte, war sie explorativ ausgerichtet. Es sollten also grundlegende Aspekte des Themas abgefragt werden. Eine Konzentration auf interessant erscheinende Details ist in folgenden Forschungen sinnvoll.

Die leitende Forschungsfrage „Was erwarten Nutzer von redaktionellen Auftritten regionaler Tageszeitungen auf Facebook?", die aufgrund der Publikumsorientierung der Redaktionen auch erste Antworten auf deren Frage nach der Gestaltung eines nutzbringenden Facebook-Auftritts beantwortet, musste zunächst operationalisiert, das heißt mithilfe eines Fragebogens in erfassbare Fragen zergliedert werden. Dabei fiel die Entscheidung zugunsten von offenen Hypothesen, also Forschungsfragen, da die Bildung von geschlossenen Hypothesen angesichts der noch geringen Forschungsdichte nur schwer argumentativ zu begründen gewesen wäre.

Die entwickelten Forschungsfragen ergaben sich einerseits theoriegeleitet, indem Erkenntnisse zu den redaktionellen Herausforderungen durch Social Media herangezogen wurden (vgl. Kap. III. 7.), andererseits empiriegeleitet, indem verschiedene redaktionelle Facebook-Auftritte stichprobenhaft auf interessant erscheinende Aspekte gescannt und schon durchgeführte Redaktionsbefragungen[331] als spiegelbildliche Anregung genommen wurden. Drei Themenkomplexe kristallisierten sich heraus, deren nähere Betrachtung lohnend erschien, da die Themen für die Redaktionen von Bedeutung und für die Gestaltung einer Facebook-Seite relevant sind: Inhalte, Partizipation und Auswirkungen auf das Image der Zeitung.

Warum diese Bereiche gewählt wurden, soll im Folgenden kurz begründet werden. Ebenso werden die den Themenkomplexen untergeordneten Forschungsfragen vorgestellt. Diese wurden in der Online-Befragung schließlich über verschiedene inhaltsvalide Items abgefragt, d.h. es wurden Fragen gewählt, mit deren Hilfe das übergeordnete Konstrukt möglichst in vielen Facetten erschlossen wurde.

Validität ist ein wichtiges Gütekriterium empirischer Studien. Sie bezeichnet die Gültigkeit einer Messung, prüft also, ob mit dem Messinstrument tatsächlich erhoben wird, was ermittelt werden soll. Erst wenn dies nach Validitätsprüfung bejaht werden kann, ist die Untersuchung aus wissenschaftlicher Sicht gültig. Dabei ist zu beachten, dass alle Schritte des Untersuchungsdesigns valide konzipiert sind, denn nur dann sind auch die Ergebnisse der Gesamt-

---

331 Vgl. beispielsweise Neuberger / Vom Hofe / Nuernbergk 2010 und Ophüls 2010.

studie als valide zu bewerten. Im vorliegenden Fall wird auf die Inhaltsvalidität als Gütekriterium abgestellt, da die Online-Befragung keine Repräsentativität anstrebt, sodass eine externe Validität nicht gemessen werden kann. Die Inhaltsvalidität ist besonders gut für Fragebögen geeignet, denn sie gibt an, ob „eine Studie dem Augenschein nach valide ist, also ob sie logisch operationalisiert, gute Testfragen beinhaltet usw. Das Kriterium ist, ob das zugrunde liegende Konstrukt erschöpfend erfasst wird. Sie kann nicht in Form eines Koeffizienten gemessen werden, sondern ist eher eine subjektive Einschätzung."[332]

1. Themenkomplex: Form und Inhalte. Was wollen Nutzer lesen und wie sollen die Posts gestaltet sein?

Der Themenkomplex Form und Inhalte analysiert quantitative und qualitative Variablen, mit denen Facebook-Posts beschrieben werden können. Es gibt bisher zu wenig systematische Erhebungen und Analysen von redaktionell gepflegten Facebook-Auftritten (vgl. Kap. III. 4.3. und 8.5.), sodass oftmals bereits Unwissen über grundlegende Nutzerwünsche herrscht. Diese Informationen sind jedoch wichtig, da Social-Media-Aktivitäten vor allem wegen eines (vermuteten) Nutzerinteresses getätigt werden (vgl. Kap. III. 8.1.).

Die Forschungsfragen 1.1. und 1.2. erfassen daher die gewünschte Zahl von Posts, ihre Themenstruktur und ihre Autoren-Kennzeichnung. Erfolgreiche Social-Media-Plattformen setzen nicht nur auf Text, sondern vor allem auf Videos und Fotos. Beispiele dafür sind Youtube und Flickr. Doch auch auf Facebook gehören Foto- und Videoposts zu häufig genutzten Funktionen. Frage 1.3. versucht zu eruieren, inwieweit diese Nutzungsweise auch von den ursprünglich textorientierten Medien „regionale Tageszeitungen" gewünscht wird. Der Verwendung von Links kommt eine besondere Bedeutung zu, da mit einem Facebook-Auftritt zunehmend die Hoffnung verbunden wird, dieser könne als Traffic-Zulieferer für die eigene Website fungieren (vgl. Kap. II. 7.). Frage 1.4. versucht, erste Hinweise zu generieren, ob diese Hoffnungen berechtigt sind.

---

332   Möhring / Schlütz 2010, S. 19.

1.1. Wie häufig werden Posts erwartet? Sollen die Posts ein Autorenkürzel aufweisen?

1.2. Welche Themen werden favorisiert? Werden von regionalen Tageszeitungen nur regionale Nachrichten erwartet? Sollen die Posts tagesaktuell sein?

1.3. In welchem Maß werden Fotos und Videos als Bestandteile der Facebook-Berichterstattung erwartet?

1.4. Welche Erwartungen haben Nutzer an die Verlinkungskultur der Redaktionen?

2. Themenkomplex: Partizipation. Welche partizipativen Elemente werden gewünscht und genutzt?

Die Tageszeitungen tragen mit ihrem Engagement in sozialen Netzwerken der Beliebtheit von Social-Media-Plattformen Rechnung, die auf Aktionen und Interaktionen von Nutzern untereinander setzen (vgl. Kap. II. 1., 3.1.). Inwieweit Nutzer auch von Tageszeitungen partizipative Angebote in Facebook erwarten, sollen die folgenden Forschungsfragen in einem ersten Ansatz erfassen. Frage 2.1. widmet sich den verschiedenen Kommunikationskanälen. Werden eher private oder öffentliche Wege zur Redaktion gesucht? Während das direkte Anschreiben in einer Nachricht eine eher traditionelle Vorgehensweise ist, ist das öffentliche Kommentieren eine typische Kommunikationsform von Social Media. Die Fragen 2.2. und 2.3. fokussieren auf die für Social Media typische Kommentarfunktion und eruieren, inwieweit und unter welchen Umständen sich Nutzer tatsächlich aktiv mit den redaktionellen Inhalten auseinandersetzen wollen. Zurzeit gehen Redaktionen von einem hohen Partizipationsbedürfnis der Nutzer aus. Bisherige empirische Untersuchungen lassen dagegen ein eher konsumierendes Nutzerverhalten erkennen (vgl. Kap. II. 8.6.). Erste Antworten, inwieweit Partizipation gewünscht wird und welche konkreten Maßnahmen von den Redaktionen erwartet werden, versucht Frage 2.4 zu generieren.

2.1. Welche Formen von Kommunikation mit der Redaktion werden in Facebook genutzt?

2.2. Welche Rolle spielt die Möglichkeit zum Kommentieren für Nutzer?

2.3. Welche Kommunikationskultur erwarten die Nutzer von der Redaktion?

2.4. Wie groß ist der Wunsch, sich in die Gestaltung des Facebook-Auftritts und des Internetauftritts der Zeitung einzubringen?

3. Themenkomplex: Zeitungsimage. Welche Auswirkungen hat das Facebook-Engagement auf das Image der Zeitung?

Das Mediennutzungsverhalten hat sich im Lauf der vergangenen Jahre zum Nachteil der Tageszeitungen verschoben. Mittlerweile wird mehr als zehn Mal so viel Zeit für die Internetnutzung aufgewendet als für die Lektüre von Tageszeitungen (vgl. Kap. II. 5.1.). Indem Zeitungen einen attraktiven Internetauftritt und eine Präsenz im Social Web pflegen, passen sie sich diesen neuen Nutzungsgewohnheiten an und geben ihrem Image gleichzeitig einen modernen Anstrich. Jede Online-Präsenz gibt ihnen auch die Möglichkeit, ihre Stärken als unverwechselbare Medienmarke hervorzuheben (vgl. Kap. II. 7.). Sie können den Nutzern ein Mehr an Service bieten: direktere, schnellere Kommunikation, Integration von aktuellen Nachrichten in den Informationstagesablauf der Nutzer. Letztlich ist damit auch die Erwartung verbunden, dass die Nutzer, gefällt ihnen der Facebook-Auftritt, auch andere Produkte der Zeitung konsumieren, was der in wirtschaftliche Bedrängnis geratenen Mediengattung regionale Tageszeitung direkt (Abo- und Einzelverkauf) oder indirekt (Werbeeinnahmen über eine hoch frequentierte Website) finanziell zugutekäme. Inwieweit eine gelungene Facebook-Seite das Nutzungsverhalten im Hinblick auf andere Produkte des Muttermediums tatsächlich beeinflusst, versucht Frage 3.1. zu ermitteln. Damit sich der Facebook-Auftritt positiv auf das Image der Zeitung auswirken kann, muss er den Nutzerwünschen entsprechen. Welche Verbesserungen sich die Nutzer der Befragung wünschen und welche Bedeutung sie einem Facebook-Auftritt beimessen, ist mithilfe der Leitfrage 3.2. erhoben.

3.1. Welche Auswirkungen hat das Verfolgen einer Tageszeitungsseite bei Facebook auf das Nutzungsverhalten anderer Kanäle des Zeitungstitels?

3.2. Welche Bedeutung messen die Nutzer dem Facebook-Auftritt einer regionalen Tageszeitung grundsätzlich bei? Welche Verbesserungen wünschen sie sich für diese Seiten?

Die drei Themenblöcke werden ergänzt um Informationen zur Person des Nutzers und seinen allgemeinen Nutzungsgewohnheiten von Facebook. Der Fragebogen setzt sich demnach aus folgenden Themenkomplexen zusammen und behandelt sie in dieser Reihenfolge:

1. Facebook-Nutzung (Allgemein und Tageszeitungsseiten)
2. Inhalte
3. Partizipation
4. Auswirkungen auf Image der Zeitung
5. Soziodemographische Angaben

Für die Gestaltung des Fragebogens bot sich ein Spektrum von einer nichtstrukturierten, stark qualitativen bis zu einer stark strukturierten, quantitativen Vorgehensweise an. Um die Teilnahme an der Befragung so komfortabel und gleichzeitig so aussagekräftig wie möglich zu gestalten, fiel die Wahl auf einen strukturierten Fragebogen, der zum Teil offene Antwortmöglichkeiten enthielt. Die qualitativen Elemente wurden in den Fragebogen aufgenommen, da das erfragte Thema bisher kaum auf diese Weise untersucht worden ist und somit ausführlichere, frei formulierte Antworten zum Teil einen höheren Erkenntnisgewinn ergeben können als die Auswahl aus Antwortalternativen.[333] Geschlossene Fragen waren jedoch Kern-

---

333   Vgl. Möhring / Schlütz 2010, S. 115.

element der Befragung, da sie als reliabler und valider gelten.[334] Zudem kann mithilfe geschlossener Fragen die Dauer der Befragung minimiert werden, was dazu beiträgt, möglichst viele Teilnehmer zum vollständigen Ausfüllen des Fragebogens zu animieren. Dies kommt der Aussagekraft der Befragungsergebnisse zugute.

Der Fragebogen wurde so konzipiert, dass eine durchschnittlich zügige Bearbeitung die Dauer von 15 Minuten nicht überschreitet. In der Praxis hat sich gezeigt, dass eine längere Bearbeitungsdauer von den Teilnehmern kaum toleriert wird.[335] Um die Teilnehmer zusätzlich zu motivieren, den Fragebogen nicht vorzeitig abzubrechen, wurde eine Anzeige zum Bearbeitungsfortschritt in den Fragebogen integriert.

1.5 Pretest

Nachdem der Fragebogen auf technische Fehler getestet worden war, wurde er einem inhaltlichen Pretest unterzogen: „Der Pretest dient der Überprüfung des Fragebogens unter möglichst realistischen Feldbedingungen."[336] Ziel des Tests ist es, festzustellen, ob der Fragebogen als Messinstrument ausreichend reliabel und valide ist. Neben der bereits erwähnten Validität (vgl. S. 100f.) ist Reliabilität das zweite wichtige Gütekriterium wissenschaftlicher Untersuchungen. Reliabilität bezeichnet die Messgenauigkeit oder Zuverlässigkeit einer Messung. Sie ist ein Maß für die Reproduzierbarkeit von Messergebnissen.[337] Je ähnlicher die Messergebnisse bei Wiederholung der Messung zu einem späteren Zeitpunkt, desto höher die Reliabilität.

Neben der Einschätzung der tatsächlichen Bearbeitungszeit gibt der Pretest beispielsweise Aufschluss darüber, ob die Fragen verständlich genug formuliert und die Antwortalternativen er-

---

334 Vgl. ebd.

335 Vgl. Kuckartz 2009, S. 37.

336 Kuckartz 2009, S. 49.

337 Diekmann, Andreas: Empirische Sozialforschung. Grundlagen, Methoden, Anwendungen. Reinbek 2002, S. 217.

schöpfend sind. Dazu kam das etablierte Pretestverfahren Think Aloud[338] zum Einsatz, bei dem die Probanden beim Ausfüllen Kritik und Hinweise äußern, die dann gegebenenfalls noch in den Fragebogen einfließen können.

Insgesamt wurden zehn Personen zur Durchführung eines Pretests herangezogen. Sie füllten den Online-Fragebogen einzeln und nacheinander am Computer aus.[339] Das Ausfüllen am Computer wurde dem Ausdrucken des Fragebogens vorgezogen, um eine realistischere Bearbeitungsdauer zu simulieren. Dafür wurde eine spezielle Pretest-Version des Online-Fragebogens verwendet, bei der Anmerkungen direkt in die Umfrage selbst an passender Stelle eingetragen werden konnten. Die so gesammelten Anmerkungen wurden systematisch gesichtet, in einem Dokument zusammengefasst und nach kritischer Auseinandersetzung wurden Fehler in der Fragebogengestaltung behoben sowie Verbesserungen vorgenommen.

2 Ergebnisse

Im Folgenden werden die Ergebnisse der Online-Befragung vorgestellt. Die Auswertung ist dabei methodisch als deskriptiv und explorativ einzuordnen. Die Darstellung orientiert sich an den bereits vorgestellten Themenkomplexen. Sie kombiniert Antworten auf offene Fragen mit denen von Antworten auf standardisierte Fragen, um in der Gesamtschau von qualitativer und quantitativer Herangehensweise einen höheren Erkenntnisgewinn zu erzielen. Den Ausführungen zu den einzelnen Themenkomplexen vorangestellt ist ein Abschnitt zu wichtigen Charakteristika der befragten Facebook-Nutzer und ihren Nutzungsgewohnheiten, da davon in nicht unerheblicher Weise die Aussagekraft der weiteren Befragungsergebnisse abhängt. Wichtige Ergebnisse werden anhand von Grafiken oder Tabellen illustriert. Die Gesamtheit der der Darstellung zu-

---

338   Vgl. dazu Ericsson, Anders K. / Simon, Herbert A.: Protocol Analysis. Verbal Reports as Data. Cambridge, MA, 1993.

339   Vgl. Kuckartz 2009, S. 49.

grunde liegenden Auswertungstabellen findet sich im Anhang.[340] Sie vollständig zu integrieren, hätte die Lesbarkeit stark beeinträchtigt. Abgeschlossen wird das Kapitel mit einer Zusammenfassung der Ergebnisse. Eine ausführliche Interpretation erfolgt nach der Darstellung der Ergebnisse der Inhaltsanalyse, da Online-Befragung und Inhaltsanalyse – wie in Kap. I. 2. beschrieben – erst in der Zusammenschau ihre bestmögliche Aussagekraft entfalten. Beziehen sich Einordnungen allerdings direkt auf konkrete Auswertungen, beispielsweise in Form von Vergleichen mit anderen Erhebungen, so werden diese bereits im jeweiligen Auswertungsteil interpretierend vorgenommen.

2.1 Die befragten Facebook-Nutzer

Insgesamt konnten 729 Facebook-Nutzer zur Teilnahme an der Befragung bewegt werden, d.h. sie klickten mindestens die erste Befragungsseite an. 577 füllten den Fragebogen vollständig aus. Da bei der vorliegenden Online-Befragung die Grundgesamtheit nicht bekannt ist, wird der Quotient aus Klicks auf die Begrüßungsseite zu Klicks über diese Seite hinaus als Ausschöpfungsquote[341] bezeichnet. Diese beträgt 79,15 Prozent. Für eine Online-Befragung ist dies ein gutes Ergebnis.[342] Und auch wenn der Wert für die Qualität der Befragung eine untergeordnete Rolle spielt, so spiegelt er doch das große Interesse der Nutzer am Thema der Befragung wider.

Bemerkenswert ist auch, dass alle Teilnehmer eine oder mehrere regionale Tageszeitungen verfolgen.[343] Niemand ist beim zufälligen Besuch einer beteiligten Facebook-Seite auf die Befragung gestoßen. Die Teilnehmer verfügen also über gute Kenntnisse der je-

---

340 Vgl. Anhang, A. II.

341 Die Ausschöpfungsquote gibt normalerweise an, wie viele Personen einer Stichprobe tatsächlich befragt worden sind.

342 Vgl. Zur Problematik der Rücklaufquote bei (Online-)Befragungen: Möhring / Schlütz 2010, S. 38f.

343 Mit „verfolgen" ist im Weiteren gemeint, dass die Nutzer den „Gefällt mir"-Button geklickt und damit Posts der Seite in ihren Newsfeed aufgenommen haben.

weiligen Auftritte, haben grundsätzlich Interesse an ihnen und sind daher gut geeignet, qualifiziert Auskunft zu geben.

In Einklang mit wissenschaftlichen Studien und Erkenntnissen der Marktwirtschaft stammen die meisten der befragten Facebook-Nutzer aus einer jüngeren Altersgruppe (vgl. Kap. II. 3.2.): Mit 49,16 Prozent ist fast die Hälfte der Teilnehmer jünger als 30 Jahre. Die zweit- und drittgrößte Altersgruppe stellen die 30- bis 39-Jährigen (23,32 Prozent) und die 40- bis 49-Jährigen (18,91 Prozent) (vgl. Abb.1).[344]

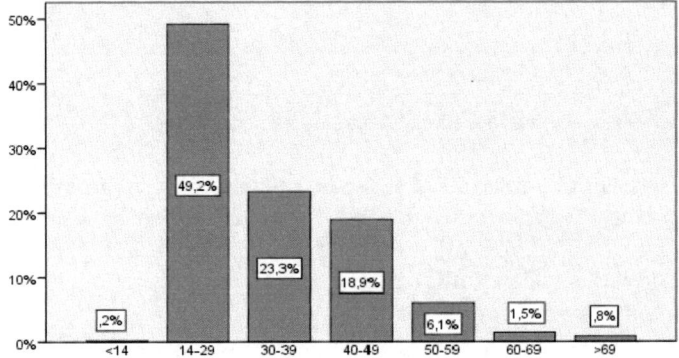

Abb. 1: Altersverteilung der befragten Facebook-Nutzer, n=476

Die Altersverteilung entspricht dabei im Wesentlichen der repräsentativen ARD/ZDF-Online-Studie von 2011.[345] Allein die Gruppenstärke der 14- bis 49-Jährigen unterscheidet sich um 11,2 Prozent, alle anderen Gruppen unterscheiden sich in ihrer Besetzungsstärke nur um sechs und sieben Prozentpunkte (30- bis 39- und 40- bis 49-Jährige) sowie 1,2 und 1,5 Prozentpunkte. Die Ergebnisse, die auf der Altersverteilung der aktuell Befragten basieren, unterscheiden sich nur unwesentlich von der analog der repräsentativen Altersverteilung gewichteten Auswertung. Da sich also durch eine Gewichtung keine qualitativen Vorteile für die Studie ergeben, wurde die

---

344 Vgl. Anhang, A. II., Tabelle 2.

345 Vgl. Busemann, Katrin / Gscheidle, Christoph: Web 2.0: Aktive Mitwirkung verbleibt auf niedrigem Niveau. In: Media Perspektiven 07–08/2011, S. 360ff.

Auswertung im Folgenden allein auf die eigene, nicht gewichtete Altersverteilung gestützt. Bei nennenswerten Abweichungen wird auf die Ergebnisse nach der repräsentativen Altersverteilung hingewiesen.

Die Anteile der weiblichen und männlichen Teilnehmer waren nahezu ausgeglichen: 52 Prozent der Befragten waren Männer, 48 Prozent Frauen.[346] Das Bildungsniveau der Teilnehmer ist hoch: 64,8 Prozent haben Abitur (41 Prozent) oder ein Hochschulstudium (23,8 Prozent) abgeschlossen, 26,9 Prozent haben einen Realschulabschluss, 7 Prozent einen Hauptschulabschluss.

Insgesamt setzt sich das Panel aus hochaktiven Facebook-Nutzern zusammen (vgl. Abb. 2), die daher gut mit den Verhaltensweisen des Netzwerks vertraut sind: Mit 89,5 Prozent loggt sich die deutliche Mehrheit der Befragten mehrmals täglich ins Netzwerk ein. Unter den 14- bis 29-Jährigen finden sich – wie in verschiedenen Forschungen wiederholt belegt (vgl. Kap. II. 3.2. und 4.2.) – die intensivsten Nutzer. 93,6 Prozent loggen sich mehrmals täglich ein.

Doch auch in den Altersgruppen der 30- bis 39- und 40- bis 49-Jährigen ist der Anteil der Intensivnutzer mit 86,5 und 85,6 Prozent hoch.[347] Rund die Hälfte der Befragten (55,9 Prozent) verbringt, einmal eingeloggt, dann auch mehr als eine Stunde auf Facebook. 29 Prozent der Teilnehmer sind immerhin mehr als zwei Stunden im Netzwerk. Wieder ist die Altersklasse der 14- bis 29-Jährigen besonders aktiv: Von ihnen sind 67 Prozent mehr als eine Stunde und 36,7 Prozent mehr als zwei Stunden eingeloggt.[348]

---

346   Vgl. Anhang, A. II., Tabelle 1.

347   Vgl. ebd., Tabellenkomplex 4.

348   Vgl. ebd., Tabellenkomplex 5.

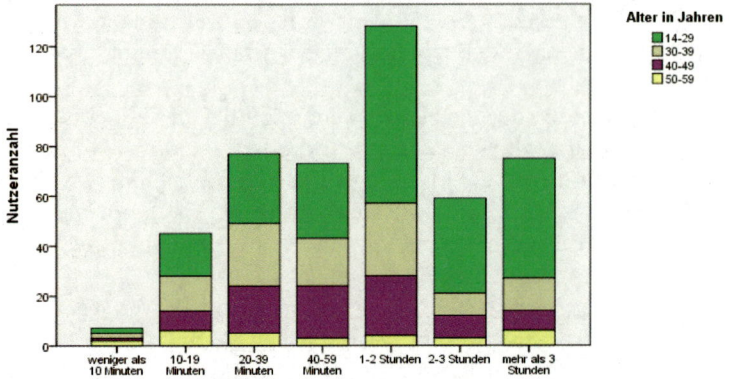

Abb. 2: Täglicher Zeitaufwand für Facebook

Allgemein lässt sich eine signifikante Tendenz erkennen, dass die Häufigkeit der Logins positiv mit der Verweildauer im Netzwerk korreliert, d.h. je häufiger Nutzer sich auf Facebook einloggen, desto länger halten sie sich tendenziell auch im Netzwerk auf.[349, 350] Grundsätzlich ist die Aussagekraft der Signifikanzwerte der vorliegenden Befragung jedoch begrenzt, da keine Zufallsauswahl vorliegt.[351] Dies wird durch eine zurückhaltende Interpretation berücksichtigt.

Wie aktiv die einzelnen Nutzer während ihres Logins tatsächlich sind, kann aus den Daten zwar nicht festgestellt werden, je länger das Login dauert, desto wahrscheinlicher ist es jedoch, dass sich die Nutzer – selbst wenn sie sich nicht den gesamten Zeitraum auf der Website befinden – intensiver mit Facebook-Inhalten beschäftigen als solche, die sich nur kurz im Netzwerk aufhalten.

Zwar sind die Ergebnisse der Befragung nicht repräsentativ, doch deuten sie auf eine mögliche Sogwirkung des Netzwerks hin. Wer einmal Gefallen gefunden hat, nimmt Facebook in seinen Alltag auf. Regelmäßige Nutzer, die nur kurz vorbei schauen, sind eher

---

349   Korrelationskoeffizient nach Spearman: v1 ⇔ v30:
       -0,335 (p < 0,001)

350   Vgl. Anhang, A. II., Tabelle 6.

351   Vgl. Neuberger / Vom Hofe / Nuernbergk 2010, S. 41.

die Ausnahme. Für regionale Tageszeitungen unterstreicht dies die bereits im theoretischen Teil der Arbeit dargestellte Chance, regelmäßigen Kontakt zur Zielgruppe und zu potenziellen Kunden zu pflegen und diese enger an das eigene Produkt zu binden (vgl. Kap. II. 7.).

Mehr als die Hälfte der Teilnehmer (58,72 Prozent) beschäftigt sich nach eigener Einschätzung täglich mehr als 10 Minuten mit Facebook-Auftritten regionaler Tageszeitungen. 18 Prozent widmen den Zeitungen im Netzwerk sogar mehr als 20 Minuten täglich (vgl. Abb. 3). Die durchschnittliche Beschäftigungsdauer (Median) liegt jedoch im mittleren zeitlichen Bereich von 10 bis 19 Minuten.[352]

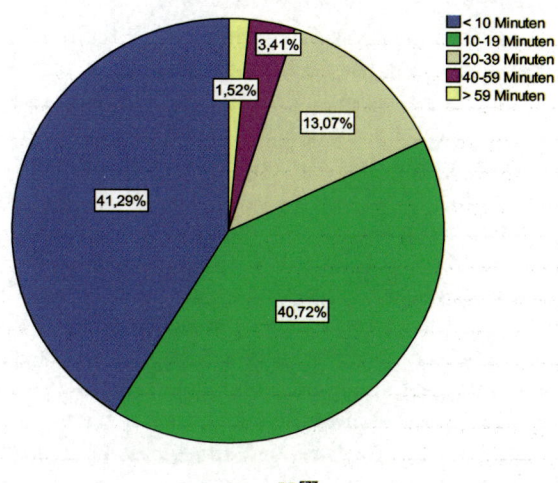

n = 577

Abb. 3: Täglicher Zeitaufwand für die Beschäftigung mit Facebook-Posts regionaler Tageszeitungen

Die 14- bis 29-Jährigen, die den größten Anteil der Befragten stellen und deren Altersgruppe den regionalen Tageszeitungen in der traditionellen Printform im Vergleich zu anderen Altersgruppen eher wenig Medienzeit widmen, behalten dieses Verhalten auch bei der Lektüre der Facebook-Inhalte regionaler Tageszeitungen bei: 47,9 Prozent beschäftigen sich höchstens 10 Minuten täglich mit diesen

---

352   Vgl. Anhang, A. II., Tabellenkomplex 7.

Inhalten, mit 36,8 Prozent deutlich weniger als der Durchschnitt beschäftigen sich 10 bis 19 Minuten damit, 15,4 Prozent verbringen mehr als 20 Minuten mit der Lektüre von Inhalten regionaler Tageszeitungen. Von den 30- bis 39-Jährigen gehören nur 41,4 Prozent zu den Nutzern, die verhältnismäßig wenig Zeit für regionale Tageszeitungen in Facebook aufwenden. 58,5 Prozent verbringen mehr als 10 Minuten täglich mit diesen Inhalten. Mit Abstand die meiste Zeit für regionale Tageszeitungen in Facebook wenden die 40- bis 49-Jährigen auf: 70 Prozent der Befragten dieser Altersgruppe verwenden mehr als 10 Minuten, 25,6 Prozent sogar mehr als 20 Minuten für diese Inhalte (Zum Vergleich: 14- bis 29-Jährige: 15,4; 20-bis 29-Jährige: 17,1 Prozent).[353]

Verglichen mit einem durchschnittlichen Zeitbudget für die Internetnutzung von 83 Minuten pro Tag, macht die durchschnittliche Nutzungsdauer von Facebook-Seiten regionaler Tageszeitungen mit 17,47 Minuten bei den Befragten einen eher geringen Anteil aus. Betrachtet man dazu die täglichen Zeitbudgets für TV (220 Minuten) und Hörfunk (187 Minuten), erscheint die Facebook-Nutzung von noch untergeordneter Bedeutung. Berücksichtigt man die intensivere Nutzung der Tageszeitungsauftritte in Facebook in einigen Altersklassen, ist das Zeitbudget für die Printausgaben der Tageszeitungen mit 23 Minuten aber perspektivisch durchaus erreichbar.[354] Setzt sich die bisherige Entwicklung fort, ist sogar damit zu rechnen, dass Facebook-Seiten von Tageszeitungen in der Nutzung die Printtitel überholen werden. Dennoch machen die Nutzungszahlen auch deutlich, dass Facebook-Engagement allein kein Allheilmittel ist, sondern nur eine Maßnahme von vielen sein kann, um im digitalen Zeitalter als Tageszeitungsmarke bestehen zu können.

Getrennt nach Geschlechtern betrachtet, zeigt sich eine signifikante Tendenz, dass Frauen sich eher länger mit Inhalten regionaler Tageszeitungen auf Facebook beschäftigen als Männer: 20,3 Prozent der Frauen gaben an, sich diesen mindestens 20 Minuten täglich zu widmen, während dies nur 16,2 Prozent der Männer taten – umgekehrt beschäftigten sich 47,1 Prozent der Männer weni-

---

353 Vgl. Anhang, A. II., Tabellenkomplex 9.

354 Vgl. Ridder, Christa-Maria/Turecek, Irina: Medienzeitbudgets und Tagesablaufverhalten. In: Media Perspektiven 12/2011, S. 575.

ger als 10 Minuten mit diesen Inhalten, wobei es bei den Frauen in dieser Kategorie nur 35,5 Prozent sind.[355, 356]

Von den Teilnehmern, die den Fragebogen komplett ausfüllten, machten 523 Angaben zu den Zeitungen, die sie auf Facebook mit einem „Gefällt mir" in ihren Newsfeed aufgenommen haben. Da die Angaben optional waren und in eigenen Worten gemacht werden konnten, zudem Mehrfachnennungen möglich waren, lassen die Antworten keine Rückschlüsse auf die Herkunft der Teilnehmer nach Tageszeitung zu. Dennoch ergeben sich einige interessante Ergebnisse.

Gefragt nach allen regionalen Tageszeitungen, die die Nutzer mit „Gefällt mir" abonniert haben, nennt mit rund 60 Prozent der Befragten die Mehrheit eine einzige Zeitung (vgl. Abb. 4). Nur 12,62 Prozent der Befragten verfolgen zwei regionale Tageszeitungstitel.[357] Diese Ergebnisse unterscheiden sich deutlich von denen der ZDF-Community-Studie 2011, wo keine Tendenz für das Abonnieren vieler oder weniger Fanseiten festgestellt werden konnte (vgl. Kap. II.4.3.). Aus Redaktionssicht bedeuten die vorliegenden Ergebnisse, dass die Bereitschaft der Nutzer, Regionalnachrichten auf Facebook zu verfolgen, begrenzt ist. Es genügt also nicht, mit dem eigenen Angebot „zweite Wahl" zu sein – denn diese existiert vielfach nicht. Die zweitgrößte Gruppe (17,78 Prozent) abonniert mehr als drei verschiedene Zeitungen, die auch überregionale Titel enthalten können. Sie können als Intensivnutzer von Printangeboten auf Facebook bezeichnet werden.

---

355 Die Auswertung des Spearman Rho ergab einen Korrelationskoeffizienten von 0,12 (p=0,012).

356 Vgl. Anhang, A. II., Tabellenkomplex 8.

357 Vgl. ebd., Tabelle 10.

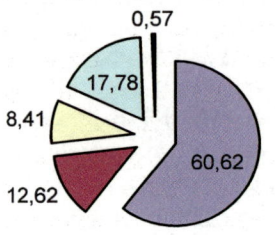
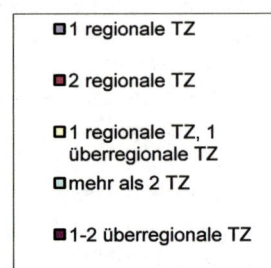

Abb. 4: Verteilung der «Gefällt mir»-Abos in Prozent

Am häufigsten nennen die Befragten als „abonnierte"[358] Zeitungen RP Online, gefolgt von Der Westen, der Hamburger Morgenpost und den Grafschafter Nachrichten (vgl. Abb. 5). Andere regionale Tageszeitungen, die mehr als einmal ebenfalls als abonniert genannt wurden, sind – geordnet nach der Häufigkeit ihrer Nennung – : Express (9), Westdeutsche Zeitung (8), Ruhrnachrichten (7), Neue Osnabrücker Zeitung (6), Südwestpresse (6), Tagesspiegel (5), Neue Ruhr/Neue Rhein Zeitung (5), Stuttgarter Nachrichten/Zeitung (4), Hessische/Niedersächsische Allgemeine (4), Westfälische Nachrichten (3) Solinger Tageblatt (3), Abendzeitung (3), Mainpost (3), Cuxhavener Nachrichten (3), Rheinzeitung (3), Leipziger Volkszeitung (3), Berliner Morgenpost (3), Herbrucker Zeitung (3). Lübecker Nachrichten (3), Glocke (3), Gäubote (3), Münsterlandzeitung (2), Goslarsche Zeitung (2), Soester Anzeiger (2), Neue Westfälische (2), Sächsische Zeitung (2), Göttinger Tageblatt (2), Dresdner Neue Nachrichten (2), SHZ (2), Ostseezeitung (2), Landsberger Tageblatt (2), Thüringische Landeszeitung (2).[359]

---

358 Als abonniert meint im Folgenden, dass der Nutzer den „Gefällt mir"-Button der Zeitung auf Facebook angeklickt und deren Nachrichten damit in seinen Newsfeed aufgenommen hat.

359 Vgl. Anhang, A. II., Tabelle 11.

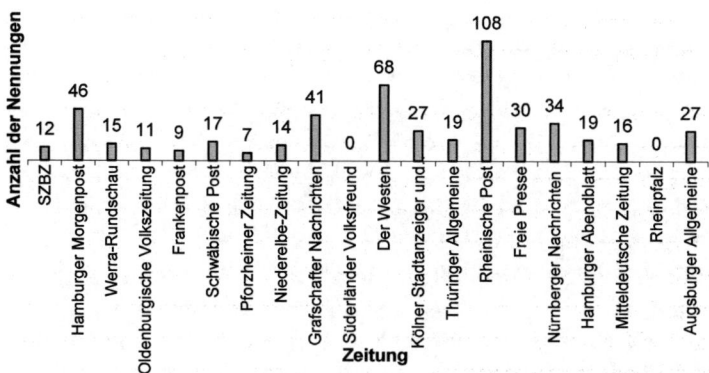

Abb. 5: «Gefällt-mir»-Abos der befragten Facebook-Nutzer
von ausgewählten regionalen Tageszeitungen

Dabei fällt auf, dass nicht nur Zeitungen aus Regionen vertreten sind, in denen eine Tageszeitung den Link zum Fragebogen verbreitet hat. Beispielsweise gehört der Express zum Verbreitungsgebiet des Kölner Stadt-Anzeigers, der im Sample vertreten war, im Erscheinungsgebiet des Berliner Tagesspiegel oder der schleswig-holsteinischen Zeitungen (shz.de) nahm jedoch keine Tageszeitung an der Verbreitung des Links teil.

Ob regionale Tageszeitungen auch auf Facebook um Nutzer konkurrieren oder ob Nutzer durchaus mehrere Tageszeitungen einer Region verfolgen – ein Blick auf die Nutzer, die mehr als eine Zeitung im Netzwerk abonniert haben, gibt ersten Aufschluss. Als Region wird dabei die Überschneidung des Verbreitungsgebiets zweier regionaler Tageszeitungstitel verstanden. Bei zwei Lokalausgaben im Verbreitungsgebiet einer Tageszeitung wird ebenfalls eine Konkurrenz angenommen. Bei Nutzern, die zwei Zeitungstitel auf Facebook verfolgen (n=110), stammen nur 20 Prozent dieser Titel aus derselben Region. Nimmt man die Nutzer hinzu, die mehr als zwei Titel verfolgen (n=203), gehören bei 37,93 Prozent zwei Titel einer Region in die Auswahl.[360] Die Ergebnisse lassen die Tendenz erkennen, dass regionale Tageszeitungen tatsächlich in Konkurrenz stehen und die Mehrheit – in der vorliegenden Stichprobe 80 und

---

360   Vgl. Anhang, A. II., Tabelle 11.

62,07 Prozent – der Nutzer sich für eine Zeitung ihrer Region entscheidet, statt mehrere zu verfolgen. Anders ausgedrückt: Nutzer scheinen nur ihre favorisierten Titel in ihren Facebook-Stream aufzunehmen. Gelegenheitslektüren werden anscheinend nicht oder weniger beachtet. Nach welchen Kriterien die Nutzer diese Favoriten auswählen, ob der Facebook-Auftritt selbst Entscheidungskriterium ist oder vorwiegend oder allein die Printmarke, lässt sich an dieser Stelle nicht ermitteln. Für Redaktionen unterstreicht dies noch einmal die Wichtigkeit beim Nutzer „erste Wahl" zu sein.

2.2 Themenkomplex: Form und Inhalte

1.1. Wie häufig werden Posts erwartet? Sollen diese ein Autorenkürzel aufweisen?

Viel hilft viel – dieses Motto scheint nicht für Facebook-Auftritte regionaler Tageszeitungen zu gelten. Die befragten Nutzer bevorzugen eine moderate tägliche Post-Anzahl. Zwar verbringt die Mehrheit der Nutzer mehr als eine Stunde täglich im Netzwerk, doch wie bereits in der Antwort zur Beschäftigungszeit mit Inhalten regionaler Tageszeitungen angedeutet, wollen sich die Facebook-Nutzer nicht permanent mit Zeitungsinhalten beschäftigen. Dies erklärt sich auch durch den Charakter von Facebook, das nicht als reines Nachrichtenmedium, sondern als Unterhaltungsplattform für verschiedene Aktivitäten konzipiert ist.[361] Unter den 30-bis 39-Jährigen und den 40- bis 49-Jährigen, den Altersgruppen, die sich am längsten mit Inhalten regionaler Tageszeitungen beschäftigen, erhalten 3 bis 4 und 5 bis 6 Veröffentlichungen pro Tag die größte Zustimmung – jeweils rund ein Drittel der Stimmen.[362] Dies entspricht dem Ergebnis für alle Altersklassen: Immer liegt die größte Zustimmung in einem der beiden Kategorien. Im Durchschnitt werden 5 bis 6 Posts pro Tag von einer regionalen Tageszeitung erwartet. Diese

---

361 Ophüls 2010, S. 64.
362 Vgl. Anhang, A. II., Tabellenkomplex 12.

Kategorie erhält mit 37 Prozent[363] die höchste Zustimmung. Insgesamt wünschen sich 67,9 Prozent der Befragten aller Altersklassen 3 bis 6 Posts pro Tag.[364] Damit bestätigt die vorliegende Befragung das Ergebnis von Ophüls qualitativer Studie: Sie hatte eine optimale Post-Anzahl von zwei bis sechs Veröffentlichungen pro Tag ergeben.[365] Aufgrund der Befragung lässt sich die optimale Post-Anzahl vorsichtig auf den oberen Bereich des Fensters korrigieren. Denn ein bis zwei Posts favorisierten mit lediglich 5,9 Prozent die wenigsten der Befragten.[366] Gleichzeitig lässt sich das Ergebnis der ZDF-Community-Studie 2010, das von einer hohen Toleranz von News im Nachrichtenstream der Facebook-Nutzer ausgeht, relativieren.

Rechnet man zurückhaltend mit der unteren Grenze der durchschnittlichen Beschäftigungsdauer für Inhalte regionaler Zeitungen von 10 Minuten pro Tag und dem niedrigeren Wert für die Zahl der täglich gewünschten Veröffentlichungen (5), ergibt sich eine durchschnittliche Lesezeit von rund 2 Minuten pro Post. Angesichts der Kürze eines einzelnen Posts, lohnt es sich, so betrachtet, für Redaktionen, ihren Fokus auf die Qualität der einzelnen Posts zu legen und dieser die Priorität vor der reinen Quantität der Veröffentlichungen zu geben.

Anders als im Printtitel der Zeitungen, ist es nicht immer üblich, Posts mit Redakteurskürzeln zu versehen oder den Autor des Posts mit vollem Namen zu kennzeichnen. Eine knappe Mehrheit der Befragten (53,9 Prozent) steht der Kennzeichnung von Posts auf Facebook aber positiv gegenüber. 35,5 Prozent stimmen mit einem klaren Ja für eine Autorenkennzeichnung, 18,4 Prozent tendieren zu einem Ja. Die Gegner kommen gerade einmal auf 9,7 Prozent.[367]

---

363 Bzw. 35 Prozent unter allen Teilnehmern – auch denen, die ihr Alter nicht genannt haben.
364 Vgl. Anhang, A. II., Tabellenkomplex 12.
365 Vgl. Ophüls 2010, S. 64.
366 Vgl. Anhang, A. II., Tabellenkomplex 12.
367 Vgl. ebd., Tabelle 13.

1.2. Welche Themen werden favorisiert? Werden von regionalen Tageszeitungen nur regionale Nachrichten erwartet? Sollen die Posts tagesaktuell sein?

Die Kernkompetenz und Stärke von regionalen Tageszeitungen liegt im Lokalen und Regionalen. Sollen sie sich deshalb auf Facebook auf diese Inhalte beschränken? Eine knappe Mehrheit (54 Prozent) der befragten Facebook-Nutzer beantwortet diese Frage vorsichtig oder eindeutig mit Ja. Die Nutzer, die von regionalen Zeitungen auch Welt-Nachrichten erwarten, sind mit 27,2 Prozent in der Minderheit.[368,369]

Gefragt, welche Themen sie am liebsten von ihren abonnierten regionalen Tageszeitungen auf Facebook behandelt sehen möchten (vgl. Abb. 6), nennen die Nutzer Politikthemen mit Abstand am häufigsten (318 Nennungen). Die am zweit- und dritthäufigsten gewählten Themenfelder sind Kultur (226) und Sport (215), gefolgt von bunten (207) und Wirtschaftsthemen (205). Dabei bewegen sich die Zustimmungen zu den Themen der Plätze zwei bis vier auf einem relativ gleich hohen Niveau. Von deutlich untergeordneter Bedeutung sind allein die Themen Karriere (67 Nennungen) und Smalltalk (94).[370]

---

368   Eher nein: 13,5%, nein: 13,7%

369   Vgl. Anhang, A. II., Tabelle 14.

370   Vgl. ebd., Tabelle 15.

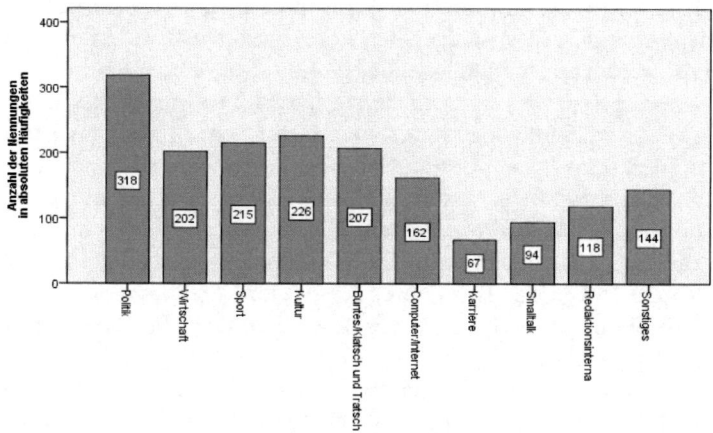

Abb. 6: Häufigkeitsverteilung zu beliebten Themen
der Berichterstattung auf Facebook

Berücksichtigt man den mehrheitlichen Wunsch nach überwiegend regionalen Nachrichten und die Tatsache, dass eine Rubrik „Regionales" nicht vorgegeben war, sind die favorisierten Themen weniger im Sinn der klassischen Ressorts überregional zu verstehen, sondern als tatsächliche Themen regionaler oder auf die Region heruntergebrochener Berichterstattung: Politik im Sinn der Befragten meint tendenziell eher Lokal- und Landespolitik als Bundes- oder Außenpolitik, Sport meint eher die Ergebnisse des heimischen Fußballvereins als den Bericht zum jüngsten Bundesligaspiel des FC Bayern. Das große Interesse an regionalen Themen bestätigt eine Tendenz, die Ophüls' in seiner Studie festgestellt hat. Dort heißt es mit Blick auf befragte Redakteure: „Ihrer Erfahrung nach stößt besonders lokale bis sogar sub- oder hyperlokale Berichterstattung auf enormes Nutzerinteresse."[371]

Die in Ophüls' Studie hervorgetretene Kontroverse, ob Redaktionen Interna auf Facebook posten sollen oder nicht[372], verliert dagegen zumindest mit Blick auf die vorliegenden Ergebnisse einen gewissen Grad ihrer Relevanz: Nur 118 Nutzer interessieren sich vor

---

371 Ophüls 2010, S. 66.
372 Vgl. ebd., S. 67ff.

allem für Redaktionsinterna. Wenn diese nicht veröffentlicht werden, so würde dies weniger Beachtung finden als Änderungen im Post-Verhalten zu Topthemen wie Politik, Kultur oder Sport.

Facebook ist ein schnelllebiges Medium. Inhalte lassen sich schnell veröffentlichen und geraten ebenso schnell wieder aus dem Aufmerksamkeitsfeld der Nutzer. Gleichsam folgerichtig erwarten die befragten Nutzer von im Netzwerk aktiven regionalen Tageszeitungen tagesaktuelle Meldungen: 84,6 Prozent der Nutzer stimmen vorsichtig oder eindeutig dafür.[373] Nur verschwindend geringe 2,9 Prozent stehen der Forderung, dass regionale Tageszeitungen ausschließlich von Ereignissen des laufenden Tages berichten, ablehnend gegenüber.[374]

Die mangelnde Aktualität ist auch ein wesentlicher Kritikpunkt, den Nutzer – nach allgemeinen Verbesserungsvorschlägen gefragt – nennen. Die Redaktionen sollen ihrer Meinung nach schneller auf Ereignisse reagieren und zeitnaher posten. Der häufig vertretene Anspruch an die Aktualität der Berichterstattung spiegelt sich in diesem Nutzerkommentar: „Der Facebook-Auftritt sollte brandaktuell sein. Da reichen auch schon ein paar Zeilen und ein Handyfoto."[375] Einige Tageszeitungen scheinen auf Facebook Meldungen zu posten, die bereits zuvor auf der Website der Zeitung online gegangen sind. Ein Nutzer formuliert dazu beispielsweise: „Mehr Regionales, aktuelle News – nicht das von gestern, das bekomme ich aus anderen Quellen bzw. direkt aus dem Newsportal der Tageszeitung."[376]

1.3. In welchem Maß werden Fotos und Videos als Bestandteile der Facebook-Berichterstattung erwartet?

Gefragt nach der Häufigkeit, mit der Redaktionen Fotos in ihre Posts einbinden, geben 58,1 Prozent der Befragten an, dies sei „häufig" der Fall. 22,7 Prozent nehmen Fotos ab und zu wahr, 7,6 Prozent

---

373   Eher ja: 47,3%, ja: 37,3%

374   Vgl. Anhang, A. II., Tabelle 16.

375   Anhang, E. (CD), Datensatz „Art des Partizipationsinteresses und Verbesserungsvorschläge".

376   Ebd.

nur selten.[377] Die Mehrheit der Befragten ist zufrieden mit der Frequenz von Fotoveröffentlichungen. 43 Prozent geben an, die Häufigkeit der Veröffentlichung sei genau richtig. Von diesen haben 69,7 Prozent Fotos häufig wahrgenommen, 12,9 Prozent sogar immer. Nur 15,2 Prozent sind mit dem gelegentlichen Veröffentlichen von Fotos zufrieden. Insgesamt wünschen sich 31,1 Prozent der Befragten mehr Fotos.[378] Dies ist bemerkenswert, da 67,9 Prozent der Befragten Fotos bereits häufig oder immer in Posts wahrnehmen, „ab und zu" und „seltener" nur 32 Prozent der Befragten.[379] Tendenziell scheinen die Nutzer demnach eher viele Fotos bei Posts zu erwarten. Ein sparsamer Umgang mit Bildmaterial stößt eher auf Ablehnung. Dabei ergeben sich in den verschiedenen Altersklassen keine besonderen Auffälligkeiten.

Anders als bei Fotos hat die Mehrheit der Befragten (52,5 Prozent) den Eindruck, dass Videos eher selten gepostet werden. 13,4 Prozent haben sogar noch nie Videos wahrgenommen. Nur 30 Prozent meinen, dass Videos ab und zu oder häufig in Posts enthalten sind.[380] Im Vergleich: Bei Fotos erreichten die beiden letzten Kategorien 80,1 Prozent Zustimmung. Obwohl der Unterschied in der Veröffentlichungsfrequenz deutlich ist, entspricht die Beurteilung der Nutzer der von Fotoveröffentlichungen: 43 Prozent der Befragten sind mit der Häufigkeit von Videos zufrieden. 31,1 Prozent wünschen sich mehr Videos. Von denen, die mit der Häufigkeit der Videos zufrieden sind, nehmen 52,9 Prozent diese bisher selten war, nur 3,5 Prozent von ihnen haben den Eindruck, diese werden häufig gepostet.[381] Anders als bei Fotos scheinen Redaktionen also gut daran zu tun, diese sparsam einzusetzen. Die Nutzer scheinen diese multimedialen Elemente zumindest von regionalen Tageszeitungen – anders als der Eindruck, unter dem die Redaktionen vielfach stehen – nicht zu erwarten.

Insgesamt werden Videos auch nur selten in Gänze gewürdigt: Nur 3,8 Prozent der Befragten schauen Videos immer bis zum Ende

---

377 Vgl. Anhang, A. II., Tabellenkomplex 17.

378 Vgl. ebd.

379 Vgl. ebd.

380 Vgl. ebd., Tabellenkomplex 18.

381 Vgl. ebd.

an. 18,9 Prozent tun dies immerhin häufig, 27,7 Prozent ab und zu.[382] Redaktionen müssen demnach nicht danach streben, möglichst viele Videos zu veröffentlichen – den Nutzern scheint eine niedrige Frequenz durchaus zu genügen. Auch hier ergeben sich keine Auffälligkeiten nach Altersklassen. Ob Redaktionen eigene Videos produzieren sollten, stößt auf geteiltes Echo: 40,7 Prozent der Befragten befürworten dies, 35 Prozent lehnen dies ab.[383]

1.4. Welche Erwartungen haben Nutzer an die Verlinkungskultur der Redaktionen?

Links sind ein Grundprinzip des Internets. 93,9 Prozent der befragten Facebook-Nutzer erwarten gleichsam folgerichtig von regionalen Tageszeitungen, dass diese ihre Posts, wenn möglich, mit Links versehen. Nur vier Prozent der Befragten möchten keine Verlinkungen.[384] Nach der Nutzung der Links gefragt, antwortet rund die Hälfte der Befragten, dass sie diese häufig anklicke. 38,8 Prozent gaben an, ab und zu darauf zu klicken, 3,4 Prozent gaben an, immer und ebenso viele nie auf Links zu klicken.[385] Die höchsten Werte finden sich in den Kategorien „häufig" und „ab und zu": Dieses Ergebnis spiegelt zum einen die Selbstverständlichkeit wider, mit der Links zur Internetnutzung gehören, und andererseits die Flüchtigkeit, mit der Facebook-Posts gelesen werden.

---

382 Vgl. Anhang, A. II., Tabellenkomplex 19.

383 Vgl. ebd., Tabellenkomplex 20.

384 Vgl. ebd., Tabelle 21.

385 Vgl. ebd., Tabelle 22.

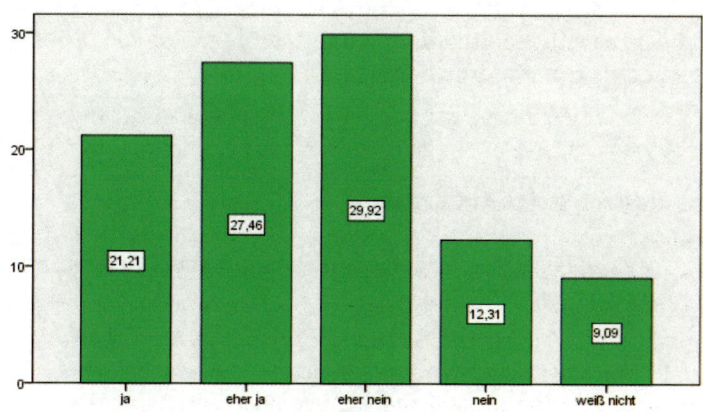

Angaben in Prozent n=528

Abb. 7: Dürfen Tageszeitungen auf nichtjournalistische Websites verlinken?

Während es in Blogs üblich ist, auf nichtjournalistische Websites und Originalquellen zu verlinken, ist dies im Online-Journalismus noch keine gängige Praxis. Die befragten Nutzer sind sich uneinig, ob regionale Tageszeitungen in ihren Facebook-Posts auf nichtjournalistische Websites verlinken sollen. Zustimmende und ablehnende Haltungen sind in etwa gleich verteilt, wobei die befürwortenden Stimmen leicht überwiegen (vgl. Abb.7).[386]

Die Zustimmung zur Verlinkung auf nichtjournalistische Inhalte nimmt mit dem Alter zu: Unter den 14- bis 29-Jährigen sind 49,1 Prozent der Befragten positiv zu Links auf nichtjournalistische Websites eingestellt, unter den 30- bis 39-Jährigen steigt der Anteil auf 45,9 Prozent, unter den 40- bis 49-Jährigen sind es 50 Prozent und unter den 50- bis 59-Jährigen befürworten 55,2 Prozent diese Link-Praxis.[387] Dieser nichtsignifikante Zusammenhang[388] deutet an, dass jüngere Nutzer bei der Lektüre journalistischer Produkte tendenziell eher auf deren Glaubwürdigkeit vertrauen und weniger Wert darauf legen, die Originalquellen selbst einsehen zu können,

---

386 Vgl. Anhang, A. II., Tabellenkomplex 23.

387 Vgl. ebd.

388 Chi-Quadrat in der Monte-Carlo-Variante: 0,094 (p≤0,05)

während ältere Nutzer kritischer sind und möglicherweise weniger die journalistische Einordnung und Interpretation von Geschehen suchen als reine Information.

2.3 Themenkomplex: Partizipation

2.1. Welche Formen von Kommunikation mit der Redaktion werden in Facebook genutzt?

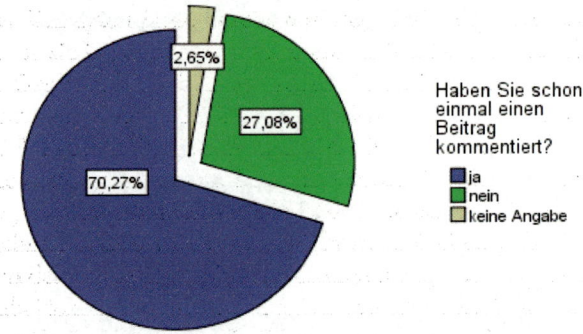

Abb. 8: Kommentarnutzung auf Facebook-Seiten regionaler Tageszeitungen

Facebook-Nutzer konnten mit einer Seite zum Zeitpunkt dieser Erhebung, anders als mit einem Profil, nicht direkt privat kommunizieren. Sie konnten allerdings auf der Infoseite des Facebook-Auftritts nach einer E-Mailadresse suchen und auf diesem Wege eine Nachricht an die Redaktion verfassen. Den Aufwand scheinen die Nutzer zu scheuen: Nur 17,3 Prozent gaben an, in den vergangenen 12 Monaten ausgehend von Facebook mit einer Redaktion einer regionalen Tageszeitung per Direktnachricht in Kontakt getreten zu sein.[389] Einfacher ist es, seine Meinung öffentlich an die Redaktion zu richten – in Form eines Kommentars. Diese Kommunikationsmöglichkeit nehmen die befragten Nutzer häufiger in Anspruch: Mehr als Zweidrittel der Befragten haben in den vergangenen 12

---

389 Vgl. Anhang, A. II., Tabelle 24.

Monaten bereits einen Post einer regionalen Tageszeitung auf Facebook kommentiert (vgl. Abb. 8).[390] Anders als bei Direktnachrichten sind öffentliche Kommentare in der Regel auf einen zuvor veröffentlichten Inhalt der Tageszeitung bezogen und seltener eine allgemeine initiative Äußerung des Nutzers.

Die passive Nutzung des Facebook-Angebots steht vor allem bei den Gelegenheitsnutzern des Netzwerks im Vordergrund. Betrachtet man jedoch nur die hochaktiven Facebook-Nutzer, die sich mindestens einmal täglich einloggen und die knapp 90 Prozent der Teilnehmer stellen, relativiert sich die Kommentarzurückhaltung. 26,5 Prozent dieser Nutzer kommentieren mindestens einmal pro Woche einen Facebook-Beitrag einer regionalen Tageszeitung.[391] Insgesamt ist ein signifikanter ($p \leq 0,05$) linearer Zusammenhang von Kommentarhäufigkeit mit der Nutzungsdauer von FB-Seiten regionaler Tageszeitungen festzustellen. Der Korrelationskoeffizient nach Pearson belegt mit 0,257 eine leicht positive Korrelation.[392] Anders ausgedrückt: Die Wahrscheinlichkeit, dass Nutzer kommentieren, steigt mit der Dauer, mit der sie sich mit der Facebook-Seite beschäftigen.

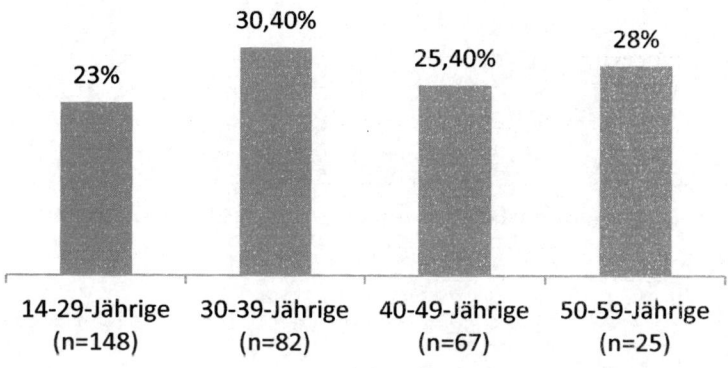

Abb. 9: Kommentare nach Altersgruppen

---

390   Vgl. Anhang, A. II., Tabelle 25.

391   Vgl. ebd., Tabellenkomplex 26.

392   Vgl. ebd., Tabelle 26a.

Die Altersgruppen, die die Angebote der Zeitungen zeitlich am intensivsten nutzen, die 30- bis 39- und 40- bis 49-Jährigen, spiegeln dieses Ergebnis auch bei Kommentaren wider (vgl. Abb. 9). In diesen Gruppen finden sich relativ viele aktive Kommentatoren. Unter den 30-bis 39-Jährigen kommentieren 30,4 Prozent mindestens einmal pro Woche, unter den 40- bis 49-Jährigen sind es 25,4 Prozent.[393]

Im Vergleich dazu kommentieren nur 23 Prozent der jüngeren Nutzer zwischen 14- und 29-Jahren mindestens einmal wöchentlich. Die Altersgruppe der über 50-Jährigen ist zu gering besetzt, als dass sie ein aussagekräftiges Ergebnis liefern könnten. Insgesamt lässt sich festhalten, dass die Kommentarfunktion bei regelmäßigen Facebook-Nutzern eine vertraute und wohl deshalb auch auf Tageszeitungsseiten gern genutzte Funktion ist.

2.2. Welche Rolle spielt die Möglichkeit zum Kommentieren für Nutzer?

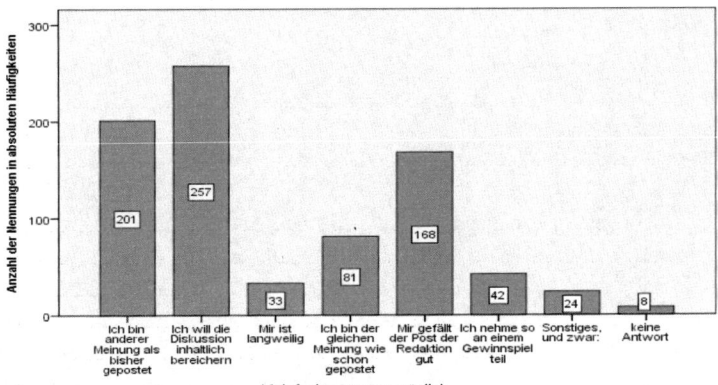

Abb. 10: Häufigkeitsverteilung der Gründe für Kommentare

Die Gründe, Kommentare auf Facebook zu veröffentlichen, können vielfältig sein. Den Nutzern wurde eine Auswahl möglicher Gründe präsentiert, zu denen sie ihre Zustimmung geben konnten (vgl. Abb. 10). Mehrfachauswahlen und eigene Formulierungen waren

---

393   Vgl. Anhang, A. II., Tabellenkomplex 27.

dabei möglich. Insgesamt scheint die Auswahl wesentliche Gründe abgebildet zu haben, denn die Zahl der eigenen Formulierungen ist gering. Genannt wurden unter anderem Trolling, das Verbessern von Rechtschreibfehlern und das Hinweisen auf Fehler im (verlinkten) Artikel. Mehrfach genannt wurden Kritik am Post der Redaktion und reines „seine Meinung kundtun".

Die meiste Zustimmung aus der vorgegebenen Auswahl erhielt die Aussage „Ich möchte die Diskussion inhaltlich bereichern", gefolgt von der Haltung „Ich bin anderer Meinung als bisher gepostet". Relativ häufig (168 Mal) wurde auch die reine Zustimmung zu Redaktionsposts als Beweggrund genannt. Verglichen mit traditionellen Leserbriefen, die nur selten zustimmend und häufiger kritisch sind, ist dies ein bemerkenswertes Ergebnis, obgleich es nicht über die Befragtengruppe hinaus verallgemeinerbar ist. Die Auseinandersetzung mit den Inhalten scheint für die Nutzer die prioritäre Motivation zum Kommentieren zu sein. Langeweile oder Lockmittel wie Gewinnspiele spielen dagegen kaum eine Rolle. Wer kommentiert, hat tatsächliches Interesse an der Zeitung und ihrer Berichterstattung.

2.3. Welche Kommunikationskultur erwarten die Nutzer von der Redaktion?

Im Social Web herrscht eine Duz-Kultur vor. Redaktionen sind daher teilweise verunsichert, wie sie ihre Nutzer, die sie im Printtitel siezen, auf Facebook ansprechen sollen. Die befragten Facebook-Nutzer sind sich ebenfalls uneinig: Zwar stimmen 41,3 Prozent für ein gegenseitiges Duzen, 23,5 Prozent plädieren jedoch für ein Siezen, 32 Prozent ist die Anrede egal. [394] Dabei sind, auch aufgrund zu geringer Fallzahlen in höheren Altersstufen, keine Alterseffekte zu beobachten. Im vorliegenden Sample bevorzugen jüngere Nutzer Duzen nicht mehr als ältere.

Zu Social Media gehört, dass professionelle Kommunikatoren das Gespräch mit ihren Nutzern suchen. Gefragt, ob regionale Tageszeitungen auf Facebook zum Kommentieren auffordern sollen, entscheidet sich eine knappe Mehrheit (48,3 Prozent) dafür. Doch

---

394   Vgl. Anhang, A. II., Tabellenkomplex 28.

ist der Abstand zu den ablehnenden Stimmen gering: 34,7 Prozent wollen nicht explizit zum „öffentlichen Gespräch auf Facebook" eingeladen werden.[395]

Die Nutzer, die Aufforderungen zum Kommentieren positiv gegenüberstehen, befürworten es, dass die Redaktion sich dann auch aktiv an der Diskussion beteiligt: 64,7 Prozent stimmen dafür, 29 Prozent lehnen dies ab.[396] Von den Befragten, die gegen eine Aufforderung sind, stimmen nur 44,3 Prozent für eine Beteiligung der Redaktion an Facebook-Diskussionen. Insgesamt befürwortet eine knappe Mehrheit der Befragten (54,9 Prozent), dass Redaktionen sich an Diskussionen beteiligen.[397] Es scheint, als gelte auch für regionale Tageszeitungen, was im Social Web grundsätzlich als normale Verhaltensregel etabliert ist: Jeder darf eine Diskussion anstoßen und sollte sich dann auch an dieser beteiligen.

2.4. Wie groß ist der Wunsch, sich in die Gestaltung des Facebook-Auftritts und des Internetauftritts der Zeitung einzubringen?

Social Media lebt von der Partizipation der Nutzer (vgl. Kap II. 1.). Doch die Befragten wollen sich nicht mehrheitlich – über Facebook – aktiv an der Gestaltung des Internet-Auftritts ihrer regionalen Tageszeitung beteiligen. Nur 32,3 Prozent können sich dies vorstellen. Eine knappe Mehrheit (50,2 Prozent) möchte diese Arbeit den Redakteuren überlassen.[398] Die passive Haltung nimmt mit dem Alter signifikant zu.[399] Unter den 14- bis 29-Jährigen ist die Bereitschaft zum Mitgestalten – wenn auch auf niedrigem Niveau bei 38 Prozent – am höchsten. Dann nimmt sie kontinuierlich über die Jahre ab: Von 31,5 Prozent bei den 30- bis 39-Jährigen zu 23,3 Prozent bei den 40- bis 49-Jährigen.[400] Entsprechend steigt die Ablehnung zum

---

395   Vgl. Anhang, A. II., Tabelle 29.

396   Ergebnis des Chi-Quadrattests nach Pearson in der Monte-Carlo-Variante ist signifikant: 0,00 ($p \leq 0{,}05$)

397   Vgl. Anhang, A. II., Tabellenkomplex 29.

398   Vgl. ebd., Tabellenkomplex 30.

399   Korrelationskoeffizient nach Pearson: $p = 0{,}007$ (v101 ⇔ v113).

400   Die Fallzahlen der älteren und jüngeren Altersgruppen ist zu gering und wird daher nicht weiter berücksichtigt.

Mitgestalten von 45,3 Prozent bei den 14- bis 29-Jährigen fast kontinuierlich bis auf 58,6 Prozent bei den 50- bis 59-Jährigen.[401]
Entsprechend dem geringen Interesse an aktiver Mitgestaltung, ist die Zahl der Befragten, die sich zu möglichen Formen der Partizipation geäußert haben, mit 170 (n=577) relativ gering. Die am häufigsten gewünschte Form ist mit einigem Abstand das Vorschlagen von Themen (vgl. Abb. 11). Die Möglichkeit, Korrekturen oder weiterführende Informationen zu veröffentlichten Artikeln zu geben, erreicht den zweiten Platz, gefolgt von Recherchetipps und dem Einsenden von Fotos zu vorgegebenen Themen. Das Interesse, Videos zu drehen und einzusenden, ist im Vergleich zu den anderen Vorschlägen, verschwindend gering. Nach weiteren gewünschten Wegen der Partizipation gefragt, äußerten sich nur einige Teilnehmer. Mehrere äußerten, sie wären bereit, eigene Artikel bzw. allgemein Inhalte zuzuliefern.

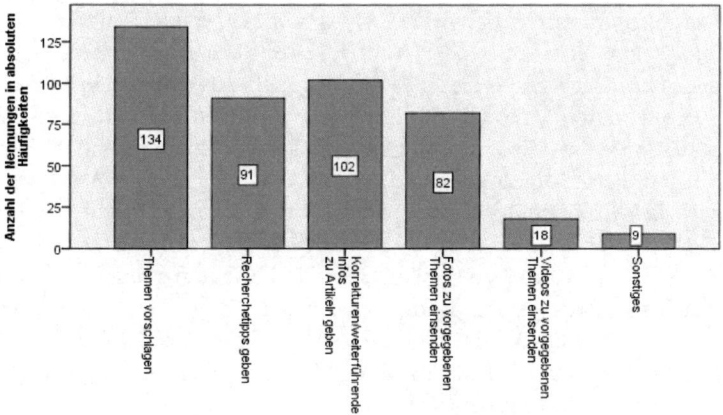

Abb. 11: Häufigkeitsverteilung zu gewünschten Formen der Partizipation

---

401   Vgl. Anhang, A. II., Tabellenkomplex 30.

Bei Männern scheint das Interesse an der Partizipation etwas ausgeprägter zu sein als bei Frauen: Während 39,3 Prozent der Männer sich vorstellen können, die Seite mitzugestalten, sind es bei den Frauen nur 24,7 Prozent.[402, 403]

2.4 Themenkomplex: Image

3.1. Welche Auswirkungen hat das Verfolgen der Facebook-Seite einer oder mehrerer regionaler Tageszeitungen auf das Nutzungsverhalten anderer Kanäle des/der Zeitungstitel(s)?

Die Hälfte der Befragten hatte bereits eine regionale Tageszeitung abonniert, bevor sie begann, eine oder mehrere Titel auf Facebook zu verfolgen. Das Kaufverhalten hat sich aufgrund der Facebook-Verbindung zu den Zeitungen bei den meisten Befragten nicht verändert: 84,3 Prozent kaufen genauso häufig oder selten eine regionale Tageszeitung wie zuvor. Dass ein Facebook-Auftritt einer regionalen Tageszeitung den Kauf des Printtitels ersetzen könnte, ist nach den Ergebnissen dieser Befragung nicht zu befürchten: Nur 9,3 Prozent kaufen den oder die von ihnen verfolgten Tageszeitungstitel seltener.[404] Dabei kann kein linearer Zusammenhang zwischen dem Alter und einer Veränderung des Kaufverhaltens nachgewiesen werden. Ein Chi-Quadrat-Test (Monte-Carlo-Variante) mit dem klassierten Alter ergab hier keine Abhängigkeiten (simulierter p-Wert = 0,517). Allerdings zeigt sich, dass die befragten Frauen – wenngleich auf niedrigem signifikanten Niveau – eher dazu neigen, die Printausgaben als Reaktion auf Facebook seltener zu kaufen als die befragten Männer: 11,6 Prozent der Frauen reduzierten ihre Käufe gegenüber 7 Prozent der Männer.[405]

Dass die Befragten eine oder mehrere regionale Tageszeitungen auf Facebook verfolgen, hat für die Zeitungswebsites in der Regel keine negativen Auswirkungen. Im Gegenteil: 50,9 Prozent der

---

402 Vgl. Anhang, A. II., Tabellenkomplex 31.

403 Chi-Quadrattest nach Person zeigt einen signifikanten Zusammenhang: 0,002 (p≤0,05)

404 Vgl. Anhang, A. II., Tabellenkomplex 32.

405 Signifikanz nach Kendalls Tau-b 0,017.

Befragten besuchen die Website(s) jetzt häufiger. Bei 40,9 Prozent hat sich das Besuchsverhalten aufgrund der Facebook-Nutzung nicht geändert, nur 5,5 Prozent besuchen die Website seltener.[406] Die leichte Tendenz, die einige neue Studien zeigen, dass Nachrichtenwebsites an Bedeutung verlieren (vgl. Kap. II. 4.3.), kann in der vorliegenden Untersuchung nicht bestätigt werden.

Die Ergebnisse weisen eher auf eine komplementäre Beziehung zwischen dem Facebook-Auftritt einer Zeitung und ihrem Printprodukt sowie der Nachrichtenwebsite hin. Denn die Gratifikationsunterschiede zwischen Facebook und den beiden anderen Kanälen der Zeitung sind gravierend. Die Lektüre eines Facebook-Auftritts kann weder Online- noch Printzeitung ersetzen. Um das Verhältnis von Facebook zur Nachrichtenwebsite zu beschreiben, kann nicht nur von Komplementarität, sondern für einen beträchtlichen Nutzerkreis auch von einer Einheit der Angebote gesprochen werden. Denn es besteht für rund die Hälfte der Befragten eine positive Korrelation zwischen der Facebook- und Websitenutzung. Dies lässt sich aus dem Wesen der Facebook-Auftritte von Zeitungen erklären. Ein großer Teil basiert auf Links zu Inhalten der Nachrichtenwebsite und rund die Hälfte der Nutzer scheint Facebook-Meldungen als Auswahlhilfe für die Lektüre der Nachrichtenwebsite zu nutzen. Facebook dient auf diese Weise weniger als selbstständiges, individuell-profiliertes Nachrichtenangebot – wie das für den Online-Kanal gelten kann –, sondern eher als Appetizer für die Website, vergleichbar mit den früheren Zeitungsschreiern. Facebook als reinen Traffic-Zubringer zu betrachten, greift jedoch zu kurz. Dafür ist die Zahl der Nutzer, deren Facebook-Nutzung auf die Häufigkeit der Websitebesuche keinen Einfluss hat, zu groß und die Stichprobe der Befragung zu gering. Dennoch lassen sich die Hoffnungen auf Traffic-Steigerungen, die vielfach in der Praxis geäußert werden, mit Blick auf die Studie vorsichtig als berechtigt einschätzen.

---

406   Vgl. Anhang, A. II., Tabelle 33.

3.3. Welche Bedeutung messen die Nutzer dem Facebook-Auftritt einer regionalen Tageszeitung grundsätzlich bei? Welche Verbesserungen wünschen sie sich für diese Seiten?

Die große Mehrheit der Befragten befürwortet einen Facebook-Auftritt von regionalen Tageszeitungen. Dies verwundert wenig, da gezielt Nutzer gefragt worden sind, die bereits solche Auftritte besuchen und daher eine positive Grundhaltung angenommen werden kann. Mit 91,7 Prozent ist die Haltung, dass regionale Tageszeitungen eine solche Seite pflegen sollten und diese nicht überflüssige technische Spielerei sei, jedoch sehr deutlich.[407] Damit bestätigen sich Forschungsergebnisse, nach denen Nutzer Social-Media-Engagement von Medien erwarten und Facebook als potenzielles Instrument zur Imagepflege bezeichnen (vgl. Kap. II. 8.1.).

Nach allgemeinen Verbesserungsvorschlägen gefragt, äußerten sich 235 Teilnehmer der Online-Befragung. Dabei wurde wiederholt auf Schwächen in der Grammatik und im Stil der Posts hingewiesen. Zudem mahnten einige Befragte Professionalität zum Beispiel in Form von inhaltlicher Relevanz und journalistischem Niveau an. Es sollten keine „Belanglosigkeiten" gepostet werden. Mehrfach werden zu flapsige Formulierungen kritisiert. Ein Nutzer-Kommentar fasst wichtige Anregungen zusammen: „Gerade die Facebook-Seite von *Name der Zeitung*[408] wird leider offenbar überwiegend von Praktikanten oder vermeintlich besonders cool auftretenden, aber intellektuell nicht gesondert hervortretenden Menschen gepflegt. Nicht nur die grammatikalische Schwäche fällt mir dabei immer wieder auf, sondern auch die geringe journalistische Qualität. Das steht einer großen Tageszeitung wie *Name der Zeitung* nicht gut zu Gesichte. Die journalistische Qualität sollte sich auch online fortsetzen."[409]

Auffallend häufig wird der Wunsch nach mehr regionalen Inhalten, auch nach Tipps und Terminen aus der Region, geäußert.

---

407 Vgl. Anhang, A. II., Tabelle 34.

408 Da es sich um eine subjektive Einschätzung handelt und der Name der Zeitung für die weiteren Ausführungen nicht relevant ist, wurde dieser im Zitat anonymisiert.

409 Anhang, E. (CD), Datensatz „Art des Partizipationsinteresses und Verbesserungsvorschläge".

Ein Nutzer formuliert: „Mehr Regionalität – überregionale Themen bekommt man überall"[410]. Ein anderer schreibt ausführlicher: „Ich lese regionale Tageszeitungen ausschließlich, weil ich an Neuigkeiten aus meiner Stadt interessiert bin. Dementsprechend möchte ich auch solche lokalen Infos in meinem News-Feed haben. Die überregionale Politik und Wirtschaft entnehme ich lieber den bekannten überregionalen Zeitungen."[411] Einige Nutzer wünschen sich die Möglichkeit, den Facebook-Auftritt der Zeitung ihren Interessen anpassen zu können, wünschen sich beispielsweise eine Möglichkeit zur Schwerpunktsetzung (z.b. auf Kultur, Sport etc.), sodass nur Artikel aus gewählten Themenbereichen im Newsfeed erscheinen.[412] Eine andere Gruppe der Befragten schlägt vor, einzelne Facebook-Auftritte für verschiedene Ressorts der Zeitung anzulegen: „Die einzelnen Themenbereiche wie Sport, Wirtschaft, News usw. in eigenen FB-Profilen präsentieren, denn nicht jeder interessiert sich für jede Meldung. So könnten die Nutzer selber entscheiden welche News sie von der Zeitung erhalten möchten."[413]

3 Zusammenfassung

Im Folgenden werden wesentliche Erkenntnisse aus der Online-Befragung, an den Forschungsfragen orientiert, zusammenfassend dargestellt. Die Auswahl ist subjektiv und kann eine vollständige Lektüre der Ergebnisse nicht ersetzen, sie soll jedoch dem schnellen Überblick über die Befragungsergebnisse dienen. Die folgenden Passagen haben zum Teil affirmativen Charakter, Belege und ausführlichere Darlegungen finden sich in den vorigen Kapiteln sowie im Anhang.

---

410   Anhang, E. (CD), Datensatz „Art des Partizipationsinteresses und Verbesserungsvorschläge"
411   Ebd.
412   Vgl. ebd.
413   Ebd.

Teilnehmer:

- An der Befragung nahmen in etwa gleich viele Männer und Frauen mit einem relativ hohen Bildungsniveau teil. 90 Prozent der Befragten haben mindestens Abitur. 90 Prozent der Befragten loggen sich mehrfach täglich auf Facebook ein.
- Die Teilnehmergruppe der Befragung setzte sich zur Hälfte aus Abonnenten und Nichtabonnenten zusammen. Beide Gruppen scheinen gleichermaßen von regionalen Tageszeitungen über Facebook erreicht werden zu können.

Nutzungsverhalten:

- Am intensivsten nutzen die 40- bis 49-Jährigen und die 30- bis 39-Jährigen Facebook-Seiten regionaler Tageszeitungen:[414] 70 und 58,5 Prozent widmen sich dort mindestens zehn Minuten täglich diesen Inhalten. Bezogen auf alle Altersklassen verbringt der Durchschnitt 10 bis 19 Minuten täglich mit Inhalten regionaler Tageszeitungen auf Facebook.
- 60 Prozent aller Befragten verfolgt nur eine regionale Tageszeitung. Wenn mehrere verfolgt werden, dann ist darunter mehrheitlich nur eine Tageszeitung einer Region. Die Nutzer scheinen sich zu entscheiden, welche Tageszeitung ihnen regionale Informationen liefern soll, d.h. auch auf Facebook konkurrieren Tageszeitungen einer Region offenbar miteinander.

Form:

- 5 bis 6 Posts pro Tag werden von der Mehrheit der Nutzer als optimal eingestuft.

---

414   Auch wenn dies nicht immer explizit so formuliert wird, handelt es sich im Folgenden immer um die Teilnehmer der Befragung ohne Anspruch auf eine Repräsentativität der Ergebnisse.

- Die Mehrheit der Nutzer steht einer Autorenkennzeichnung von Posts offen gegenüber, eine starke Befürwortung lässt sich jedoch nicht feststellen. Nur etwas mehr als ein Drittel spricht sich klar dafür aus.
- Die Mehrheit der Befragten (rund 58 Prozent) nimmt Fotos häufig wahr und ist mit dieser Veröffentlichungsfrequenz auch zufrieden. Tendenziell scheint eine häufige Veröffentlichung von Fotos gewünscht.
- Videos werden mehrheitlich selten wahrgenommen und die Mehrheit dieser Nutzer ist mit dieser Frequenz auch zufrieden. Videos werden in der Regel (78,3 Prozent der Befragten) selten bis zum Ende angesehen.
- Die Nutzer erwarten, dass Posts – wenn möglich – einen Link enthalten. Für 94 Prozent ist dies selbstverständlich. Links werden sehr selektiv angeklickt. Zwar erwarten fast alle Nutzer Links, doch werden diese nicht in gleichem Maße genutzt. Die Mehrheit klickt darauf häufig oder ab und zu. Links auf nichtjournalistische Quellen scheinen die Nutzer tendenziell zu akzeptieren. Nur 12,31 Prozent sprachen sich klar dagegen aus. Das Interesse an Links zu Originalquellen nimmt mit dem Alter zu.

Inhalte:

- Eine knappe Mehrheit der Befragten erwartet ausschließlich regionale Nachrichten. Zumindest einen Schwerpunkt auf regionale Inhalte scheinen alle Nutzer zu befürworten. Die Informationen sollten tagesaktuell sein (rund 85 Prozent Zustimmung). Zudem wünschen sich Nutzer insbesondere nutzwertige Inhalte und „aktuellste Berichterstattung" in Form von Eilmeldungen.
- Die drei beliebtesten Themenfelder der Berichterstattung sind Politik, Kultur und Sport, wobei diese sich ausdrücklich auch auf regionale Berichterstattung beziehen können.
- Auffallend häufig bemängeln die Nutzer die Belanglosigkeit von Posts und fordern Posts von höherer inhaltlicher Relevanz und journalistischem Niveau.

- Die Nutzer äußern den Wunsch, die Facebook-Inhalte der regionalen Tageszeitungen besser auf ihre eigenen Interessen abstimmen zu können. Als Möglichkeiten wurden getrennte Facebook-Seiten für verschiedene Themen oder Filterlösungen für ressortsvereinende Facebook-Seiten vorgeschlagen.

Partizipation:

- Von den hochaktiven Facebook-Nutzern (90 Prozent der Befragten) kommentiert ein Viertel mindestens einmal in der Woche. Im Gesamtdurchschnitt kommentieren die Nutzer einmal im Monat. Im Vordergrund steht daher eher die passive Nutzung der Facebook-Seiten regionaler Tageszeitungen.
- Das Kommentieren entspringt in der Regel inhaltlichem Interesse an der Facebook-Seite. Die häufigsten Motive: Diskussion bereichern, konträre Meinung einbringen, Zustimmung zu Redaktionsposts äußern.
- Die Anrede scheint den Nutzern zweitrangig, zumindest lässt sich keine klare Tendenz für ein Duzen oder Siezen ableiten. Größere Einigkeit besteht jedoch hinsichtlich anderer Charakteristika der Veröffentlichungen: Die Befragten wünschen sich weniger flapsige Ausdrucksweisen und bemängeln die hohe Zahl an Grammatik- und Rechtschreibfehlern.
- Wenn Redaktionen Nutzer zum Diskutieren animieren, sollten diese auch mitdiskutieren (61,7 Prozent Zustimmung).
- Die Mehrheit der Befragten will sich nicht aktiv an der Gestaltung des Facebook-Auftritts einer regionalen Tageszeitung beteiligen. Die passive Haltung nimmt mit dem Alter zu, was insbesondere relevant ist, da die intensivsten Nutzer in der Altersgruppe der 40- bis 49-Jährigen zu finden waren.

Auswirkungen:

Das Kaufverhalten der Nutzer wird in der Regel durch das Verfolgen des Facebook-Auftritts nicht negativ beeinflusst: Die meisten kaufen so häufig oder selten wie zuvor den Printtitel (84,3 Prozent). Gleiches trifft für die Website der Zeitung zu: Auch hier sind keine negativen Auswirkungen zu erwarten. Im Gegenteil: Nur 5,5 Prozent der Nutzer besuchen die Website seltener, bei rund 40 Prozent hat sich das Nutzungsverhalten dagegen nicht verändert. Die Hälfte der Befragten besucht den Internetauftritt dann sogar häufiger.

IV Wie sind redaktionelle Facebook-Auftritte regionaler Tageszeitungen gestaltet? Inhaltsanalytische Fallstudien

Nachdem die Online-Befragung erste Erkenntnisse zu Wünschen und Erwartungen der Nutzer an Facebook-Auftritte regionaler Tageszeitungen geliefert hatte, wurde im Sinn einer triangulativen Annäherung an den Forschungsgegenstand in einem zweiten Schritt erhoben, inwieweit diese Wünsche und Erwartungen der Nutzer mit der tatsächlichen Gestaltung der Facebook-Seiten übereinstimmen. Wie bereits dargelegt, gibt es bisher wenige systematische Untersuchungen zu redaktionell gepflegten Facebook-Seiten (vgl. Kap. II. 8.5), sodass vielfach selbst Kenntnisse über Grundlegendes zu redaktionellen Veröffentlichungen auf Facebook fehlen. Um dazu beizutragen, die bestehende Forschungslücke zu schließen, wurden mithilfe der Methode der Inhaltsanalyse Facebook-Seiten regionaler Tageszeitungen analysiert und damit ein Ausschnitt der Redaktionspraxis im Erhebungszeitraum abgebildet. Die Methodik der Erhebung, die Auswertung und Darstellung der Ergebnisse und die Interpretation in Bezug auf die Ergebnisse der Online-Befragung sind Gegenstand der folgenden Kapitel.

1 Methode

Um die Redaktionspraxis von regionalen Tageszeitungen auf Facebook näher zu beleuchten, mussten die von den Redakteuren auf Facebook eingestellten Inhalte systematisch gesichtet und bewertet werden. Die Untersuchungsmethode der Wahl ist dafür die Inhaltsanalyse. Welche Überlegungen der Wahl des Erhebungsinstruments, des Untersuchungsmaterials und -zeitraums sowie der Gestaltung des Codierbogens zugrunde lagen, wird im folgenden Kapitel dargestellt.

1.1 Wahl der Erhebungsmethode

Die Inhaltsanalyse gehört zu den wichtigsten Methoden der Sozialwissenschaften und erfreut sich insbesondere in den Medien- und Kommunikationswissenschaften großer Beliebtheit.[415] Früh definiert die Inhaltsanalyse als „eine empirische Methode zur systematischen, intersubjektiv nachvollziehbaren Beschreibung inhaltlicher und formaler Merkmale von Mitteilungen – meist mit dem Ziel einer darauf gestützten interpretativen Inferenz auf mitteilungsexterne Sachverhalte."[416]

Ursprünglich wurde die Inhaltsanalyse für die Analyse von Offline-Medien entwickelt. Doch Diekmann stellt fest: „Die Inhaltsanalyse befasst sich mit der systematischen Erhebung und Auswertung von Texten, Bildern und Filmen."[417] Da Facebook-Auftritte genau mit diesen Elementen gefüllt werden können, sei es einzeln, sei es kombiniert oder über Verlinkungen verbunden, ist die Inhaltsanalyse, obwohl ursprünglich für die Analyse von Offline-Medien entwickelt, eine geeignete Erhebungsmethode für die Untersuchung der vorliegenden Forschungsfrage. Welker et al. definieren, Gegenstand von Online-Inhaltsanalysen seien die Kommunikate (Strukturen und Inhalte) von Online-Medien zweiter Klasse, d.h. im Internet mögliche Kommunikationsmodi: „Dazu gehören u. a. Inhalte und Verlinkungen von Weblog, Kommunikation in Foren […] oder auch der Austausch in sozialen Netzwerken."[418]

Die Inhaltsanalyse ermöglicht es, im Hintergrund wirkende Muster zu erkennen und reduziert die Komplexität des zu analysierenden Untersuchungsgegenstands, hier die Informationsmenge der Facebook-Aktivität mehrerer Redaktionen über einen Zeitraum von einigen Monaten. Ein Vorteil der Inhaltsanalyse: Sie ist nicht re-

---

415   Vgl. Welker, Martin / Wünsch, Carsten / Böcking, Saskia et al.: Die Online-Inhaltsanalyse. In: Welker, Martin/Wünsch, Carsten (Hrsg.): Die Online-Inhaltsanalyse. Forschungsobjekt Internet. Köln, 2010, S. 9.

416   Früh, Werner: Inhaltsanalyse. Konstanz, 2007, S. 27.

417   Diekmann, Andreas: Empirische Sozialforschung. Reinbek 2009, S. 576.

418   Welker / Wünsch / Böcking et al. 2010, S. 9.

aktiv, da Medieninhalte direkt im Produkt ausgewertet werden. So „tritt keine Veränderung des Untersuchungsobjekts durch die Untersuchung auf".[419]

Zwar stellen bei Online-Inhaltsanalysen Besonderheiten des Mediums Internet, beispielsweise dessen Flüchtigkeit, Hypertextualität und Multimedialität, die Analyse vor besondere Herausforderungen, jedoch lassen sich Facebook-Posts als Analyseeinheit weitgehend nach dem methodischen Inventar der klassischen Inhaltsanalyse untersuchen.[420] Voraussetzung dafür ist nach Welker, dass der Forschungsgegenstand eine „konstante physische Repräsentation aufweist, sich klar und eindeutig von anderen Kommunikationsangeboten abgrenzen lässt und ferner einem einheitlichen sprachlichen und visuellen Präsentationsmuster folgt [...]."[421] Facebook-Posts sind eine klar erkennbare und abgrenzbare Analyseeinheit, die einem immer gleichen visuellen Schema folgt. Problematisch ist allein die physische Beständigkeit von Facebook-Posts, da diese auch zu einem späteren Zeitpunkt gelöscht und um Kommentare, zählt man diese zur Analyseeinheit hinzu, ergänzt werden können. Dieser Besonderheit muss bei der Konzeption der Erhebung Rechnung getragen werden (vgl. Kap. IV. 1.3.).

In der Literatur wird zum Teil zwischen qualitativen und quantitativen Inhaltsanalysen unterschieden. Werner Früh verzichtet allerdings auf diese Unterscheidung. Sie sei „theoretisch wie praktisch gegenstandslos".[422] Er betont stattdessen, dass sich beide Methoden ergänzen. Dieser Ansicht folgend wird im Weiteren nicht auf diese Unterscheidung eingegangen. Wie in vielen anderen, so werden auch in dieser Untersuchung beide, qualitative und quantitative Elemente eingesetzt, um die Aussagekraft der Analyse zu erhöhen.[423] Schließlich benötigt eine quantitative Analyse, eine Erhe-

---

419   Welker / Wünsch / Böcking et al. 2010, S. 9.

420   Vgl. ebd, S. 12.

421   Ebd., S. 12.

422   Ebd.

423   Ebd.

bung formaler Merkmale, immer auch in einem zweiten Schritt eine qualitative Komponente, indem die Ergebnisse interpretiert und auf die Wirklichkeit rückbezogen werden.[424]

Ziel der Inhaltsanalyse ist es, anhand der untersuchten Merkmale und gegebenenfalls unter Berücksichtigung zusätzlicher Informationen, Schlussfolgerungen über die Inhalte, seine Produzenten oder Empfänger zu formulieren.[425] Im konkreten Fall wurden die mithilfe der Nutzerbefragung erhobenen Erwartungen der Redaktionspraxis in Form von Facebook-Posts gegenübergestellt. Wertet man die Ergebnisse der Inhaltsanalyse vor dem Hintergrund der Nutzerbefragung aus, lassen sich Diskrepanzen, Übereinstimmungen und Konflikte aufdecken. Je nach redaktionsorganisatorischen und ökonomischen Rahmenbedingungen, die mithilfe von Experteninterviews (Kap. V.) näher beleuchtet werden, lässt sich zukünftig die Redaktionsarbeit anpassen, um den Nutzerinteressen Rechnung zu tragen beziehungsweise den eigenen redaktionellen Absichten eine höhere Wirkung zu verschaffen.

1.2 Forschungsleitfragen und Kategoriensystem

Inhaltsanalyse und Nutzerbefragung sind aufeinander bezogen und liefern in ihrer Komplementarität einen besonderen Forschungsnutzen. Während die Online-Befragung den Untersuchungsgegenstand aus der Perspektive der Nutzer beleuchtet, nähert sich die Inhaltsanalyse von Produzentenseite. Um die Ergebnisse zueinander in Beziehung setzen zu können, war es sinnvoll, beiden Methoden dieselben forschungsleitenden Themenkomplexe zugrunde zu legen. Die Inhaltsanalyse widmet sich der übergeordneten Forschungsfrage „Wie sind redaktionelle Facebook-Seiten von regionalen Tageszeitungen gestaltet?" und fokussiert dabei, wie schon in der Nutzerbefragung, auf die Themenkomplexe Inhalte und Partizipation. Da sich die Auswirkungen der Facebook-Aktivität auf das Image der

---

424 Vgl. Köstner, Manuela: Werte, Moral und Identifikation im Sportressort. Pulheim, 2005, S. 139.
425 Vgl. Diekmann 2009, S. 580.

Zeitung nicht in den Veröffentlichungen selbst manifestieren – abgesehen von einschlägigen Kommentaren, in denen Nutzer ihre veränderte Wahrnehmung der Medienmarke oder ein verändertes Nutzungsverhalten kundtun – wird dieser dritte Themenkomplex der Nutzerbefragung nicht von der Inhaltsanalyse untersucht. Allein die Nutzer können darüber Auskunft geben.

Da die übergeordnete Forschungsfrage sich aufgrund ihrer Komplexität nicht inhaltsanalytisch bearbeiten lässt, wurden analog zu Kap. 1.4. der Online-Befragung auch für die Inhaltsanalyse untergeordnete Leitfragen formuliert. Zur Begründung lässt sich inhaltslogisch das Kapitel zur Fragebogenkonstruktion heranziehen. Entsprechend werden im Folgenden nur die reinen Forschungsleitfragen genannt, an denen sich die spätere Präsentation der Untersuchungsergebnisse orientiert.

1. Themenkomplex: Inhalte. Welche Inhalte werden in welcher Form veröffentlicht?

1.1. Wie häufig werden Posts veröffentlicht und wie ist die äußere Form der Posts zu beschreiben (Länge, Rechtschreibung und Grammatik, Autorenkürzel)?

1.2. Welche Themen werden aufgegriffen? (Werden nur regionale Themen behandelt? Sind alle Posts tagesaktuell?)

1.3. In welchem Maß sind Fotos und Videos Bestandteile der Facebook-Berichterstattung?

1.4. In welchem Maß und in welcher Art werden Verlinkungen eingesetzt?

2. Themenkomplex: Partizipation. Welche partizipativen Elemente werden verwendet und wie werden diese von den Nutzern angenommen?

2.1. Welche Kommunikationskultur pflegt die Redaktion (direkte Ansprache der Nutzer)?

2.2. Wie oft und für welche Aktivitäten werden Nutzer zur Partizipation aufgerufen?

2.3. Wie intensiv nutzen die Redaktionen die Funktion zu kommentieren?

2.4. Wie intensiv interagieren die Nutzer mit dem Facebook-Auftritt in Form von Kommentaren und „Gefällt mir"-Klicks?

Aus den so entwickelten Forschungsfragen wurden Kategorien gebildet, die mit möglichen Merkmalsausprägungen in eine für die Inhaltsanalyse verwendbare Form übertragen wurden. Es wurde darauf geachtet, dass das Kategoriensystem disjunkt, erschöpfend und präzise ist. Kodiert wurden sowohl formale Merkmale (z.B. Länge eines Posts, Elemente des Posts) als auch inhaltliche Merkmale (z.B. Themen, Art der Links),[426] wobei ein Schwerpunkt der Untersuchung auf den formalen Elementen liegt. Die genauen Kodierregeln, nach denen die Merkmale erhoben und strukturiert wurden, sind in einem – dem Codierbogen beigefügten – ausführlichen Codebuch festgehalten (Vgl. Anhang B. I. und II.). Die Ergebnisse der Online-Befragung, die zum Zeitpunkt der Inhaltsanalyse bereits vorlagen, wurden insoweit für die Konzeption berücksichtigt, als dass einige Kategorien oder Merkmalsausprägungen abgestimmt wurden, zum Beispiel die oft bemängelten Rechtschreib- und Grammatikfehler miterhoben wurden.

Analyseeinheit der Untersuchung sind die einzelnen, an einem Tag veröffentlichten Facebook-Posts auf der Seite der Redaktion. Dabei werden in erster Linie initiative Redaktionsposts analysiert, wobei als ein Redaktionspost die Gesamtheit aus Redaktionsäußerung und Nutzerkommentaren verstanden wird.

---

426   Vgl. zu Anforderungen an Kategoriensysteme für Inhaltsanalyse Diekmann 2002, S. 511ff.

1.3 Stichprobe und Untersuchungszeitraum

Ziel der Inhaltsanalyse war es, die redaktionelle Gestaltung von Facebook-Seiten regionaler Tageszeitungen zu beleuchten. Da aus forschungsökonomischen Gründen nicht alle regionalen Tageszeitungen aus Deutschland und nicht einmal alle in die Nutzerbefragung eingebundenen Zeitungen analysiert werden konnten, wurde eine bewusste Auswahl getroffen. Im Rahmen einer Fallstudie, die sich für ein wenig erforschtes Themenfeld anbietet, wurden die Facebook-Aktivitäten von vier Tageszeitungen, die in den für die Online-Befragung verwendeten Rankings vertreten waren, beispielhaft untersucht.

Für die Auswahl der Zeitungen spielten zwei Kriterien eine wesentliche Rolle: die Größe der Zeitung und der Erfolg im Netzwerk. Bei der Inhaltsanalyse sollten sowohl auf dem Printmarkt große (und erfolgreiche) als auch kleinere regionale Tageszeitungen untersucht werden, um auf diese Weise dem breiten Spektrum der in Facebook aktiven Zeitungen Rechnung zu tragen und um möglicherweise strukturelle Unterschiede des Engagements zwischen größeren und kleineren Redaktionen aufzudecken. Zudem sollte sich die Analyse auf erfolgreiche, im Sinn von bei Fans beliebten Facebook-Seiten konzentrieren, da durch die Orientierung an diesen Positiv-Beispielen wertvollere Praxistipps generiert werden können als durch die Orientierung an Negativ-Beispielen.

Diese aufgestellten Kriterien ließen es sinnvoll erscheinen, für die Auswahl der Zeitungen auf die bereits für die Online-Befragung genutzten Tageszeitungsrankings zurückzugreifen, die regionale Tageszeitungen einmal nach ihrer verkauften Printauflage und einmal nach dem Quotienten aus Facebook-Fanzahl zu verkaufter Auflage ordnen (vgl. Kap. III. 1.2.1., T. 1, S. 96 und T. 2, S. 97). In letzterem Ranking belegen viele eher kleine Zeitungen vordere Plätze. Ebenfalls für die Nutzung der Rankings spricht, dass so die Aussagen der Befragten, die eben Zeitungen aus dem Pool der gerankten Titel bewertet haben, besser auf die Ergebnisse der Inhaltsanalyse bezogen werden können.

Betrachtet man die ersten beiden Plätze beider Rankings, ergibt sich folgende Zeitungsauswahl: Die Online-Marke der WAZ, Der Westen, und der Kölner Stadt-Anzeiger/Kölnische Rundschau belegen die ersten beiden Plätze nach verkaufter Printauflage, die Sindelfinger/Böblinger Zeitung und die Hamburger Morgenpost die ersten beiden Plätze nach Fan-Auflage-Quotient. Diese Auswahl wurde auf die zwei entwickelten Kriterien Größe und Erfolg hin modifiziert, um so die Aussagekraft der Fallstudie zu erhöhen. Die WAZ (Der Westen) und der Kölner Stadt-Anzeiger/Kölnische Rundschau eignen sich mit 783.200 und 336.100 Exemplaren verkaufter Auflage gut als Vertreter großer regionaler Printtitel. Problematisch ist allein, dass der Kölner Stadt-Anzeiger gemeinsam mit der Kölnischen Rundschau ausgewiesen wird. Da beide Zeitungen über getrennte Facebook-Auftritte verfügen, jedoch nur ein Auftritt pro Platzierung analysiert werden sollte, wurde der Auftritt des Kölner Stadt-Anzeigers ausgewählt – als größerer der beiden Printtitel, was kongruent ist mit dem Bestreben zwei große mit zwei kleineren Zeitungen zu vergleichen. Sowohl Der Westen als auch der Kölner Stadt-Anzeiger verfügen gleichzeitig über so viele Fans, dass ihre Facebook-Seiten als erfolgreich im Sinn einer Beliebtheit bei den Nutzern bezeichnet werden können. Der Westen verfügt so über 9899, der Kölner Stadt-Anzeiger allein über 5392 Facebook-Fans (Stand: 22.11.2011).

Um tatsächlich zwei kleinere den zwei größeren Zeitungen gegenüberstellen zu können, wurde im Ranking der besten Fan-Auflage-Quote statt der zweitplatzierten Hamburger Morgenpost, die mit einer verkauften Auflage von 110.300 Exemplaren ausgewiesen wird, die drittplatzierte Werra-Rundschau ausgewählt. Damit werden zwei Zeitungen mit einer verkauften Auflage von unter 12.000 Exemplaren in die Analyse einbezogen, die gleichzeitig auf Facebook – gemessen an ihrer Auflage – sehr beliebt sind: Die Sindelfinger/Böblinger Zeitung kommt auf einen hohen Fan-Auflage-Quotienten von 18,70, die Werra-Rundschau auf immerhin gute 8,83. Zum Vergleich: Der Westen erreicht hier nur einen Wert von 0,93, der KStA erreicht 1,58.

Für die Fallstudie wurden demnach die Facebook-Seiten von Der Westen, dem Kölner Stadt-Anzeiger, der Sindelfinger/Böblinger Zeitung und der Werra-Rundschau ausgewählt. Nähere Informationen zu den Online-Aktivitäten der für die Analyse ausgewählten Tageszeitungen finden sich im Kapitel III 1.2.1. zur Nutzerbefragung.

Als Untersuchungszeitraum wurde ein halbes Jahr gewählt. Da aufgrund der Menge an Redaktionsposts in einem solchen Zeitraum nicht alle Posts codiert werden können, wurde eine Stichprobe von Tagen zur Analyse ausgewählt. Die Ergebnisse der Stichprobe sind nicht uneingeschränkt auf den Gesamtzeitraum übertragbar, diese Einschränkung wurde jedoch mangels anderer in der gegebenen Forschungssituation anwendbarer Alternativen in Kauf genommen. Um zumindest strukturelle Verzerrungen durch besondere Ereignisse oder saisonale Berichterstattungsrhythmen innerhalb der Stichprobe zu minimieren, wurden die Facebook-Aktivitäten über das gewählte halbe Jahr mithilfe einer fortlaufenden künstlichen Woche analysiert. Dabei wurde in einem ausgewählten Erhebungszeitraum fortlaufend ein Wochentag pro Woche analysiert. Beispielsweise wird in der ersten Erhebungswoche der Montag zur Analyse ausgewählt, in der darauffolgenden der Dienstag etc. Diese Methode hat sich in Studien zu klassischen Medien bewährt, die zu einer Periodizität neigen, und wurde daher auch auf Facebook als neues Angebot klassischer Medien übertragen.[427,428]

Der erste Analysetag war der 1. August 2011, der letzte der 27. Januar 2012. An jedem Analysetag wurden alle von der Redaktion geposteten Facebook-Einträge auf die im Codierbogen festgelegten Merkmale untersucht. Es wurden 26 Analysetage für vier Zeitungen codiert. Insgesamt flossen damit 104 Analysetage in die Auswertung ein.

Eine Schwierigkeit für die Untersuchung hätte sich aus der Tatsache ergeben können, dass Redaktionsposts nachträglich gelöscht oder Kommentare hinzugefügt werden können und die Analyseeinheiten damit keine wie für die klassische Inhaltsanalyse geforderte konstante physische Repräsentation aufweisen.[429] Allerdings lag auch der letzte Analysetag im Untersuchungszeitraum

---

427   Vgl. Rössler, Patrick: Inhaltsanalyse. Konstanz, 2005, S. 56.

428   Vgl. Zur Kritik am Auswahlverfahren nach der künstlichen Woche: Jandura, Grit / Jandura, Olaf / Kuhlmann, Christoph: Stichprobenziehung in der Inhaltsanalyse. Gegen den Mythos der künstlichen Woche. In: Gehrau, Volker / Fretwurst, Benjamin / Krause, Birgit (Hrsg.): Auswahlverfahren in der Kommunikationswissenschaft. Köln 2005, S. 71ff. und S. 111–114.

429   Vgl. Welker / Wünsch / Böcking et al. 2010, S. 12.

zum Zeitpunkt der Erhebung mehrere Wochen in der Vergangenheit. Da Erfahrungen zum Kommunikationsverhalten und die visuelle Darstellung in sozialen Netzwerken – die Verdrängung älterer Posts durch neue – darauf hindeuten, dass Kommentare nur in einem engen Zeitfenster nach der Publikation eines Redaktionsposts abgegeben werden, wurden die Analyseeinheiten als konstante und unveränderliche Einheiten behandelt. Eine Speicherung aller zu erhebender Analyseeinheiten zu einem willkürlich festgelegten Stichtag hätte den Erkenntnisgewinn für das verfolgte Forschungsinteresse im Verhältnis zum nötigen Forschungsaufwand nicht wesentlich erhöht.

1.4 Pretest

Um das Kategoriensystem im Vorfeld der Untersuchung auf seine Validität und Reliabilität zu überprüfen, wurde ein Pretest durchgeführt. Zur Prüfung der Messgenauigkeit sei dabei mit Brosius und Koschel angemerkt: „Es geht bei der Validität nicht um das Messinstrument allein, sondern um die inhaltliche und sachlogische Gültigkeit. Insofern enden Validitätsprüfungen in der Regel nicht mit einem Koeffizienten zwischen 0 und 1, sondern mit Verbesserungsvorschlägen für das Untersuchungsdesign und das Erhebungsinstrument."[430] Um die Praktikabilität des Codebuchs zu prüfen und mögliche Probleme der Codierarbeit aufzudecken, wurde im vorliegenden Fall für jede Zeitung eine willkürlich ausgewählte künstliche (Arbeits-)Woche analysiert. Es wurden folgende Tage im Jahr 2011/2012 codiert:

Für die Böblinger/Sindelfinger Zeitung: 1.8., 9.8., 17.8., 25.8., 2.9.

Für die Werra-Rundschau: 19.9., 27.9., 5.10., 13.10., 21.10.

Für den Kölner Stadt-Anzeiger: 7.11., 15.11., 23.11., 1.12., 9.12.

---

430 Brosius, Hans-Bernd/Koschel, Friederike: Methoden der empirischen Kommunikationsforschung. Eine Einführung. Wiesbaden, 2001, S. 75.

Für die WAZ: 26.12., 3.1., 11.1., 19.1., 27.1.

Dabei wurden die vier Wochen von drei vom Forscher willkürlich ausgewählten und geschulten Personen mit codiert, um verschiedene Perspektiven im Umgang mit dem Codebuch zu dokumentieren und eine möglichst große Zahl von Fehlerquellen aufzudecken. Die eigentliche Codierarbeit wurde ohne weitere Unterstützung vom Forscher selbst durchgeführt.

Aus Rückfragen der Codierer ließen sich Unklarheiten der Beschreibungen – zu kurze oder missverständliche Codieranleitungen – im Codebuch lokalisieren. Diese wurden nach Abstimmung mit dem Pretest-Codierer überarbeitet. Im Pretest stellte sich auch heraus, dass einige Kategorien nicht erschöpfend und einige auffallende Aspekte der Facebook-Posts gar nicht im Codierbuch berücksichtigt waren. So musste die Liste möglicher Themen, wie sie in der Online-Befragung verwendet worden war, um Kategorien wie Verkehr und Soziales erweitert werden. Ebenso wurden Kategorien für die Begrüßung der Nutzer im ersten Post des Tages eingeführt, da sich im Pretest eine sehr unterschiedliche Praxis andeutete.

Ebenfalls vor der eigentlichen Feldphase wurde die Reliabilität des Messinstruments geprüft. Führt ein anderer zu einem späteren Zeitpunkt dieselbe Untersuchung mit demselben Codierbogen durch, so soll er möglichst dieselben Ergebnisse erhalten. Je näher die Ergebnisse auch bei (mehrfacher) Wiederholung an dem ursprünglichen Ergebnis sind, desto höher ist die Reliabilität der Inhaltsanalyse. Um die Verlässlichkeit der vorliegenden Untersuchung zu prüfen, wurde ein Reliabilitätstest[431] durchgeführt. Da die Codierarbeit vom Autor selbst geleistet wurde, eignete sich der Test der Intra-Coderreliabilität.[432] Der Codierer erhob dazu dasselbe Material mit zeitlichem Abstand zweimal. Dazu wurden für jede Zeitung in einer willkürlich ausgewählten künstlichen Woche drei interpretationsintensive Kategorien erneut analysiert: Thema, Tagesaktualität, direkte Ansprache. Denn bei diesen, anders als bei formalen Kategorien, ist die Gefahr unterschiedlicher Codierungen am höchsten.

---

431 Für weitere Informationen zu Reliabilitätstests vgl. Früh 2007, S. 188.

432 Vgl. ebd., S. 177.

Aus forschungsökonomischen Gründen wurden die Tage der Validitätsprüfung verwendet. Die Berechnung der Reliabilität erfolgt nach der Formel CR = 2Ü / C1+ C2.[433] Je höher dabei der berechnete Wert an 1 heranreicht, desto reliabler die Erhebung. Die Formel lieferte für die vorliegende Untersuchung einen Wert von 0,8. Eine einheitliche Regel, wie hoch der Reliabilitätskoeffizient mindestens sein muss, gibt es nicht. Für Analysen, die nicht nur formale, sondern auch inhaltliche Kriterien umfassen, gilt jedoch bereits ein Quotient von mindestens 0,7 als gut.[434] Somit erfüllt das Erhebungsinstrument einen guten bis sehr guten Qualitätsstandard.

2 Ergebnisse

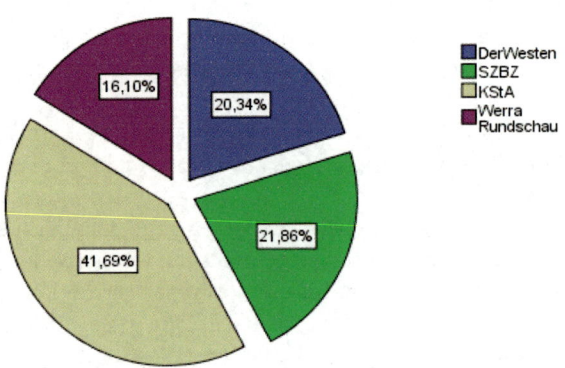

Abb. 12: Verteilung der Datensätze nach Tageszeitungen

Im folgenden Kapitel werden die Ergebnisse der Inhaltsanalyse strukturiert nach den auch für die Online-Befragung verwendeten Themenkomplexen dargestellt. Eine ausführliche Interpretation der

433 CR= Codierer-Reliabilität; Ü= Anzahl der übereinstimmenden Codierungen; C1= Anzahl der Codierungen von Codierer 1; C2= Anzahl der Codierungen von Codierer 2 (vgl. Früh, Werner, a.a.O., S. 179). In diesem Fall steht C1 für die Anzahl der Codierungen im ersten Durchgang, C2 für die im zweiten Durchgang.

434 Vgl. Brosius / Koschel 2009, S. 68 und Früh 2001, S. 179.

Ergebnisse erfolgt im Anschluss und berücksichtigt die Erkenntnisse aus der zuvor erfolgten Nutzerbefragung. Die Auswertung der Inhaltsanalyse erfolgte mithilfe des Statistikprogramms SPSS und stützte sich auf insgesamt 590 Datensätze. Dabei entfielen 120 auf Der Westen, 246 auf den Kölner Stadt-Anzeiger, 129 auf die Sindelfinger/Böblinger Zeitung und 95 auf die Werra-Rundschau (vgl. Abb. 12).[435] Ob diese Unterschiede durch ökonomische – personelle und zeitliche – Rahmenbedingungen bedingt oder Ausdruck einer selbst gewählten Social-Media-Strategie sind, lässt sich allein mit den Mitteln der Inhaltsanalyse nicht beantworten. Um diese und andere Fragen zu klären, wurden im Anschluss an die bisherigen empirischen Schritte Leitfadeninterviews mit ausgewählten Experten durchgeführt (vgl. Kap. V).

2.1 Themenkomplex: Form und Inhalte.

1.1. Wie häufig werden Posts veröffentlicht und wie ist die äußere Form der Posts zu beschreiben (Länge, Rechtschreibung und Grammatik, Autorenkürzel, Form)?

Der Verlauf des Postverhaltens ist auf den ersten Blick relativ unterschiedlich. Zwei grundsätzliche Tendenzen lassen sich dabei ausmachen (vgl. Abb. 13): So finden sich beim Kölner Stadt-Anzeiger (KStA) (Spannweite: 14 Posts) und SZBZ (Spannweite: 11 Posts) deutlich stärkere Schwankungen der Postintensität, während die Schwankungen bei Der Westen (Spannweite: 4 Posts) und der Werra-Rundschau (Spannweite: 6 Posts) weniger stark ausfallen.[436]

---

435   Vgl. Anhang, B. III., Tabelle 35.
436   Vgl. ebd., Tabellenkomplex 36.

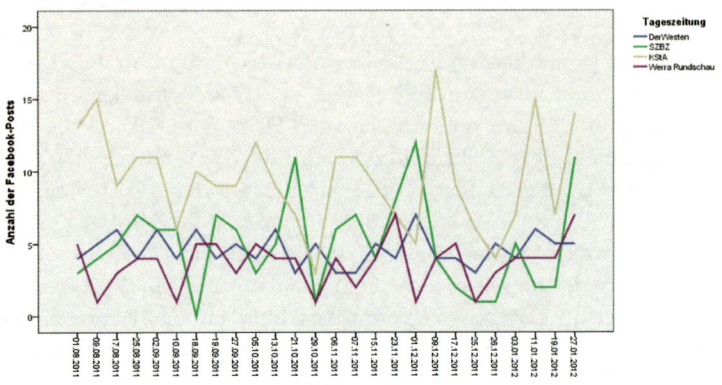

Abb. 13: Anzahl der Facebook-Posts im Zeitverlauf

Gleichzeitig bewegt sich die Postanzahl von Der Westen und der Werra-Rundschau auf einem kontinuierlich deutlich niedrigeren Niveau als die beim KStA und der SZBZ. Die Zeitung mit den im Durchschnitt häufigsten Posts pro Tag ist mit 9,5 Posts der Kölner Stadt-Anzeiger, gefolgt von der SZBZ mit durchschnittlich 5,2 Posts, Der Westen kommt auf 4,6 Posts. Die Werra-Rundschau erreicht durchschnittlich 3,7 Posts pro Tag.[437] Interessant ist hierbei, dass die Gruppierung in unregelmäßige, aber im Durchschnitt häufiger postende und gleichmäßige, aber niedrig frequent postende Redaktionen nicht mit der Zeitungsgröße des Mutterblattes korreliert. In jeder Gruppe ist eine größere und eine kleinere Printmarke vertreten.

Zeitungsübergreifende gemeinsame Tief- oder Höhepunkte in der Post-Intensität lassen sich nicht lokalisieren. Die Tage mit den meisten Posts liegen bei Der Westen mit 7 Posts (1.12.2011), SZBZ mit 12 (1.12.2011), KStA mit 17 (9.12.2011) zwar Anfang Dezember, die Werra-Rundschau erreicht ihr Maximum von 7 Posts jedoch am 23.11.2011.[438] Einen klaren durch die Vorweihnachtszeit bedingten saisonalen Anstieg der Post-Frequenz lässt sich aus dem vorliegenden Material für keine Zeitung ableiten. Ebenso lässt sich kein saisonales Abflauen der Post-Frequenz zu Beginn des neu-

---

437 Vgl. Anhang, B. III., Tabellenkomplex 36.
438 Vgl. ebd.

en Jahres feststellen. Die Zeitungen erreichen im Januar eine durchschnittliche Post-Frequenz, die mit Schwankungen um +/-1,25 nah am jeweiligen Durchschnitt für den Gesamtzeitraum liegt.

Wie lässt sich die äußere Form der Redaktionsposts charakterisieren? Die zur Beschreibung verwendete Variable bewegt sich auf der Schnittstelle zwischen Form und Inhalt, da die äußere Form immer auch den Inhalt bedingt und umgekehrt. Sie bezieht sich auf die Interpunktion, schließt jedoch eine oberflächliche inhaltliche Bewertung des Geschriebenen mit ein und gibt ersten Aufschluss über die strategische und partizipative Ausrichtung des Facebook-Engagements. So deutet die Verwendung der Frageform auf ein Bemühen hin, den Dialog mit dem Nutzer zu suchen und ihm auf Augenhöhe zu begegnen, während Posts in Aussageform eher dem klassischen top-down-Vermittlungsmodell entsprechen: Journalisten versorgen Nutzer mit Nachrichten, ob Nutzer dazu ihre Meinung äußern, ist zweitrangig – und somit das Bemühen, eine Diskussion in Gang zu bringen und zu moderieren von untergeordneter Bedeutung.

Die analysierten Posts wurden für die Erhebung in eine von folgenden vier möglichen Kategorien eingeteilt (vgl. Abb. 14): Die erste beschreibt Posts, die ausschließlich aus einer Frage bestehen, die zweite erfasst Posts, die Informationen und Frage kombinieren. Kategorie drei bezieht sich auf Posts, die Informationen veröffentlichen, die unabhängig von ihrer Relevanz ohne Blick auf Fotos oder Links in sich verständlich und abgeschlossen sind. Kategorie vier dient als Auffangkategorie für alle sonstigen Formen, vor allem für Posts, die sich nur über Einbeziehung von weiteren Elementen verstehen lassen.

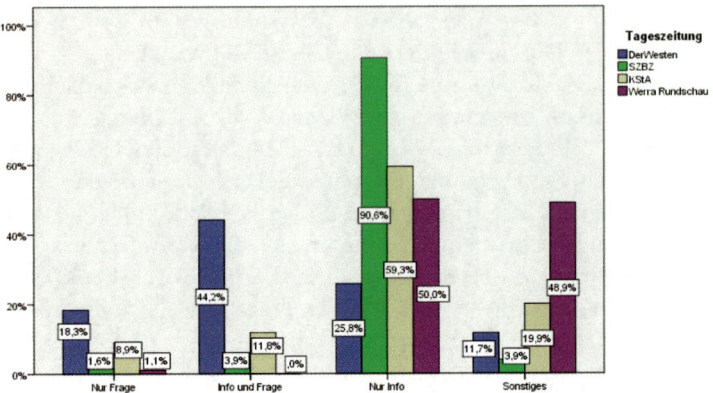

Abb. 14: Form der Facebook-Posts

Der Westen ist nach diesen Kriterien am stärksten dialogorientiert: Mit rund 62 Prozent bezieht eine Mehrheit der Posts den Nutzer in Form einer an ihn gerichteten Frage mit ein und versucht eine Diskussion in Gang zu bringen. Am häufigsten ist ein Post nach dem Prinzip Information und Frage aufgebaut. Zunächst wird ein Sachverhalt geschildert, zu dem die Nutzer dann nach ihrer Meinung befragt werden (44,2 Prozent). Rhetorische Fragen ohne direkte Ansprache sind selten. Insgesamt sind 88 Prozent der Posts in sich abgeschlossen und auch ohne einen Blick auf Video, Foto oder Link verständlich – sei es, dass sie aus einer Frage, einer Information oder aus beidem kombiniert bestehen.[439]

Der Kölner Stadt-Anzeiger ist im Vergleich der vier Zeitungen die Redaktion, die am zweitstärksten auf Dialog setzt – allerdings mit deutlichem Abstand zu Der Westen. Nur 20,7 Prozent aller Posts beinhalten eine Frage. Am häufigsten werden mit 59,3 Prozent Informationen präsentiert, die Form, die der klassischen Arbeitsweise in (Print-) Tageszeitungen am nächsten steht. Rund ein Fünftel (19,9 Prozent) aller Posts ist nicht ohne weitere Elemente, sondern nur mit den dazugehörenden Fotos oder Links verständlich.[440]

---

439   Vgl. Anhang, B. III., Tabellenkomplex 37.
440   Vgl. ebd.

Diese Postpolitik vertritt die Werra-Rundschau am stärksten: Hier sind knapp die Hälfte aller Posts nicht in sich abgeschlossen (48,9 Prozent).[441] Darin zeigt sich zum ersten Mal die spezielle Facebook-Strategie der Zeitung. Sie postet beinahe ausschließlich Printartikel der am folgenden Tag erscheinenden Zeitungsausgabe am Vorabend in Fotoform, die sie meist nur mit einer Überschrift oder einem Halbsatz anmoderiert. Nicht alle Überschriften übermitteln eine Sachinformation, zum Beispiel „Optimistisch ins neue Jahr" (19.01.2012) oder „Ein Sieg wäre drin gewesen" (17.01.2012). So erklärt sich, dass knapp die Hälfte der Posts keine in sich verständlichen Nachrichten sind. Die anderen 50 Prozent der Posts übermitteln kurze in sich verständliche Informationen. Fragen spielen keine nennenswerte Rolle in der Post-Strategie der Redaktion.

Die SZBZ verfolgt eine ähnliche Strategie wie der Kölner Stadt-Anzeiger: Sie postet in 90,6 Prozent der Fälle kurze in sich verständliche Informationen. Nur in 5,5 Prozent der Fälle beinhalten die Posts Fragen, sei es rhetorische oder an die Nutzer gestellte.[442] Die SZBZ ist die einzige Zeitung, die ihre Facebook-Posts, wenngleich selten, auch über eine Twitter-App einlaufen lässt. Über „Selective Tweets" werden gezielt einige Twitter-Posts auch auf Facebook veröffentlicht. Autorenkürzel verwenden – im untersuchten Zeitfenster – keine der analysierten Zeitungen.

Die Zeitungen bevorzugen kurze Facebook-Posts (vgl. Abb. 15). Posts umfassen im zeitungsübergreifenden Durchschnitt 2,07 Zeilen.[443] Dieser Wert bezieht sich ausdrücklich nicht auf die in Link-Vorschauen angezeigten Textabschnitte, sondern nur auf die originär in Facebook veröffentlichten Zeilen, sodass nicht anmoderierte Links mit 0 Zeilen durchaus auch vertreten sind.

---

441 Vgl. Anhang, B. III.

442 Vgl. ebd., Tabellenkomplex 37.

443 Vgl. ebd., Tabelle 38.

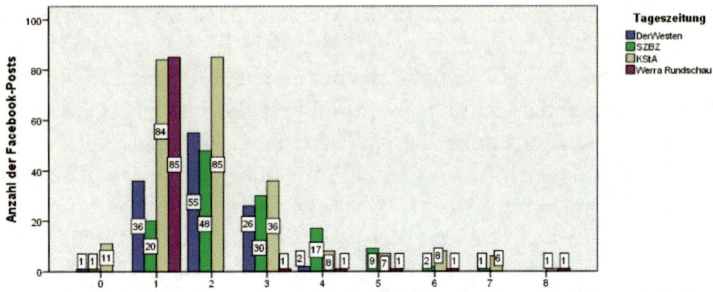

Abb. 15: Länge der Facebook-Posts in Zeilen

Nach Zeitungen aufgesplittet, zeigt sich, dass Der Westen am häufigsten 2 Zeilen lange Beiträge veröffentlicht (40,1 Prozent). Der Durchschnitt liegt bei 1,93 Zeilen. Es wurden Beiträge von 0 bis 4 Zeilen Länge erfasst, wobei 0 Zeilen dann codiert wurden, wenn ohne redaktionellen Teaser auf Facebook ein Link gepostet wurde. Extreme in der Zeilenzahl sind allerdings selten: Nur ein Post (0,7 Prozent) umfasste 0 und zwei Posts (1,5 Prozent) 4 Zeilen. Alle anderen bewegten sich zwischen 1 und 3 Zeilen.[444]

Anders der Kölner Stadt-Anzeiger: Hier liegt die am häufigsten verwendete Länge zwar auch bei 2 Zeilen (Durchschnitt: 2,14), jedoch gehören nur 34,6 Prozent der Posts in diese Gruppe, die Spannweite ist folgerichtig mit 8 deutlich größer als bei Der Westen. Unkommentierte Links oder Foto-Veröffentlichungen, also Posts mit 0 Zeilen, machten 4,5 Prozent aller Veröffentlichungen aus. Während bei Der Westen 4 Zeilen bereits eine Ausnahme darstellen und das obere Ende der Längenskala markieren, ist dieses beim KStA erst bei 8 erreicht. Posts, die mehr als 4 Zeilen lang sind, machen beim KStA noch 8,9 Prozent aller Posts aus.[445]

Die SZBZ veröffentlicht ebenfalls am häufigsten Zweizeiler: 37,3 Prozent aller Posts erreichen diese Länge. Die durchschnittliche Länge beträgt 2,64 Zeilen. Die Spannweite liegt bei 7. Wobei der höchste und der niedrigste Wert 0 und 7 nur durch einen Post repräsentiert werden und 0,8 Prozent am Gesamtanteil der Veröffentlichungen ausmachen.[446]

---

444 Vgl. Anhang, B. III., Tabellenkomplex 39.

445 Vgl. ebd.

446 Vgl. ebd., Tabellenkomplex 39.

Die Post-Politik der Werra-Rundschau unterscheidet sich deutlich von den drei anderen Zeitungen: 94,4 Prozent der Posts sind 1 Zeile lang (zum Vergleich: Der Westen: 26,3, KStA: 34,1 SZBZ: 15,6 Prozent). Die durchschnittliche Länge liegt so bei 1,23 Zeilen, die Spannweite ist mit 7 aufgrund eines einmaligen Ausreißers relativ hoch.[447]

Die Rechtschreibung und Grammatik ist bei allen Zeitungen nahezu fehlerfrei. Die Zahl fehlerfreier Posts liegt bei KStA und Der Westen bei rund 94 Prozent, bei der Werra-Rundschau, bedingt durch die wortarme Anmoderation der Posts, bei rund 98 Prozent. Allein die SZBZ erreicht nur 85,3 Prozent fehlerfreie Posts. 10,1 Prozent der von der SZBZ-Redaktion geposteten Beiträge enthalten einen Fehler, während die anderen untersuchten Zeitungen Werte im mittleren oder unteren einstelligen Bereich erzielen.448 Drei oder mehr Fehler finden sich jedoch bei allen Zeitungen äußerst selten oder nie, wie Ergebnisse unter einem Prozent widerspiegeln. Allerdings wird die Rechtschreibung zum Teil innerhalb einer Redaktion unterschiedlich gehandhabt: Je nachdem, welcher Autor einen Post veröffentlicht, wird bei Der Westen zur Anrede der Nutzer beispielsweise „Ihr"/„Euch" oder „ihr"/„euch" verwendet: „Keine Wohnung ohne Rauchmelder – was haltet Ihr von diesen Plänen?" (Der Westen, 19.1.2012, 19:58 Uhr), „‚Döner-Morde' als Unwort des Jahres: Seid ihr einverstanden? Oder habt ihr einen anderen Favoriten?" (Der Westen, 17.01.2012, 11:59 Uhr), „Kleiner Test – dann outet euch mal munter! :-)" (Der Westen, 18.01.2012, 15:48 Uhr), „Gleich läuft die zweite Runde ‚DSDS' – und wird wieder gegen den Erfolg des menschenfreundlicheren Castings ‚The Voice' ankämpfen. Welche Show ist Euer Favorit?" (Der Westen, 11.01.2012, 19:06 Uhr).

1.2. Welche Themen werden aufgegriffen?

In der Gesamtschau der vier Facebook-Seiten wird prozentual am häufigsten über Sport berichtet (24,5 Prozent).[449] Auch für jede Zeitung einzeln betrachtet, ist Sport – mit einer Ausnahme bei der SZBZ – das Top-Thema bei Facebook. Bei der SZBZ ist Sport aber

---

447 Vgl. Anhang, B. III., Tabellenkomplex 39.

448 Vgl. ebd., Tabellenkomplex 40.

449 Vgl. ebd. Tabellenkomplex 41.

ebenfalls gut platziert und erreicht mit 11,7 Prozent nach Buntem (16,4 Prozent) und vor Redaktionsinterna (10,2 Prozent) den zweiten Platz. Die Top 3 der am häufigsten behandelten Themen sind bei Der Westen Sport (23,3 Prozent), Politik (21,7 Prozent) und Buntes (12,5 Prozent). Auffallend ist dabei, dass die ersten beiden Plätze mit 1,6 Prozentpunkten Abstand sehr nah beieinander liegen. Beim Kölner Stadt-Anzeiger, der am häufigsten von allen Zeitungen über Sport berichtet, zeigt sich der größte Abstand vom erstplatzierten Thema (30,5 Prozent) zu weiteren platzierten Themen. So machen Politikposts auf dem zweiten nur 17,9 Prozent und Kulturposts auf dem dritten Platz beim KStA sogar nur 10,6 Prozent aller Posts aus. Sowohl bei Der Westen als auch beim Kölner Stadt-Anzeiger lässt sich der Fokus auf Sportthemen mit den lokalen und in der ersten Bundesliga spielenden Fußballvereinen erklären, in Köln der 1. FC Köln und im Ruhrgebiet vor allem Borussia Dortmund und Schalke 04. Bei der Werra-Rundschau werden Sportthemen ähnlich wie beim KStA mit klarem Abstand am häufigsten veröffentlicht (27,8 Prozent) – gefolgt von Buntem (20 Prozent) und Politikthemen (17,8 Prozent). [450]

In Abbildung 16 ist gut erkennbar, dass neben Sport bei allen vier analysierten Zeitungen auch bunte Themen, Kultur und Politik – wenn auch auf niedrigerem Niveau – übereinstimmend beliebte und häufig in Redaktionsposts thematisierte Inhalte sind. Unter bunten Themen wurden dabei neben Promimeldungen zum Beispiel Glossen, Rätsel und Kommentare zu TV-Sendungen codiert. Bei allen Zeitungen kaum behandelt werden Themen aus der Wirtschaft, Computer- und Internetthemen sowie Soziales. Redaktionsinterna, zum Beispiel zu Personalveränderungen oder Äußerungen zur Entstehung von Artikeln oder Interviews, werden mit Ausnahme der SZBZ eher selten bis äußerst selten veröffentlicht.

---

450   Vgl. Anhang, B. III., Tabellenkomplex 41.

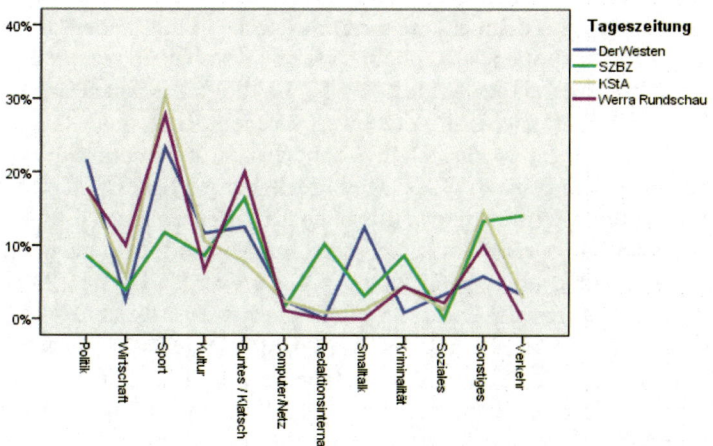

Abb. 16: Themenverteilung der Redaktionsposts

Veranstaltungsankündigungen sind von hohem Nutzwert, lassen sich meist kurz fassen und passen in das Format der schnellen Information, das Facebook verkörpert. Dennoch werden Veranstaltungsankündigungen als redaktioneller Service von den Redaktionen relativ selten veröffentlicht. Am häufigsten findet sich die Art der Posts noch bei der SZBZ, die in 6,3 Prozent aller Posts Veranstaltungen ankündigt. Der KStA erreicht bei dieser Auswertung 3,7 Prozent, Der Westen 1,7 Prozent, die Werra-Rundschau kommt auf 1,1 Prozent.[451] Eine nennenswerte Zahl machen diese Posts jedoch trotz ihrer potenziellen Eignung für Facebook nicht aus.

Alle analysierten Zeitungen posten mehr regionale als überregionale Nachrichten. Diese Tendenz ist bei den kleineren Zeitungen SZBZ (91,4 Prozent) und Werra-Rundschau (86,7 Prozent) stärker ausgeprägt als bei den größeren Der Westen (56,7 Prozent) und Kölner Stadt-Anzeiger (54,9 Prozent), die eine eher ausgeglichene Mischung aus regionalen und überregionalen Nachrichten auf Facebook veröffentlichen.[452] Ein wesentlicher Grund für die starke lokale Ausrichtung der kleineren Zeitungen ist die Tatsache, dass beide kei-

---

451   Vgl. Anhang, B. III., Tabellenkomplex 42.
452   Vgl. ebd., Tabellenkomplex 43.

nen eigenen Mantelteil herstellen, sondern diesen von einer anderen Zeitung übernehmen und somit die eigene Marke, anders als bei den Vollredaktionen, ausschließlich lokale Kompetenz verkörpert.

Wie tagesaktuell sind die Posts, die die Redaktionen in Facebook veröffentlichen? Alle Zeitungen veröffentlichen mehr tagesaktuelle als zeitlose Nachrichten. Sie machen 70,4 Prozent der erhobenen Meldungen aus.[453] Als tagesaktuell wurden dabei Meldungen verstanden, die nach journalistischen Kriterien zum nächstmöglichen Zeitpunkt veröffentlicht werden müssen und nicht auch einige Tage früher oder später hätten gepostet werden können. Diese Kriterien führen dazu, dass in der Regel harte Nachrichten als tagesaktuell und weiche Nachrichten als nicht-tagesaktuell bewertet werden. Zeitungsübergreifend sind die Kategorien mit den meisten tagesaktuellen Codierungen Sport (20,2 Prozent), Politik (13,7 Prozent) und die Auffangkategorie Sonstiges (11,2 Prozent). Themen, die überwiegend in nichttagesaktueller Form behandelt werden, stammen aus den Kategorien Buntes (24,3 Prozent der Posts sind nichttagesaktuell im Vergleich zu 7,5 Prozent tagesaktueller Posts), Kultur (13,3 Prozent/8,3 Prozent), Smalltalk (6,9 Prozent/2,4 Prozent) und Wirtschaft (6,9 Prozent/4,6 Prozent).[454]

Die Profile der Zeitungen unterscheiden sich hinsichtlich der Tagesaktualität zum Teil erheblich: Während die KStA 80,5 Prozent seiner Posts tagesaktuell hält, sind es bei der Werra-Rundschau nur 67,8 Prozent, bei Der Westen 65,8 Prozent und bei der SZBZ nur 57 Prozent aller Meldungen.[455] Bei letzterer dürfte der im Vergleich zu den anderen Zeitungen hohe Anteil an Verkehrsmeldungen (Unfälle, Baustellen o.ä.) dazu beigetragen haben, diese Marke überhaupt zu erreichen. Insgesamt fällt der Anteil der tagesaktuellen Meldungen bei allen Zeitungen außer dem KStA für Tageszeitungen erstaunlich gering aus. Welche genauen Gründe und strategischen Überlegungen dem zugrunde liegen, wird sich in den Leitfadeninterviews beleuchten lassen.

---

453 Vgl. Anhang, B. III., Tabellenkomplex 44.

454 Vgl. ebd.

455 Vgl. ebd.

*1.3. In welchem Maß sind Fotos und Videos Bestandteile der Face-
book-Berichterstattung?*

Als Fotos wurden sowohl Links mit Fotovorschau gewertet als auch
direkt bei Facebook hochgeladene Fotos, da beide vom Nutzer als
Bildelemente wahrgenommen werden. In der Foto-Politik lassen
sich zwei Gruppen von Redaktionen unterscheiden (vgl. Abb. 17):
die, die in der großen Mehrheit der Posts mit Fotos arbeiten (KStA
und Werra-Rundschau) und die, die zurückhaltend mit Fotos umgehen und nicht einmal die Hälfte ihrer Posts damit versehen (Der
Westen und SZBZ).

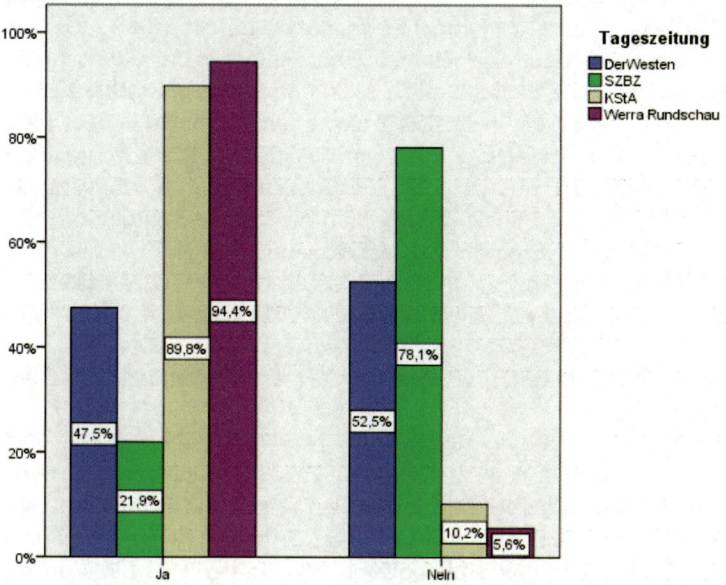

Abb. 17: Verwendung von Fotos in Postings

Dabei scheint die Verwendungshäufigkeit von Fotos unabhängig
von der Größe der Redaktion zu sein, zumindest sind in jeder Gruppe eine größere und eine kleinere Zeitung vertreten. Der hohe Wert
bei der Werra-Rundschau erklärt sich aus der bereits erwähnten
speziellen Verwendung von Facebook dieser Redaktion. Sie postet
beinahe ausschließlich Printartikel der am folgenden Tag erschei-

nenden Zeitungsausgabe am Vorabend in Fotoform. Alle anderen Zeitungen verweisen per Link auf ihren Online-Auftritt, wenn sie auf eigene Artikel hinweisen möchten. Dass die Werra-Rundschau dies nicht tut, erklärt sich mit dem zum Zeitpunkt der Inhaltsanalyse rudimentären und in dieser Form nicht zeitgemäßen Internetauftritt.

Videos werden von allen untersuchten Zeitungen anders als Fotos kaum eingesetzt. Die Werra-Rundschau hatte im analysierten Zeitraum sogar gar kein Video eingebunden. Bei Der Westen konnten 7 (5,8 Prozent aller Postings), beim Kölner Stadt-Anzeiger 14 (5,7 Prozent) und der SZBZ 4 (3,1 Prozent) Videos gefunden werden. Der Anteil an Posts mit Videos ist jedoch wie bei der Werra-Rundschau gering.[456] Betrachtet man, welche Art von Videos eingebunden wurden, ergeben sich einige interessante Unterschiede: So hat die SZBZ ausschließlich redaktionell selbst erstellte Videos verwendet, während beim KStA immerhin 10 von 14 Videos (66,7 Prozent), bei Der Westen nur 1 von 7 Videos (14,3 Prozent) selbsterstellt sind. Der Westen bindet überwiegend fremde, bereits existierende Videos von Social-Media-Plattformen wie Youtube oder Vimeo ein (57,1 Prozent).[457] Zu berücksichtigen ist jedoch, dass diese Auswertung auf einer sehr geringen Fallzahl von Videos basiert, sodass die Aussagekraft der Ergebnisse stark begrenzt ist.

1.4. In welchem Maß und in welcher Art werden Verlinkungen eingesetzt?

Die Werra-Rundschau verwendet keine Links auf ihrer Facebook-Seite, da sie – wie bereits beschrieben – ihre Aktivitäten auf Facebook weitgehend auf das Posten von Printartikeln in Fotoformat beschränkt. Die drei anderen Zeitungen integrieren Links in die Mehrheit ihrer Posts. Spitzenreiter beim Verlinken ist der Kölner Stadt-Anzeiger, der diese in 90,2 Prozent aller Posts nutzt.[458] Der Westen kommt auf 85,8 Prozent, die SZBZ auf 69,5 Prozent. Bei allen drei Zeitungen verweisen fast alle Links auf die eigene Website:

---

456   Vgl. Anhang, B. III., Tabellenkomplex 45.

457   Vgl. ebd.

458   Vgl. ebd., Tabellenkomplex 46.

Bei Der Westen sind es 96,1 Prozent aller Links, bei der SZBZ 94,5 Prozent und beim KStA 96,5 Prozent.[459] Auf andere Medienwebsites zu verlinken, scheint unüblich, nur der Kölner Stadt-Anzeiger hat dies im Erhebungszeitrum ein einziges Mal getan. Während SZBZ (4,4 Prozent) und KStA (1,8 Prozent) in seltenen Fällen auf nicht-journalistische Websites verlinken, zum Beispiel um auf Original-quellen hinzuweisen, kam dies bei Der Westen nicht vor.[460]

2.2 Themenkomplex: Partizipation

2.1. Welche Kommunikationskultur pflegt die Redaktion (direkte Ansprache der Nutzer)?

Da sich die Dialogorientierung der Redaktionen in verschiedenen Aspekten des Facebook-Engagements widerspiegelt, wurde sie, diesem Umstand Rechnung tragend, mithilfe verschiedener Variablen erfasst. Näher betrachtet wurden Begrüßungen, gewählte Nutzeranreden und direktes Ansprechen der Nutzer.

Nachdem im manuellen Pretest mehrfach das Stilmittel der Begrüßungen beobachtet worden ist, wurde im Rahmen der strukturierten Inhaltsanalyse die Zahl der Begrüßungen erhoben. Die Auswertung ergab, dass Begrüßungen eher selten verwendet werden. Von den 26 untersuchten Tagen begrüßten Der Westen und der KStA ihre Nutzer an sieben Tagen, die SZBZ an zwei Tagen und die Werra-Rundschau verwendete an keinem Tag eine persönliche Begrüßung.[461] Während Begrüßungen im Nachrichtennetzwerk Twitter also durchaus üblich sind, scheinen sie sich zumindest in der Netiquette von Tageszeitungen auf Facebook noch nicht durchgesetzt zu haben.

Besseren Aufschluss über die Dialogorientierung gibt ein Blick auf die Nutzeransprache unabhängig von tageszeitlichen Begrüßungsformeln. Dass Redaktionen mithilfe von Fragen zu einem

---

459 Vgl. Anhang, B. III., Tabellenkomplex 46.

460 Vgl. ebd.

461 Vgl. ebd., Tabellenkomplex 47.

Dialog anregen, ist bereits bei der Analyse der äußeren Form (vgl. Kap. IV. 2.1.) der Posts angeklungen. Doch erweist sich das Schema für die Messung der Nutzerorientierung als zu grobmaschig. Denn auch rhetorische Fragen oder Fragen ohne direkte Ansprache eines Gegenübers wurden als Frage gewertet (Beispiel von Der Westen: „Schalke 04 und Borussia Dortmund verabschieden sich mit hohen Siegen in die Winterpause. Wie verläuft wohl die Rückrunde für die beiden Revier-Vereine?" (17.12.2011, 22:31 Uhr), Aufforderungen sind zwar eine direkte Nutzeransprache, wurden jedoch nicht in der Kategorie Frageform erfasst (Beispiel KStA vom 19.01.2012, 20:01 Uhr: „Lesen Sie ab sofort in der KStA-Tablet-Ausgabe: Was die Menschen in NRW von der Landespolitik halten", SZBZ 11.01.2012, 15:58 Uhr: „Hallo, hier gibt es eine interessante Umfrage zu Social Media von Studenten der Uni Hohenheim. Macht doch bitte mit!"). Daher wurde in einer gesonderten Auswertung ermittelt, wie oft Nutzer explizit von der Redaktion aufgefordert werden. Beispiele: „Krankenkassen werfen Ärzten Abzocke mit IGeL-Leistungen vor – welche Erfahrungen habt ihr gemacht?" oder „Was sagt ihr hierzu?" (beide Der Westen, 27.01.2012).

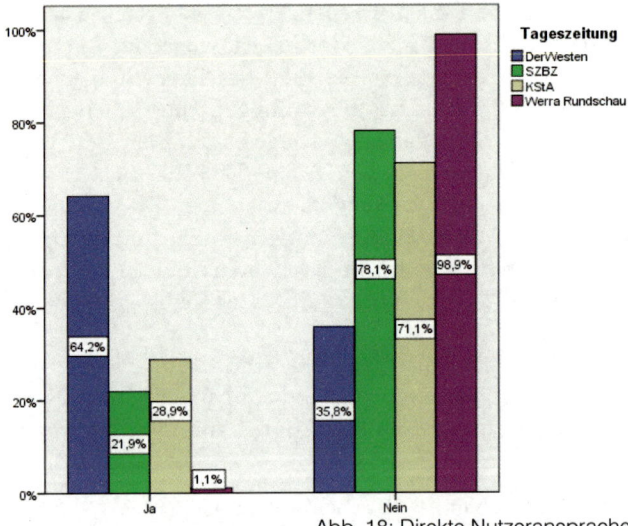

Abb. 18: Direkte Nutzeransprache

Die Auswertung nach expliziter Nutzeransprache (vgl. Abb. 18) ergibt ein ähnliches Bild, wie dies bereits die Auswertung der äußeren Form erbracht hat. Mit Abstand am häufigsten spricht die Redaktion von Der Westen ihre Nutzer an. Die Werte beider Auswertungen liegen dabei nah beieinander (62,5 und 64,2 Prozent).[462] Der zweitplatzierte KStA spricht seine Nutzer in nicht einmal halb so vielen Fällen direkt an. Er erzielt allerdings etwas höhere Werte bei der Auswertung nach Posts, die die Nutzer direkt ansprechen – 28,9 statt 20,7 Prozent nach der Auswertung der Form. Die Werra-Rundschau bleibt unverändert bei 1,1 Prozent.[463] Sie setzt am wenigsten auf dialogorientierte Formulierungen. Als einzige Zeitung einen deutlichen Unterschied zu verzeichnen, hat die SZBZ. Statt rund 6 Prozent für Posts, die eine Frage beinhalten, kommt sie nun auf 21,9 Prozent für Posts mit direkter Nutzeransprache.[464] Sie nutzt stärker als die anderen Redaktionen appellative Formulierungen, bittet um Anregungen oder ruft zur Teilnahme an beispielsweise Gewinnspielen auf.

Wenn die analysierten Redaktionen ihre Nutzer ansprechen, dann duzen sie diese in der Regel. Während Der Westen seine Nutzer durchgehend duzt, unterscheidet der Kölner Stadt-Anzeiger die Anrede je nach Zielgruppe: In „normalen" Facebook-Posts werden die Nutzer geduzt, im Teaser für die iPad-Ausgabe aber gesiezt: „Merkt Ihr was? Komische Vorgänge: Blauer Himmel und ein seltsames Geräusch, das sich nach Nicht-Regen anhört. Dem müssen wir investigativ nachgehen." (KStA, 27.01.2012, 12:10 Uhr); „Liebe Leser der KStA-Tablet-Ausgabe, wegen technischen Problemen klappt der Download der Ausgabe nicht in allen Fällen auf dem gewohnten Weg. […] Für die Probleme möchten wir uns bei Ihnen ausdrücklich entschuldigen! Unsere Techniker arbeiten an einer Lösung. Herzliche Grüße, Ihr KStA-Tablet-Team." (KStA 17.01.2012, 14:35 Uhr); „Die Tablet-Redaktion des KStA wünscht Ihnen frohe Festtage. Wir hoffen, dass Ihr Weihnachtsessen ähnlich gut schmeckt, wie unseres heute!" (KStA 23.12.2011). Die SZBZ verwendet häufig appellative Formulierungen, um sich an ihre Nutzer zu wenden, die keine Entscheidung zwischen Sie oder Du erfordern, beispielsweise: „So lang-

---

462 Vgl. Anhang, B. III., Tabellenkomplex 37 und 48.

463 Vgl. ebd.

464 Vgl. ebd.

sam wird es ruhig im Büro und damit höchste Zeit, allen ein schönes, ruhiges, besinnliches, erholsames, unvergessliches, bemerkenswertes, tolles und vor allem friedliches Weihnachtsfest zu wünschen." (SZBZ 23.12.2011, 14:21 Uhr); „Juchuu! Wir haben die 3000er-Marke geknackt. Vielen Dank allen unseren ‚Fans', den neuen wie den alten. Wir bleiben weiter am Ball. Versprochen!" (27.01.2012, 10:20 Uhr) oder: „Jetzt aber schnell, nur noch diese Woche läuft unser Gewinnspiel über ein Wellness Wochenende mit den Falkensteiner Hotels Katschberg." (SZBZ 5.01.2012). Wird eine direkte Formulierung gewählt, so entscheidet sich die Redaktion für das Du. Ein Beispiel vom 31. Januar 2012: „Wer bietet weniger, wie kalt ist es bei Euch? Derzeit ist sibirische Kälte im Anmarsch." Die Redaktion der Werra-Rundschau siezt ihre Nutzer, wenn sie sie direkt anspricht, zum Beispiel: „Lesen Sie morgen außerdem in der Werra-Rundschau..." (Werra-Rundschau 15.01.2012, 17:33 Uhr).

2.2. Wie oft und für welche Aktivitäten werden Nutzer zur Partizipation aufgerufen?

Ob der Dialog so weit geht, dass Nutzer zur aktiven Partizipation an der Gestaltung der Website oder des Facebook-Auftritts aufgerufen werden, wurde mithilfe einer Variablen („Partizipationsaufruf") gesondert erhoben. Sie erfasste auch die Art und Weise der angefragten Partizipation. Kategorien waren Foto-, Videoeinsendungen, Recherchetipps, Themenvorschläge, Einsendung fertiger Artikel oder Texte und offene Aufrufe (freie Wahl der bisher genannten Formen). Die Teilnahme an Gewinnspielen wurde nicht als Partizipation gewertet, sondern getrennt erhoben. Ebenfalls wurde das bloße Erfragen von Nutzermeinungen nicht miteinbezogen. Dieses wurde über die Variable der direkten Nutzeransprache abgedeckt.

Die Auswertung zeigt, dass die analysierten Redaktionen kaum von der Möglichkeit der Nutzerpartizipation Gebrauch machen. Die Werte für Partizipationsaufrufe liegen in allen Redaktionen weit unterhalb der Fünf-Prozent-Grenze.[465] Am aktivsten sind – in absoluten Zahlen – der Kölner Stadt-Anzeiger und Der Westen. Beide haben im Analysezeitraum vier Mal ihre Nutzer zum Mitma-

---

465 Vgl. Anhang, B. III., Tabellenkomplex 49.

chen nach den oben genannten Kriterien aufgerufen.[466] Betrachtet man die Häufigkeit der Partizipationsaufrufe prozentual zur Gesamtpostzahl, ändern sich die Platzierungen: Dann nutzt Der Westen mit 3,3 Prozent am häufigsten Aufrufe, gefolgt vom KStA, der auf 1,6 Prozent kommt. Die SZBZ erreicht mit einem Aufruf 0,8 Prozent.[467] Die Werra-Rundschau hat keine Partizipationsaufrufe an ihre Nutzer gerichtet.

Damit setzt sich fort, was bereits in der Auswertung der direkten Nutzeransprache zutage getreten ist: Der Westen und der KStA zeigen sich am partizipationsorientiertesten, wobei sich Der Westen klar absetzen kann, die SZBZ folgt auf Platz drei. Die Werra-Rundschau hat ihren Facebook-Auftritt dagegen nicht auf Dialog oder Partizipation mit den Nutzern ausgerichtet.

Der am häufigsten vorkommende Anlass für einen Partizipationsaufruf, insgesamt 4 Nennungen, ist die Bitte um Recherchetipps oder konkrete Hinweise. Ebenfalls mehrfach codiert wurden Aufrufe, an Rätseln ohne Gewinnmöglichkeit mitzumachen. Ganze Texte oder Artikel suchte einmal die SZBZ. Die Möglichkeit, Foto- oder Videowettbewerbe durchzuführen oder sich Themen für die Berichterstattung im Printprodukt oder auf der Website vorschlagen zu lassen oder die Nutzer in anderer Weise in die Produktionsprozesse einzubinden, wurden nicht genutzt.

Gewinnaktionen spielen bei allen vier analysierten Zeitungen keine wesentliche Rolle im Facebook-Engagement: Der Westen und die Werra-Rundschau veranstalteten im sechsmonatigen Erhebungszeitraum kein Gewinnspiel, die Sindelfinger/Böblinger Zeitung rief zu 3, der Kölner Stadt-Anzeiger zu 4 Gewinnaktionen auf.[468] Im Verhältnis zur Gesamtpostzahl von 246 und 129 sind auch bei letzteren beiden Zeitungen Gewinnspiele nicht als regelmäßig genutztes Facebook-Instrument zu bewerten. Allerdings nutzt die SZBZ mit 2,3 Prozent Gewinnspiele häufiger als nicht gewinnbezogene Partizipationsaufrufe (0,8 Prozent). Beim Kölner Stadt-An-

---

466 Vgl. Anhang, B. III., Tabellenkomplex 49.

467 Vgl. ebd.

468 Vgl. ebd., Tabelle 50.

zeiger erreichen gewinnbezogene und nichtgewinnbezogene Partizipationsaufrufe das gleiche Gewicht: beide machen 1,6 Prozent der Gesamtpostzahl aus.[469]

2.3. Wie intensiv nutzen die Redaktionen die Funktion zu kommentieren?

Die bisherigen Ergebnisse zur Dialogorientierung der einzelnen Redaktionen finden sich bei einem Blick auf die Kommentarhäufigkeit der Redaktionen bestätigt. Allerdings ist zu bemerken, dass sich der Prozentsatz der Posts, bei denen Redaktionen sich an einer Diskussion beteiligen, im Verhältnis zur Zahl der Beiträge, in denen sie ihre Nutzer direkt ansprechen, bei allen Zeitungen auf einem niedrigen Niveau befindet. Außer Der Westen bleiben alle Redaktionen mit ihrem Anteil von Kommentaren deutlich unterhalb der Zehn-Prozent-Marke, bezogen auf die Gesamtheit aller Posts (vgl. T. 3, S. 169). Aufschlüsse über die Kommunikationsstrategie ergeben sich beim Blick auf den Anteil der Redaktionskommentare an der Gesamtheit aller Posts mit direkter Nutzeransprache. Welche Zeitung beteiligt sich, wenn sie zum Dialog aufgerufen hat, verhältnismäßig häufig an einer entstandenen Diskussion, welche ruft zwar relativ häufig zur Diskussion auf, bleibt dann aber selbst zurückhaltend?

Hierbei zeigt sich die SZBZ als besonders diskussionsfreudig. Zwar beinhalten nur 21,9 Prozent der Posts direkte Nutzeransprachen, doch der Anteil der Redaktionskommentare an der Gesamtheit der Posts mit Nutzeransprache liegt bei 35,6 Prozent (vgl. T. 3, S. 169). Ebenfalls diskussionsfreudig scheint Der Westen: Liegt er mit 64,2 Prozent bei den Posts mit direkter Nutzeransprache auf dem ersten Platz, folgen zwar nur bei 31,5 Prozent dieser Posts auch Kommentare seitens der Redaktion, doch im Vergleich zu den anderen analysierten Zeitungen schneidet Der Westen gut ab. Der Kölner Stadt-Anzeiger beteiligt sich in 18,34 Prozent der Posts mit Nutzeransprache an einer Diskussion. Sowohl Nutzeransprache als auch Redaktionskommentare werden insgesamt eher sparsam eingesetzt – insbesondere, wenn man die hohe Gesamtpostzahl berücksichtigt. Die Werra-Rundschau wendet sich kaum direkt an ihre Nutzer, tut

---

469   Vgl. Anhang, B. III., Tabelle 50.

sie es doch, kommentiert sie nach den Ergebnissen der Inhaltsanalyse jedoch auch. Die Fallzahl, auf der diese Auswertung basiert, ist mit einem einzigen Fall der direkten Nutzeransprache jedoch so gering, dass eine statistische Auswertung nicht sinnvoll möglich ist. Vielmehr kann festgehalten werden, dass die Werra-Rundschau als einzige der untersuchten Zeitungen ihre Nutzer in der Regel nicht direkt anspricht und auch von der Möglichkeit von Redaktionskommentaren nahezu keinen Gebrauch macht.

Moderierende Redaktionskommentare sind bei allen Zeitungen kaum zu finden. Im gesamten Untersuchungszeitraum wurden nur 1 bis 2 solcher Redaktionskommentare pro Zeitung codiert, was – eine entsprechende moderationswillige Einstellung der Redaktionen vorausgesetzt – einerseits auf eine respektvolle Diskussionskultur hindeutet, andererseits schlichtweg auch ein Indiz dafür sein kann, dass die Redaktionen dieser Tätigkeit wenig Aufmerksamkeit schenken. [470]

Name der Zeitung	Der Westen	KStA	SZBZ	Werra-Rundschau
Posts mit direkter Nutzeransprache	64,2 %	28,9 %	21,9 %	1,1 %
Posts, die Redaktionskommentare enthalten	20 %	5,3 %	7,8 %	1,1 %
Anteil der Posts mit Redaktionskommentar, wenn direkte Nutzeransprache	31,5 %	18,34 %	35,62 %	100 %

T. 3: Anteil der Postings mit Redaktionskommentaren.

2.4. Wie intensiv interagieren die Nutzer mit dem Facebook-Auftritt in Form von Kommentaren und „Gefällt mir"-Klicks?

Nachdem die Redaktionsseite der Kommunikation beleuchtet worden ist, stellt sich die Frage nach der Aktivität der Nutzer. Wie aktiv sie die Kommunikation mit der Redaktion suchen, lässt sich anhand

---

470   Vgl. Anhang, B. III., Tabelle 51.

der Zahl der Kommentare aufzeigen. Die Kommentarhäufigkeit bei den einzelnen Zeitungstiteln fällt sehr unterschiedlich aus. Dabei korreliert die Größe des Printmuttertitels positiv mit dem Kommentaraufkommen auf der Facebook-Seite der Tageszeitung: Der Westen als größte Printzeitung (verkaufte Auflage: 783.200 Exemplare) erreicht mit 1965 die meisten Kommentare in absoluten Zahlen im Untersuchungszeitraum, mit einigem Abstand gefolgt vom Kölner Stadt-Anzeiger, der als zweitgrößter Titel (336.100 Exemplare) mit 785 Kommentaren den zweiten Platz erzielt.[471] Auch im Verhältnis zur verkauften Printauflage, die einen potenziellen Facebook-Nutzerstamm birgt, bestätigt sich dieses Ergebnis: Der Westen erzielt einen Kommentar-Auflage-Quotienten von 0,0025 im Vergleich zum KStA, der auf 0,0023 kommt.

Im Durchschnitt werden pro Tag bei Der Westen 76 und beim Kölner Stadt-Anzeiger 30 Kommentare abgegeben. Bei keiner der beiden Redaktionen gibt es Tage, an denen kein Post kommentiert wurde: Bei Der Westen konnten mindestens 28, beim KStA mindestens 9 Kommentare pro Tag gefunden werden. Die beiden größeren Printtitel setzen sich beim Kommentaraufkommen klar von den kleineren Zeitungen ab: Die Sindelfinger und Böblinger Zeitung und die Werra-Rundschau (SZBZ: 11.900, Werra-Rundschau: 11.100 gedruckte Exemplare) erreichen nur 135 und durchschnittlich 5 Kommentare pro Tag beziehungsweise 64 Kommentare und durchschnittlich 2 Kommentare pro Tag im gesamten Zeitraum.[472] An sechs Tagen wurde bei der SZBZ gar nicht kommentiert, bei der Werra-Rundschau betrug dieser Anteil sogar zwölf Tage von insgesamt 26 Analysetagen.

Interessanter als das Gesamtaufkommen von Kommentaren ist ihre Verteilung über den Analysezeitraum, da regelmäßiges Kommentieren den Erfolg von Zielen wie Nutzerbindung eher widerspiegelt. Die mit Abstand aktivsten Nutzer hat Der Westen: Hier sind im gesamten Analysezeitraum überhaupt nur vier Posts unkommentiert geblieben. Bei allen anderen Zeitungen finden sich an jedem Tag auch Posts ohne Kommentarstimmen, was vor allem beim Kölner Stadt-Anzeiger mitbedingt ist durch die große Zahl der

471 Vgl. Anhang, B. III., Tabellenkomplex 52.
472 Vgl. ebd., Tabellenkomplex 52.

veröffentlichten Posts pro Tag. Hier blieben nur an 4 von 26 Tagen mehr als die Hälfte der Posts unkommentiert. Die Sindelfinger/Böblinger Zeitung kommt dabei auf 24 Tage, die Werra-Rundschau auf 21 Tage, an denen mehr als die Hälfte der veröffentlichten Posts unkommentiert blieben.

Die Entwicklung des Kommentaraufkommens im Zeitverlauf kann durch verschiedene Faktoren beeinflusst werden: Während regelmäßiges Posten zum wiederkehrenden Besuch der Facebook-Seite animiert und damit die Wahrscheinlichkeit von Kommentaren erhöht, ist unregelmäßiges und seltenes Posten hohen Kommentarzahlen eher abträglich. Nutzer haben nicht nur weniger Kommentarmöglichkeit, sie bauen auch keine so starke Bindung zum Produkt auf, die eine Interaktion mit der Seite begünstigen würde. Ebenfalls eine Rolle spielt die Themenwahl: Streitbare Statements und verlinkte Artikel motivieren eher zum Kommentieren als Posts von geringer Brisanz oder geringem Nutzerinteresse. Auch die Uhrzeiten und Wochentage können je nach Nutzungsgewohnheiten der User eine Auswirkung auf das Kommentarverhalten haben: So mag das Kommentaraufkommen an Wochenenden geringer sein als an Werktagen und die Kommentarhäufigkeit an diesen in den Morgenstunden geringer ausfallen (vgl. Kap. II. 3.2.). Dies sind nur einige Faktoren, die zur Erklärung der Kommentarentwicklung herangezogen werden können. Eine nähere Untersuchung der Ursachen ist mit den gewählten Methoden und aus forschungsökonomischen Gründen im Rahmen der vorliegenden Studie nicht umsetzbar. Hier bietet sich ein Ansatzpunkt für zukünftige Forschung.

3   Interpretation in der Zusammenschau

Nachdem die Ergebnisse aus Online-Befragung und Inhaltsanalyse getrennt vorgestellt worden sind, werden die Ergebnisse nun synoptisch einer vertiefenden Interpretation und Einordnung unterzogen. Die Darstellung orientiert sich an der Reihenfolge der in der Online-Befragung abgefragten Themenkomplexe. Die Interpretation der Befragungsergebnisse für die einzelnen Zeitungstitel steht dabei unter dem Vorbehalt, dass der spezielle regionale Nutzerkreis andere Wünsche und Anforderungen an die Facebook-Seite „seiner" Zeitung stellt, wozu es zum Erstellungszeitpunkt dieser Arbeit jedoch keine Anhaltspunkte gab, sodass sich aus den Ergebnissen trotz dieser Einschränkung erste Trends und Tendenzen für die Gestaltung der Facebook-Seiten regionaler Tageszeitungen ableiten lassen.

Häufigkeit und Länge von Posts

Die Mehrheit der befragten Nutzer wünscht sich durchschnittlich 5 bis 6 Posts pro Tag. Während die Postfrequenz der Werra-Rundschau mit 3,7 etwas unterhalb dieses Fensters angesiedelt ist, bewegen sich Der Westen und die Sindelfinger/Böblinger Zeitung mit 4,6 und 5,2 Posts nah an der idealen Frequenz. Der Kölner Stadt-Anzeiger bietet mit seinen durchschnittlich 9,5 Posts pro Tag tendenziell zu viel Facebook-Material, was von den Nutzern eher als störend empfunden wird. Er könnte seine Aktivität zumindest in der Quantität eher zurückfahren. Für eine Nutzerbindung ist neben der Post-Frequenz pro Tag auch die Regelmäßigkeit der Posts wichtig. Dabei schneiden Der Westen und die Werra-Rundschau besser ab. Sie vermeiden größere Schwankungen in ihrer Facebook-Aktivität. Mit Blick auf die Häufigkeit und Regelmäßigkeit der Facebook-Aktivitäten können nach den vorliegenden Ergebnissen keine Hinweise auf strukturelle Unterscheide zwischen kleinen und größeren Tageszeitungen festgestellt werden. Dass kleine Redaktionen schlechter in der Lage sind, eine regelmäßige Facebook-Betreuung zu gewährleisten, kann aus der gegebenen Datenlage also nicht abgeleitet werden, vielmehr scheint dies grundsätzlich für alle Redaktionen möglich. Einschränkend sei an dieser Stelle darauf verwiesen, dass allein die Quantität der Aktivitäten nichts über die inhaltliche Qualität der Facebook-Betreuung aussagt.

Die durchschnittliche Länge der Posts liegt bei allen Zeitungen zwischen 1 und 3 Zeilen (Werra-Rundschau. 1,23, Der Westen: 1,93, KStA: 2,14, SZBZ: 2,64). Legt man die sich aus der Online-Befragung ergebende durchschnittliche Lesedauer für einen Facebook-Post von zwei Minuten zugrunde (vgl. Kap. III. 2.2.), würde sich eine höhere Zeilenzahl für Posts anbieten. Jedoch ist unklar, ob sich die Lesedauer nur auf den Originalpost bezieht oder gegebenenfalls verlinkte Texte auf anderen Websites miteinschließt. In diesem Fall wäre weniger die Länge des Posts entscheidend, sondern vielmehr seine Cliffhanger- oder Anreizfunktion zum Klicken auf den weiterführenden Link maßgeblich. Diese Funktion scheinen die Facebook-Texte zum Erhebungszeitpunkt vorwiegend inne zu haben. Darauf lassen die in der Inhaltsanalyse festgestellten kurzen Durchschnittslängen der Posts schließen.

Autorenkennzeichnung

Die analysierten Tageszeitungen verwenden keine Autorenkürzel auf Facebook, sondern treten geschlossen als Marke auf. Dabei stehen die Teilnehmer der Online-Befragung einer Kennzeichnung interessiert gegenüber: 35,5 Prozent befürworten sie vollständig, 18,4 Prozent tendieren zu dieser Aussage.

Regionalität der Nachrichten

Eine knappe Mehrheit der befragten Facebook-Nutzer möchte ausschließlich oder überwiegend regionale Nachrichten auf den Facebook-Seiten regionaler Tageszeitungen lesen. Die analysierten Zeitungen sind in diesem Aspekt nah an den Wünschen ihrer Nutzer. Vor allem die kleineren Zeitungen konzentrieren ihre Facebook-Aktivitäten fast ausschließlich auf regionale und lokale Nachrichten (SZBZ: 91,4 Prozent, Werra-Rundschau: 86,7 Prozent). Dies ist im Wesentlichen der Tatsache geschuldet, dass die SZBZ und die Werra-Rundschau ihren Mantel extern beziehen und mit diesen Nachrichten nicht für sich als Marke werben können, sondern dabei auf lokale Nachrichten beschränkt sind. Der Westen und der Kölner Stadt-Anzeiger veröffentlichen dagegen ungefähr zu gleichen Teilen regionale und überregionale Nachrichten. Die starke Mischung von regionalen und überregionalen Inhalten ergibt sich, da beide Zeitungen einen eigenen Mantel produzieren und diesen – anders als die kleinen Zeitungen – als Teil ihres Gesamtproduktes eben auch in Facebook vermarkten möchten und können.

Bereits in der Redakteursbefragung von Ophüls hatten die Befragten von regionalen und lokalen Medien davon berichtet, dass vor allem lokale und sogar hyperlokale Nachrichten beliebt seien (vgl. Kap. II. 8.5.). Zumindest die Tendenz kann mit der vorliegenden Studie bestätigt werden: Von regionalen Medien werden mehrheitlich regionale Nachrichten erwartet. Eine „redaktionelle Binsenweisheit", die jedoch vor allem bei den größeren Zeitungstiteln noch zu wenig Beachtung findet. Inwieweit hier jedoch redaktionelles Wissen und redaktionelle Praxis auseinanderklaffen und die größeren Zeitungen sehr wohl einen Fokus auf Regionalität gerichtet haben, bleibt mithilfe der Experteninterviews zu klären.

Inhalte der Posts

In der Online-Befragung ergaben sich drei klare Topthemen, die sich die Nutzer wünschten: Politik, Kultur und Sport. Bei Der Westen (Sport und Politik) und der Werra-Rundschau (Sport und Politik) finden sich jeweils zwei der Themen in den geposteten Top 3 wieder, beim Kölner Stadt-Anzeiger stimmen sogar alle drei Topthemen mit den Nutzerwünschen überein, sodass in diesem Aspekt allen drei Zeitungen ein hohes Maß an Nutzerorientierung und vor allem an Kenntnis der Nutzerinteressen attestiert werden kann. Allein bei der Sindelfinger/Böblinger Zeitung ist mit Sport nur eines der gewünschten Themen auch in den geposteten Top 3 vertreten. Von den beiden am häufigsten veröffentlichten Themen (Buntes und Redaktionsinterna) findet sich Buntes immerhin auf Platz vier der Nutzerwünsche wieder. Damit bestätigen die Studien Ergebnisse der ZDF-Community-Studie von 2010, nach der Sport, Politik und Klatsch und Tratsch bei den Nutzern besonders beliebte Themen sind, die diese häufig in ihren Newsstream aufnehmen (vgl. Kap. II. 4.3.). Veranstaltungsankündigungen werden in keiner nennenswerten Häufigkeit von den Zeitungen genutzt, obwohl sich das kurze und serviceorientierte Format grundsätzlich gut für Facebook eignet.

Tagesaktualität der Nachrichten

Der Tenor der Nutzer zur Frage, ob von den regionalen Tageszeitungen eher tagesaktuelle Meldungen oder zeitlose Themen auf Facebook veröffentlicht werden sollen, ist klar: Tagesaktuelle Meldungen werden von rund 85 Prozent befürwortet. Hier zeigt sich – außer beim Kölner Stadt-Anzeiger, der zu 80,5 Prozent tagesaktuell postet – eine Diskrepanz zur Redaktionspraxis: Zwar veröffentlichen alle Zeitungen mehr tagesaktuelle als zeitlose Nachrichten, doch ist das Verhältnis eher ausgewogen. Der Westen kommt auf nur 66 Prozent, die Werra-Rundschau auf nur 68 Prozent und die SZBZ auf sogar nur 57 Prozent tagesaktuelle Posts. Damit bleiben die beiden ersten um rund 20 Prozentpunkte und die SZBZ sogar um knapp 30 Prozentpunkte hinter den Nutzerwünschen zurück.

Das relativ schlechte Abschneiden der Zeitungen mag zum Teil in der recht strengen Definition von Tagesaktualität begründet sein, die als tagesaktuell nur solche Nachrichten wertete, die nicht auf den nächsten Tag verschoben werden können. Gleichwohl fällt auf, dass die kleineren Zeitungen hier Defizite aufweisen. Dies mag in diesem Fall auch daran liegen, dass in kleineren Gemeinden weniger harte Nachrichten oder anders ausgedrückt, schlichtweg weniger journalistisch Relevantes passiert. Hier bietet sich ein Ansatz für eine detaillierte Forschung, die gegebenenfalls auch auf regionale Unterschiede in den Nutzerwünschen an die Aktualität der Facebook-Berichterstattung eingehen kann. Dass Aktualität ein wichtiges Kriterium für Nutzer ist, anhand dessen sie einen Facebook-Auftritt bewerten, darf indes als unbestritten gelten. Ein Indiz dafür ist in der vorliegenden Untersuchung auch die auffallend häufige Forderung nach „mehr brandaktuellen Nachrichten" auf die offene Frage nach Verbesserungsvorschlägen. Bestätigt wird dies auch durch bereits vorliegende Studienergebnisse, zum Beispiel von Neuberger (vgl. Kap. II. 4.3.).

Fotos

Nutzer, die mit der Frequenz von Fotoveröffentlichungen zufrieden waren, nahmen diese häufig oder immer wahr (82,6 Prozent). Der

Kölner Stadt-Anzeiger trägt diesem Nutzerwunsch bereits gut Rechnung, indem er in knapp 90 Prozent seiner Posts ein Fotoelement integriert. Der Westen versieht nur knapp 58 Prozent seiner Posts mit einem Bildelement, die SZBZ sogar nur 22 Prozent. Beide weisen damit eine große Diskrepanz zu den in der Online-Befragung festgestellten Nutzerwünschen auf. Dass die Werra-Rundschau auf fast 95 Prozent Fotoanteil kommt, kann nicht uneingeschränkt positiv bewertet werden, da diese Fotos gescannte Artikel sind und damit nicht die eigentliche Funktion eines Bildelements erfüllen. Die Ergebnisse geben keine Hinweise auf strukturelle Unterschiede in der Fähigkeit von kleinen und großen Redaktionen, Fotos einzubinden. Da die Werra-Rundschau jedoch keine plattformgerechte Fotonutzung betreibt und die Fallzahl sehr gering ist, ist der interpretatorische Wert der Ergebnisse an dieser Stelle stark begrenzt.

Videos

Videos werden anders als Fotos selten gewünscht und nur 3,8 Prozent der Nutzer schauen diese immer bis zum Ende an. Dies entspricht dem Angebot, das die Zeitungen machen: Die Werra-Rundschau hat im Analysezeitraum gar keine Videos gepostet, Der Westen 7 (5,8 Prozent aller Posts), der Kölner Stadt-Anzeiger 14 (5,7 Prozent) und die SZBZ 4 Videos (3,1 Prozent). Dabei ist fraglich, ob sich Nutzer mehr Videos wünschen würden, wenn sie diese häufiger angeboten bekämen. Denn möglicherweise bedingt das Angebot die Nachfrage und die Nutzer haben bisher einfach noch nicht oft genug den Nutzen (Unterhaltungs- oder Informationswert) von Videos erlebt, um diese auch initiativ nachzufragen.

Zur Frage, ob Videos eher von Social-Web-Plattformen eingebunden oder selbst erstellt werden sollten, zeigt sich eine uneinheitliche Redaktionspraxis: Während die SZBZ nur selbsterstelle Videos veröffentlicht hat und auch beim KStA die Mehrheit der Videos selbstproduziert ist, stammen bei Der Westen sechs von sieben Videos von anderen Plattformen. Die Werra-Rundschau hat im gesamten Analysezeitraum überhaupt kein Video veröffentlicht. Das Beispiel der SZBZ zeigt, dass die Größe der Zeitung kein zwingender Grund ist, der einer eigenen Videoproduktion im Weg steht. Dies scheint durchaus auch für kleine Redaktionen praktikabel.

So unterschiedlich wie die Redaktionspraxis, so gespalten ist die Meinung der befragten Nutzer zur Videoproduktion: Knapp 41 Prozent wünschen redaktionelle Videos, 35 Prozent sehen für diese keine Notwendigkeit. In dieser ins Detail gehenden Frage nach der Art der Videos zeigt sich, dass sowohl Redaktionen als auch Nutzer noch wenig vertraut mit der Funktion von in Facebook eingebetteten Videos sind und dementsprechend noch zu keinen gefestigten und sich bewährten Meinungen gekommen sind. Die Redaktionen sollten zu einer intensiveren Videonutzung ermutigt werden, um dem Nutzer mittelfristig klarere Präferenzen hinsichtlich der Videonutzung zu ermöglichen. Dass Nutzer die Videos bisher kaum bis zum Ende ansehen, deutet möglicherweise auf eine geringe Qualität hin. Hier bedarf es sowohl intensiverer Praxis als auch Forschung, um Chancen und Möglichkeiten von Videos auf Facebook realistisch einschätzen zu können. Die Experteninterviews leisten einen ersten Beitrag, um weitere Hintergründe zur Videopraxis offenzulegen.

Links

Für die Verwendung von Links kommt die Online-Befragung zu einem klaren Ergebnis: Rund 93 Prozent der Befragten befürworten eine Einbindung, wann immer sie möglich ist. Die Hälfte der Nutzer (53,4 Prozent) klickt diese häufig oder immer an. Der Kölner Stadt-Anzeiger und Der Westen entsprechen diesem Wunsch gut: 90,2 Prozent der Posts des KStA und 85,6 Prozent der Posts von Der Westen beinhalten Links. Die Sindelfinger/Böblinger Zeitung weist mit nur knapp 70 Prozent hier Verbesserungspotenzial aus. Die Facebook-Praxis der Werra Rundschau, die überhaupt keine Links integriert, geht – legt man die Ergebnisse der Online-Befragung zugrunde – in diesem Aspekt vollständig an den Wünschen der Nutzer vorbei. Das Ergebnis ist der Tatsache geschuldet, dass die Werra-Rundschau zum Zeitpunkt der inhaltsanalytischen Untersuchung nur über einen rudimentären Internetauftritt verfügte, sodass Verlinkungen auf die eigene Website, die einen Großteil der

Links bei den anderen untersuchten Zeitungen ausmachen, im Regelfall nicht möglich waren und zudem keinen positiven Eindruck der Zeitung gefördert hätten.

Links auf nichtjournalistische Websites sind unüblich, nur die SZBZ und der Kölner Stadt-Anzeiger nutzen dies bei 4,4 beziehungsweise 1,8 Prozent ihrer Verlinkungen. Die Zahlen lassen jedoch eher von Ausnahmefällen sprechen und lassen keine befürwortende Redaktionspraxis erkennen. Die Ergebnisse der Inhaltsanalyse legen nahe, dass die Zeitungen – mit Ausnahme der Werra-Rundschau – Links bewusst als Traffic-Generatoren für die eigene Website nutzen und ebenso bewusst zurückhaltend mit Links zu anderen Websites sind. Die Nutzer scheinen damit zufrieden, lehnen Links auf nichtjournalistische Seiten jedoch nicht ab: Die Hälfte von ihnen befürwortet diese. Mit dem Alter nimmt diese Zahl zu, was insofern relevant ist, da die Intensivnutzer der Facebook-Seiten von regionalen Tageszeitungen eher in den älteren Altersklassen ab 40 Jahren zu finden sind. Ein klarer Auftrag, mehr nichtjournalistische Websites zu verlinken, ist jedoch aus den Ergebnissen nicht ableitbar.

Kommentarfunktion

Die Kommentarfunktion ist eine von den befragten Nutzern intensiv verwendete Funktion. 90 Prozent der befragten Nutzer sind hochaktiv, besuchen die Facebook-Seite einer oder mehrerer regionaler Tageszeitungen also mindestens einmal am Tag. Von ihnen kommentiert rund ein Viertel mindestens einmal wöchentlich. Insgesamt steht jedoch die passive Nutzung im Vordergrund. Ein Kommentar pro Monat ist die durchschnittliche Aktivität. Generell gilt nach den Ergebnissen der Inhaltsanalyse: Je größer die Printauflage der Zeitung, desto höher das zu verzeichnende Kommentaraufkommen. Dies spricht für die These, dass der Facebook-Auftritt der Zeitungen nicht als eigenständiges Medium wahrgenommen wird, sondern als Service des Mutterprodukts, in diesem Fall des Printtitels. Wäre es anders, könnte eine gut gemachte Facebook-Seite für regionale Nachrichten zumindest bei den kleineren Zeitungen leicht mehr aktive Nutzer und damit mehr Kommentare generieren als größere Printtitel. Wertet man regelmäßiges Kommentaraufkommen als Zeichen einer erfolgreichen Nutzerbindung, schneidet Der Westen von den analysierten Zeitungen mit Abstand am besten ab. Hier bleiben kaum Posts unkommentiert. Da nicht berücksichtigt ist, inwieweit es sich bei den Kommentatoren um eine kleine Stammgruppe handelt, ist die Aussagekraft des Ergebnisses für die Nutzerbindung jedoch eingeschränkt.

Dialogorientierung/Diskussionskultur

Die Nutzer der Online-Befragung sind unentschieden, ob sie zum Kommentieren aufgefordert werden möchten, wobei die Befürworter leicht überwiegen (48,3 Prozent zu 34,7 Prozent). Eine klare Empfehlung an die Redaktionspraxis kann daraus jedoch nicht abgeleitet werden. Damit spiegeln die Nutzer die bereits in der Studie von Ophüls (vgl. Kap. II. 8.5.) unter den Redakteuren zutage getretene Uneinigkeit wider, die auch auf die hier analysierten Zeitungen zutrifft. Denn sie verfolgen diesbezüglich ganz unterschiedliche Kommunikationsstrategien: Der Westen fordert in der Mehrheit seiner Posts (64,2 Prozent) die Nutzer direkt zum Kommentieren auf, der Kölner Stadt-Anzeiger tut dies nur in etwas mehr als einem Viertel seiner Posts, die Sindelfinger/Böblinger Zeitung noch seltener (22 Prozent) und die Werra-Rundschau verzichtet fast vollständig auf eine zum Kommentieren animierende Nutzeransprache. Die Ergebnisse lassen eine Tendenz erkennen, dass kleinere Zeitungen weniger auf Dialog setzen als größere. Über die Gründe kann an dieser Stelle nur spekuliert werden: Möglicherweise verfügen größere Redaktionen über einen Kompetenzvorsprung – sind aufgrund besserer finanzieller Ausstattung und damit einhergehender Weiterbildungsmöglichkeiten mit dem Phänomen Facebook vertrauter als kleine Zeitungen. In Bezug auf die Nutzerinteressen würden alle Redaktionen außer der von Der Westen mit einer häufigeren Aufforderung zum Kommentieren den Wünschen der Nutzer eher entgegenkommen, obwohl dieser Wunsch in der Online-Befragung noch zurückhaltend formuliert wurde.

Im Social Web hat sich generell das Du als Anredeform durchgesetzt. Daran orientiert, duzen Der Westen, der Kölner Stadt-Anzeiger und die SZBZ ihre Facebook-Nutzer, obwohl sie ihre Leser im

Printbereich traditionell und auch im klassischen Online-Bereich siezen. Dies entspricht dem Nutzerwunsch oder widerspricht ihm zumindest nicht: Denn 73,3 Prozent der Befragten haben keine Präferenz in der Ansprache oder bevorzugen das Du. Nur 23,5 Prozent wollen gesiezt werden. Bei der SZBZ herrscht offenbar Verunsicherung bezüglich der Anrede, zumindest wird – wann immer möglich – statt auf das Du auf ausweichende Formulierungen zurückgegriffen. Dazu lässt sich nun festhalten, dass die Anrede für Nutzer von eher untergeordneter Bedeutung ist und ihnen Inhalte wichtiger sind als die Variante der Formulierungen der persönlichen Ansprache. Gleichzeitig muss festgestellt werden, dass die Werra-Rundschau, wie bereits in einigen vorangegangenen Punkten, als einzige Tageszeitung in ihrer Redaktionspraxis von den anderen abweicht: Sie siezt ihre Facebook-Nutzer.

Redaktionskommentare

Die Nutzer befürworten mehrheitlich, dass sich die Redaktion in Diskussionen auf Facebook einbringt. Von denen, die zum Kommentieren aufgefordert werden möchten, sind es sogar knapp 65 Prozent. Ein Blick auf die Ergebnisse der Inhaltsanalyse zeigt eine enorme Diskrepanz zur Redaktionspraxis: Selbst Der Westen als Spitzenreiter beteiligt sich nur in 20 Prozent seiner Posts an Diskussionen. Deutlich schlechter schneiden die SZBZ mit knapp 8 Prozent und der Kölner Staatsanzeiger mit rund 5 Prozent ab. Die Werra-Rundschau erreicht gerade einmal 1,1 Prozent. Berücksichtigt man, dass sich die Redaktionen regulierend bei Verstößen gegen die allgemein üblichen Kommunikationsregeln und Etikette gleichsam einschalten *müssen*, ist das Kommentarverhalten aller Zeitungen weit entfernt von den Wünschen der Nutzer. Dies stimmt mit den Ergebnissen einer Studie von Lolies überein, die das Kommentarverhalten auf Nachrichtenwebsites analysiert hat: Dort stammte kein einziger der untersuchten Kommentare von Journalisten, die – so das Fazit – „das partizipative Potenzial der neuen Kommunikationsform bislang noch nicht nutzen."[473] Speziell für Facebook hat die Studie von Ophüls ein ähnliches wie das vorliegende Ergebnis erbracht – Redaktionen nahmen kaum an Diskussionen teil. Die Befragten gaben dort an, dass es sich um eine bewusste Entscheidung handele. Ob ihnen die Nutzerwünsche bekannt sind, blieb dabei unklar.

Da es einen erheblichen personellen und zeitlichen Aufwand erfordert, sich kontinuierlich an Diskussionen zu beteiligen und diese zu moderieren, mag hinter dieser Diskrepanz einerseits eine den ökonomischen Zwängen geschuldete Entscheidung stehen – gleichwohl diese den Erwartungen der Nutzer zuwider läuft. Jedoch ist nicht unerheblich, dass ein aktives Teilnehmen an Diskussionen für Redaktionen auch aus berufsethischer Perspektive nicht unproblematisch ist. Schließlich ist das Wesen des Journalismus gerade, unabhängig und unparteiisch zu informieren. Insofern ist eine Diskrepanz zu den Nutzerwünschen in diesem Aspekt vertretbar und verweist nicht unbedingt auf Handlungsbedarf. Meinungen werden im Journalismus zudem üblicherweise so veröffentlicht, dass sie auf einzelne Journalisten zurückgeführt werden können. Da jedoch auf Facebook Zeitungen in der Regel, auch die untersuchten, als Marke in Erscheinung treten, ist dies eine weitere Hürde für eine inhaltliche Teilnahme an Diskussionen. Wenn zwar nicht das Redaktionsverhalten angepasst werden soll, wäre es jedoch eine Überlegung wert, zumindest den Nutzern besser zu kommunizieren, warum die Redaktion eben gerade diese Diskussionskultur pflegt, um die Nutzer nicht vor den Kopf zu stoßen. Dass moderierende Diskussionsbeiträge nicht in wesentlicher Zahl vorhanden sind, deutet auf eine zivilisierte Diskussionskultur hin – oder stellt eine der hohen Arbeitsbelastung geschuldete Tatsache dar. Dazu werden in den Experteninterviews Hintergründe dargelegt.

---

473   Lolies, Ilka: Leserbriefe 2.0? Nutzer-Partizipation durch Online-Kommentare. In: Journalistik Journal 01/2012, S. 28.

Partizipationsaufrufe

Nur knapp ein Drittel der Befragten kann sich vorstellen, sich über Facebook-Aktionen an der Gestaltung der Facebook-Seite oder der Website der Tageszeitung zu beteiligen. Dies ist jedoch nicht gleichzusetzen mit grundsätzlichem Desinteresse am Facebook-Auftritt der Zeitungen: Knapp 92 Prozent der Befragten befürworten die Seiten als wichtigen Service, der beibehalten werden sollte.

Bisher nutzen die untersuchten Zeitungen die Möglichkeit, über Facebook partizipative Elemente in ihren Journalismus zu integrieren, kaum. Partizipative Posts, definiert als Posts, die zu einer Tätigkeit auffordern, die über das bloße Kommentieren und Diskutieren hinausgeht, machen bei Der Westen nur 3,3 Prozent, beim Kölner Stadt-Anzeiger nur 1,6 Prozent und bei der SZBZ nur 0,8 Prozent aller Posts aus. Die Werra-Rundschau hat solche Posts im Analysezeitraum überhaupt nicht verwendet und setzt damit ihren Sonderweg fort.

Die viel diskutierten Potenziale der Facebook-Seiten für die inhaltliche Bereicherung der Berichterstattung scheinen überschätzt. Partizipativer Journalismus, insbesondere in Verbindung mit Facebook, ist zum gegenwärtigen Zeitpunkt eher ein Thema wissenschaftlicher Auseinandersetzung als eine in der Praxis intensiv genutzte Möglichkeit, obwohl sich daraus positive Wirkungen für die Redaktion und den Verlag ergeben können (vgl. Kap. II. 7.). Die vorliegende Untersuchung bestätigt damit bereits vorhandene Studienergebnisse. Nach einer Online-Befragung von Gehmlich beispielsweise legen Nutzer wenig Wert darauf, sich einzubringen und mit Journalisten zu interagieren: „Den Befragten ist nämlich weniger wichtig, ob die Redaktionen ihrer Internetmedien auf Kritik und Themenvorschläge ihrer Nutzer erkennbar eingehen und auf Facebook den Leser-Kontakt pflegen."[474]

Wieder ist die Frage, inwieweit das mangelnde Angebot an partizipativen Posts auch auf die Haltung der Nutzer zurückwirkt und eine veränderte Redaktionspraxis sich auch in einer aktiveren Einstellung der Nutzer widerspiegeln würde. Dies bleibt zu diskutie-

---

474   http://www.onlinejournalismus.de/2012/02/27/schnell-exklusiv-
       und-transparent/ (30.01.2013, 20:17 Uhr)

ren. Nuernbergk und vom Hofe unterstützen diese These: „Dienste wie Twitter erleichtern zwar Partizipation, den Willen dazu bei Rezipienten vermögen sie aber allein durch ihr Vorhandensein nicht zu erzeugen. Dieser Wille hängt von den (inhaltlichen) Angeboten der Redaktionen ab."[475]

Gewinnspiele

Gewinnspiele als spezielle Form der partizipativen Posts und als im Marketing sonst beliebtes Mittel der Nutzerbindung werden auf Facebook selten genutzt: Der Westen und die Werra-Rundschau haben im Analysezeitraum überhaupt keine Gewinnspiele durchgeführt. Der Westen hat einige Rätsel veröffentlicht, deren Lösung aber keinen Gewinn nach sich zog. Der Kölner Stadt-Anzeiger hat vier und die Sindelfinger/Böblinger Zeitung drei Gewinnspiele über Facebook veranstaltet. Die Redaktion der SZBZ setzt damit bemerkenswerterweise häufiger auf Gewinnspiele als auf nichtgewinnbezogene Aktionen.

Warum Gewinnspiele so wenig eingesetzt werden, darüber kann an dieser Stelle nur spekuliert werden. Ein Hauptgrund sind wahrscheinlich die strengen und teilweise komplizierten Gewinnspielregeln, bei deren Nichtbeachtung drastische Sanktionen drohen, die bis zur Sperrung der Fanseite reichen.[476] Vor einer aufwändigen Prüfung, ob geplante Gewinnspiele mit den Facebook-Richtlinien in Einklang stehen, mögen gerade kleine Redaktionen angesichts der ohnehin hohen Arbeitsbelastung zurückschrecken. Ein weiterer Grund für die geringe Nutzung liegt möglicherweise in der grundlegenden Einstufung von Facebook durch die Redaktionen als primär journalistischen Verbreitungskanal und weniger als Marketingtool. In den USA hat sich dagegen die intensive Nutzung von Gewinnspielen durchgesetzt: „News organizations around the country are campaigning for Facebook fans like status-obsessed

---

475   Vom Hofe/ Nuernbergk 2012, S. 31.

476   Vgl. http://www.thomashutter.com/index.php/2012/11/facebook-gewinnspiele-wettbewerbe-und-promotionen-was-ist-nicht-er-laubt-checkliste/ (30.01.2013, 20:29 Uhr)

teenagers."[477] Vor allem lokale TV-Sender sind besonders aktiv. Dabei schöpfen die Medien die kreativen Mittel aus. Sie locken nicht nur mit materiellen Gewinnen, sondern auch mit Auftritten in ihren TV-Shows oder veranstalten Aktionen, bei denen sie für jeden neuen Facebook-Fan eine bestimmte Summe für wohltätige Zwecke spenden.[478] Für die Motivation der Nutzer zu kommentieren, spielen Gewinnspiele nach den Ergebnissen der Online-Befragung zurzeit eine untergeordnete Rolle. Zum jetzigen Zeitpunkt lässt sich nicht ableiten, ob Gewinnspiele zur Nutzerbindung auf Facebook geeignet sind.

Rechtschreibung und Grammatik

Auffallend häufig nannten die befragten Nutzer Rechtschreibung, Grammatik und Stil als Schwachstellen der Facebook-Auftritte. Zu viele Fehler und zu flapsige Formulierungen verärgerten sie. Betrachtet man die Rechtschreibung und Grammatik der Facebook-Posts der untersuchten Zeitungen, finden sich jedoch keine Anhaltspunkte für eine berechtigte Kritik: Alle Zeitungen veröffentlichen nahezu fehlerfrei. Über 90 Prozent ihrer Posts sind ohne Fehler, allein die SZBZ kommt nur auf rund 85 Prozent – ein immer noch gutes Ergebnis. Möglicherweise haben die Befragten Facebook-Nutzer ihren Eindruck aus der Lektüre der auf Facebook verlinkten Artikel mit in die Befragung eingebracht, sodass sich ihre Kritik eigentlich auf eine hohe Fehlerzahl auf der Website bezieht. Dies lässt sich an dieser Stelle jedoch nicht endgültig klären.

Veranstaltungshinweise

„Mehr Tipps zu regionalen Veranstaltungen und Terminen" war ein in der Online-Befragung häufig genannter Verbesserungsvorschlag. Bisher nutzen die Redaktionen Facebook kaum zu diesem Zweck. Nennenswert ist die entsprechende Post-Anzahl allein bei der Sin-

---

477 http://www.ajr.org/Article.asp?id=5128 (06.05.2012, 11:06 Uhr)
478 Vgl. ebd.

delfinger/Böblinger Zeitung, bei der 6,3 Prozent der Posts in diese Kategorie fallen. Alle anderen Zeitungen kommen, wenn überhaupt, auf noch niedrigere Werte. Die Zurückhaltung bei der Veröffentlichung von Veranstaltungshinweisen mag der Logik folgen, dass vorwiegend das eigene Produkt beworben werden soll, wie es über Links zur eigenen Website geschieht, und die Seite nicht der PR externer Veranstaltungen dienen soll. Doch diese Logik greift zu kurz: Der mit der Facebook-Seite zufriedene Nutzer ist am ehesten bereit, für andere Services der Medienmarke zu bezahlen. Zwar profitieren möglicherweise Veranstalter von den Terminhinweisen, die eigene Zeitungsmarke profitiert jedoch ebenso über Klicks auf die eigene Website und Printkäufe – und zwar in höherem Maß, je höher die Zufriedenheit der Facebook-Nutzer. Als Kompromiss zu den Nutzerwünschen ist denkbar, zumindest regelmäßig verstärkt auf von der Zeitung organisierte oder unterstützte Veranstaltungen hinzuweisen.

4 Zusammenfassung

Die Gegenüberstellung von Befragung und Inhaltsanalyse hat gezeigt, dass die analysierten Zeitungen noch großes Potenzial in der intensiveren Nutzung von Facebook ausschöpfen könnten. Gleichzeitig konnte bei den Zeitungen in vielen Bereichen bereits eine gute Redaktionspraxis, die sich nah an den Nutzerwünschen bewegte, festgestellt werden. Allerdings zeigt sich eine leichte Tendenz, die auch Hoffmeister in seiner Studie festgestellt hat: Größere Zeitungen betreiben tendenziell umfangreichere Facebook-Aktivitäten (vgl. Kap II. 8.2.).

Der Westen schneidet insgesamt besonders gut bei den betrachteten Parametern ab. Die Redaktion bedient ihren Facebook-Auftritt fast mit der idealen Post-Frequenz und verfügt über eine gute Themenauswahl. Die Link-Politik entspricht ebenfalls in hohem Maß den Nutzererwartungen. Verbesserungspotenzial findet sich allein bei der Auswahl der Nachrichten, die regionaler und tagesaktueller sein könnten. Auch ein häufigeres Posten von Fotos würde den Nutzerinteressen entsprechen. Zwar besteht erhebliches

Entwicklungspotenzial bei der Nutzung partizipativer Elemente, doch im Vergleich zu den anderen Redaktionen gehört Der Westen zu den progressiveren Zeitungen.

Der Kölner Stadt-Anzeiger zeichnet sich ebenfalls durch intensives Facebook-Engagement aus. Der Redaktion gelingt eine sehr gute Themenauswahl. Auch in der Foto- und Link-Politik schneidet die Zeitung gut ab. Verbesserungspotenzial findet sich bei der stärkeren Berücksichtigung regionaler Themen, die eher im Fokus sein sollte als die Beibehaltung der schon fast zu hohen Post-Frequenz.

Bei der Sindelfinger/Böblinger Zeitung zeigt sich ein gemischtes Bild: Während die Post-Frequenz und der hohe Anteil regionaler Nachrichten, den Nutzerwünschen gut entspricht, besteht Verbesserungsbedarf bei der Auswahl der Themen und ihrer Tagesaktualität, bei der Post-Frequenz von Fotos und in geringem Maß auch von Links.

Die Werra-Rundschau konnte bisher die Nutzererwartungen, wie sie die Online-Befragung ergeben hat, am schlechtesten erfüllen. Dem hohen Anteil an regionalen Nachrichten und einer guten Themenauswahl stehen die geringe Post-Frequenz und die mangelnde Tagesaktualität gegenüber. Echte Fotoelemente fehlen ebenso wie Links zur eigenen Website.

Das partizipative Potenzial von Facebook nutzen bisher alle Zeitungen kaum aus. Nach den Ergebnissen der Online-Befragung sollten sie sich intensiver an Diskussionen auf der Seite beteiligen. Dies findet bisher kaum statt. Vielmehr kann gelten, was bereits in der Twitter-Studie von Neuberger et al. festgestellt worden ist: „Resümierend gewinnt man den Eindruck, dass die Verknüpfung mit Nutzern zu großen Teilen auf der Ebene der Verweise in Form von Links verbleibt, während ein echter Dialog nach wie vor eher die Ausnahme ist."[479]

Da die Kommentare selbst jedoch nicht Teil der Untersuchung waren und so die Tiefe der Diskussionen nicht systematisch erhoben worden ist, kann nicht abschließend geklärt werden, ob überhaupt und wie häufig über Smalltalk hinausgehende, inhaltliche Diskussionen zustande kommen, an denen eine Redaktionsbeteiligung lohnenswert wäre. Den bisherigen Erhebungen zufolge sind Nutzer eher an Meinungsäußerungen als an wirklichem Austausch

---

[479] Vom Hofe / Nuernbergk 2012, S. 31.

interessiert.[480] Die Diskussionskultur auf redaktionellen Facebook-Seiten ist noch in einer Findungsphase.

Grundsätzlich ist für Redaktionen zu berücksichtigen, dass für die Nutzer das Kommentieren und Diskutieren nicht primäre Funktion der Seite ist. Nur für Intensivnutzer scheint beides eine nennenswerte Rolle zu spielen. In dieser Hinsicht konnte die durchgeführte Online-Befragung Ergebnisse der ARD/ZDF-Onlinestudie von 2011 bestätigen, die ebenfalls ergeben hatte, dass nur eine Minderheit der Nutzer überhaupt kommentiert (vgl. Kap. II 4.2. sowie III. 2.3.). Um zu klären, welche Diskussionspraxis sich unter den Nutzern herausgebildet hat und wie Redaktionen darauf reagieren können und sollten, bedarf es weiterer auf diese Aspekte fokussierter Forschung.

Soziale Netzwerke als Ort für öffentliche gesellschaftlich integrativwirkende Diskurse zu nutzen, wie dies in der Theorie vielfach beschrieben worden ist, ist bisher ein rein theoretisches Konstrukt geblieben. Wenn Redaktionen daran interessiert sind, diesen Diskurs zu verstärken, müssten sie ihre Rolle als Moderator aktiver ausüben und in einer Zeit, wo sich die Nutzungsgewohnheiten erst herausbilden, den Nachrichtenrezipienten an diese neue partizipative Vermittlung heranführen. Bisher treten Redaktionen kaum als Mitdiskutanten oder Moderatoren in Erscheinung.

Die Hoffnungen, den Leser über Facebook als „neuen Mitarbeiter"[481] der Zeitung zu gewinnen, werden – dies kann festgehalten werden – enttäuscht. Nur ein Drittel der befragten Nutzer äußerte sich aufgeschlossen für eine Mitwirkung an Website oder Facebook-Auftritt. Doch auch hier muss relativierend darauf hingewiesen werden, dass die Redaktionen bisher partizipative Elemente kaum genutzt haben, sodass Nutzer auf keine Erfahrungswerte zur Beurteilung zurückgreifen können und eher ein abstraktes und ih-

---

480 Vgl. Taddicken, Monika / Bund, Kerstin: Ich kommentiere, also bin ich. Community Research am Beispiel des Diskussionsforums der Zeit Online. In: Welker, Martin / Wünsch, Carsten (Hrsg.): Die Online-Inhaltsanalyse. Forschungsobjekt Internet. Köln, 2010, S 167–190.

481 Vgl. Neuberger, Christoph / Nuernbergk, Christian / Rischke, Melanie: Der Leser: Unser neuer Mitarbeiter. In: Message 01/2008, S. 10–16.

nen weitgehend fremdes Konstrukt bewerten, was immer schwieriger und unzuverlässiger ist. Um verlässlichere Nutzermeinungen zu erhalten, müsste eine progressivere Redaktionspraxis etabliert und dann beurteilt werden. Wahrscheinlich ist, dass sich eine aufgeschlossenere Haltung bei den Nutzern zeigt, wenn diese die neuen Möglichkeiten kennengelernt haben. Inwieweit sich Nutzer schon jetzt über Direktnachrichten mit Themenvorschlägen und Recherchetipps an die Redaktionen wenden, ist mithilfe der genutzten Forschungsmethoden nicht erkennbar. Nach der Online-Befragung haben rund 17 Prozent der Befragten von dieser Möglichkeit der Kontaktaufnahme Gebrauch gemacht, über die Art und Weise des Kontakts sagt dies jedoch nichts aus. Dass die journalistische Arbeit inhaltlich in relevanter Weise von Facebook-Nutzern mitgeprägt ist, kann aufgrund der durchgeführten Studien nicht festgestellt werden. Anderslautende Berichte, wie beispielsweise die zu Erfahrungen der Rhein-Zeitung, stellen, ihre Richtigkeit angenommen, wohl weiterhin eher die Ausnahme als die Regel redaktioneller Social-Media-Erfahrungen dar.[482]

Die in der Theorie entfalteten Chancen, soziale Netzwerke als Ort zu gestalten, an dem sich die starren Rollen von Vermittler und Rezipient zum Wohl eines besseren Journalismus auflösen und gegenseitig befruchten, sind bisher kaum genutzt worden. Bisher ist Facebook eher ein weiterer Kanal der Nachrichtenverbreitung und ein Ort traditionellen, passiven Nachrichtenkonsums. Zwar ist eine neue Nähe zwischen Vermittler und Rezipienten entstanden, doch diese bleibt bisher ohne weitergehende Folgen. Dies mag zu einem nicht unerheblichen Teil daran liegen, dass die wirtschaftlichen Ziele der Verlage auf diese Weise bereits gut erreicht werden. Für Leser-/Nutzer-Bindung kann eine auf passive Rezeption oder (oberflächlichen) Dialog ausgerichtete Facebook-Seite als ausreichend betrachtet werden. Partizipation ist kein zwingendes Element, wenn Redaktionen von einer Seite in sozialen Netzwerken profitieren wollen. Die ökonomisch so wichtigen Traffic-Steigerungen können auch ohne diese erzielt werden. Die vorliegende Online-Befragung bestätigt darin bisherige Forschungen: Wenn Nutzer einmal eine regionale Tageszeitung auf Facebook abonniert haben, hat die Zeitung

---

482   Vgl. Langer 2011, S. 48f.

eine große Chance, dass diese Nutzer regelmäßig auf eingebundene Links in den Posts klicken und zumindest kurz auf die Website der Zeitung gelangen. Dies mag das Interesse an partizipativen Elementen auf Redaktionsseite dämpfen.

Doch im Journalismus geht es nicht nur um Profitmaximierung. Sein gesellschaftlicher Auftrag besteht weiterhin und seine Aufgabe als vierte Gewalt in einem freiheitlich-demokratischen Staat wird angesichts massiver globaler Herausforderungen, sei es in der Achtung der Menschenrechte, sei es in der Reform der Wirtschafts- und Finanzsysteme, mehr denn je gebraucht. Soziale Netzwerke sind ein Ort, an dem eine neue Nachrichtenvermittlung stattfinden könnte, eine, die Diskussion und inhaltliche Mitarbeit der ehemaligen Konsumenten an den Nachrichtenprodukten der professionellen Vermittler einschließt. Doch diese Veränderungen in der journalistischen Kultur zu initiieren, ist primär Aufgabe der Journalisten, die eben nicht überflüssig sind in einem System, in dem jeder Nachrichten verbreiten und an vielen Orten konsumieren kann. Die Ergebnisse der durchgeführten Studien bestätigen, dass Redaktionen noch im Prozess sind, ihre neue Rolle als professionelle Nachrichtenvermittler in einer partizipativen Netzwerköffentlichkeit zu finden.

V Welche Strategien und Motive liegen redaktionellem Facebook-Engagement zugrunde? Experteninterviews

Die Zusammenschau der Ergebnisse von Online-Befragung und Inhaltsanalyse hat einige Diskrepanzen zwischen Nutzerwünschen und Redaktionspraxis aufgedeckt und zudem Fragen hinsichtlich der Motive und Beweggründe zu bestimmten redaktionellen Arbeitsweisen aufgeworfen. Um erste Erklärungen für die bisherigen Ergebnisse zu finden, die Studie um eine weitere Perspektive zu ergänzen und somit bisherige Erkenntnisse zu vertiefen und zu erweitern, wurden als abschließender empirischer Forschungsteil Experteninterviews durchgeführt. Die folgenden Kapitel stellen die Methodik der Untersuchung, ihre Auswertung sowie Ergebnisse dar und widmen sich dem Nutzen der Forschungsergebnisse für die redaktionelle Praxis. Dabei werden die Ergebnisse aller drei Teilstudien berücksichtigt und diskutiert sowie erste Antworten gegeben, wann regionale Tageszeitungen ihren Facebook-Auftritt als erfolgreich bezeichnen (können). In einem Exkurs wird diskutiert, inwieweit Fanzahlen als Gradmesser für Erfolg herangezogen werden können, bevor ein Ausblick auf die weitere Entwicklung des Forschungsgegenstands und den damit verbundenen Forschungsbedarf gegeben wird.

1 Methode

Im Folgenden wird die Methode der empirischen Untersuchung vorgestellt: Thematisiert werden die Wahl des Erhebungsinstruments, Leitfadenkonstruktion, die Auswahl des Samples, die Erhebungssituation und die Gütekriterien. Im Anschluss werden die Ergebnisse der Befragungen dargestellt und in Beziehung zu den bisherigen Erkenntnissen interpretiert.

1.1 Wahl der Erhebungsmethode

Die Wahl der Erhebungsmethode ergibt sich aus dem verfolgten Forschungsinteresse. Da im vorliegenden Fall die Strategien und Motive des Facebook-Engagements von regionalen Tageszeitungen aufgedeckt und ergänzende Informationen zu Online-Befragung und Inhaltsanalyse erhoben werden sollten, bot sich die Befragung als geeignetes Instrument an. Strategien liegen Überzeugungen und Ziele zugrunde, die von zahlreichen Faktoren beeinflusst werden. Um die Komplexität der Strategiebildung, -durchführung und die perspektivische Organisationsentwicklung zu erfassen, ist die Methode der Befragung in besonderer Weise geeignet.[483] Denn mit ihrer Hilfe können gerade innere Vorgänge, Bewegründe und Überzeugungen aufgedeckt werden.

Neben dem systematisierenden Ansatz der Interviews[484], der Generierung von Kontextwissen zu den durchgeführten Studien, steht die Exploration des Themenfelds im Vordergrund der Interviews. Da es bisher wenig Forschung zu Facebook und regionalen Tageszeitungen gibt, eignet sich ein qualitatives Vorgehen. Redaktionelle Facebook-Aktivitäten werden sehr unterschiedlich organisiert (vgl. Kap. II. 8.4. und 8.5., Kap. IV. 3.) und mögliche Problemfelder der Redaktionsorganisation sind kaum systematisch ermittelt worden. Statt eine breite Masse an Redaktionen zu befragen, wurde im vorliegenden Fall daher eine überschaubare Zahl von Experten mithilfe eines Leitfaden befragt.[485] Die gewonnenen Erkenntnisse erheben zwar keinen Anspruch auf Verallgemeinerbarkeit, liefern jedoch als Einzelfallanalysen[486] einen wertvollen Beitrag zum Ver-

---

483 Vgl. Möhring / Schlütz 2010, S. 14.

484 Vgl. Flick 2009, S. 216.

485 Vgl. zum Einsatzfeld qualitativer Methoden: Diekmann 2007, S. 437 sowie Brosius, Hans-Bernd / Koschel, Friederike / Haas, Alexander: Methoden der empirischen Kommunikationsforschung. Eine Einführung. Wiesbaden, 2009, S. 20.

486 Vgl. zum Wesen und zur Zielsetzung von Einzelfallanalysen: Mayring, Philipp: Einführung in die qualitative Sozialforschung. Eine Anleitung zu qualitativem Denken. Weinheim/Basel, 2002, S. 42.

ständnis der für die Ausgestaltung der Facebook-Aktivitäten relevanten Einflussfaktoren und redaktionellen Zusammenhänge und schaffen einen Ausgangspunkt für weitere Forschung.

1.1.1 Exkurs: Gütekriterien

Um trotz fehlender Repräsentativität der Ergebnisse einen Maßstab für die Güte der qualitativen Forschung zu haben, sollen wie bei quantitativer Forschung Gütekriterien eingehalten werden, um der Gefahr der Beliebigkeit und Willkürlichkeit der qualitativen Forschung entgegenzuwirken.[487] Die in der quantitativen Forschung üblichen Dimensionen Objektivität, Validität und Reliabilität werden dabei als nicht auf das qualitative Forschungsdesign übertragbar abgelehnt.[488]

> „Sie wurden für ganz andere Methoden [...} entwickelt, die wiederum auf entsprechenden Methodologien, Wissenschafts- und Erkenntnistheorien basieren. Da deren Grundannahmen kaum mit qualitativer Forschung vereinbar sind, ist es nicht gerechtfertigt, von ihr *[der qualitativen Forschung] zu erwarten, dass sie den Kriterien quantitativer Forschung entsprechen kann oder soll. [...] Quantitative Kriterien können insbesondere aufgrund der vergleichsweise geringen Formalisierbarkeit und Standardisierbarkeit qualitativer Forschung nicht unmittelbar auf diese übertragen werden.“*[489]

---

487 Vgl. zu Ausgangspunkten für die Formulierung von Gütekriterien qualitativer Forschung: Steinke, Ines: Gütekriterien qualitativer Forschung. In: Flick, Uwe / Kardoff, Ernst von / Steinke, Ines (Hrsg.): Qualitative Forschung. Ein Handbuch. Reinbek 2010, S. 321f.

488 Vgl. Mayring 2002, S. 140.

489 Steinke 2010, S. 322.

Die vorliegende Untersuchung orientiert sich an den von Mayring speziell für qualitative Forschungen entwickelten sechs Gütekriterien.[490]

Dazu gehört die *Verfahrensdokumentation*, also die möglichst detaillierte und für andere nachvollziehbare Dokumentation des Forschungsvorgehens, für die in diesem und in den folgenden Kapiteln gesorgt wird. Weiteres Gütekriterium sind die *argumentative Interpretationsabsicherung*, interpretative Schlüsse werden nicht bloß aufgestellt, sondern argumentativ aus der Theorie oder anderen empirischen Forschungsschritten hergeleitet, und die *Regelgeleitetheit der Forschung*, die trotz des flexiblen Reagierens auf Einflüsse im Forschungsprozess ein systematisches, schrittweises Vorgehen nach einem zuvor ausgearbeiteten Plan verlangt. Ein unstrukturiertes Vorgehen wird abgelehnt. Das Gütekriterium der *Nähe zum Gegenstand* betont den Aspekt qualitativer Forschung, an konkreten Problemen des Forschungsobjekts ansetzen zu wollen und – anders als beim Experiment – ein möglichst offenes Verhältnis zwischen – im vorliegenden Fall – Interviewer und Befragtem herzustellen. Die *kommunikative Validierung*, hier verstanden als die Überprüfung und Freigabe der erhobenen Daten durch den Befragten, soll schließlich der Absicherung der auf das Material gestützten Interpretationen dienen. Sie bezieht sich im vorliegenden Fall auf die Autorisierung der im Text zitierten wörtlichen Zitate. Als letztes Gütekriterium nennt Mayring die *Triangulation*. „Triangulation meint immer, dass man versucht, die Ergebnisse zu vergleichen. [...] Natürlich sind dabei auch Vergleiche qualitativer und quantiativer Analysen sinnvoll möglich."[491] Diese Annahme liegt dem Gesamtkonzept der vorliegenden Arbeit zugrunde. Die qualitativen Interviews sind ein Mosaikstein, um ein genaueres Bild des Forschungsgegenstands zu zeichnen.

Qualitative Interviews zeichnen sich typischerweise durch ihre mündlich-persönliche Form, offene Frageformulierungen, einen neutralen bis weichen Interviewstil und ein Setting als Einzelbe-

---

490 Vgl. Mayring 2002, S. 144–148.
491 Mayring 2002, S. 147f.

fragung aus.[492] Im vorliegenden Fall wurden halbstrukturierte Leitfadeninterviews geführt. Dabei werden in einem Leitfaden zu den
interessierenden Themenkomplexen Fragen in einer inhaltslogisch
begründeten Reihenfolge aufgeführt. Der Interviewer kann aber auf
sich spontan ergebende Aspekte eingehen, Fragen hinzunehmen,
ihre Reihenfolge bei Bedarf tauschen oder bei Unklarheiten nachha-
ken.[493] Leitfadeninterviews können auch auf die organisatorischen,
ökonomischen und personellen Besonderheiten der einzelnen Zeitungen flexibler reagieren, als dies eine standardisierte Befragung
könnte. Um diese Vorteile des halbstrukturierten Verfahrens voll
zur Geltung zu bringen, wurden die Interviews nicht telefonisch,
sondern Face-to-Face durchgeführt. Auf einen Leitfaden zu verzichten und als Alternative ein gänzlich unstrukturiertes Interview zu
führen, wäre dagegen wenig sinnvoll gewesen. Denn der Leitfaden
stellt sicher, dass sich alle Befragten zu denselben Themenfeldern
äußern und zumindest einen Grundstock derselben Fragen beantworten. Dies war wichtig, da eine wissenschaftliche Vergleichbarkeit
der einzelnen Interviews gewährleistet werden sollte.

1.2 Leitfadenkonstruktion

Da die Leitfadeninterviews die Ergebnisse von Online-Befragung
und Inhaltsanalyse reflektieren und ergänzen sollten, fanden die
dort behandelten Themenkomplexe bei der Konzeption des Fra-
genkatalogs für den Leitfaden Berücksichtigung. Neben Fragen
zur Auswahl und Gestaltung der Facebook-Inhalte und zu partizipativen Überlegungen bezüglich des Facebook-Auftritts wurde jedoch eine Reihe weiterer Themenkomplexe erfasst, die über eine
Kommentierung des redaktionellen Outputs hinauszielten und
Aufschluss über Strategien und Motive und der zugrunde liegenden Haltung der Redaktion gegenüber Social Media im Allgemeinen und Facebook im Speziellen geben sollten. Die Leitfadeninter-

---

492 Vgl. Lamnek, Siegfried: Qualitative Sozialforschung. Weinheim,
     2005, S. 346.

493 Vgl. Brosius / Koschel / Haas 2009, S. 115 und zu den Stärken von
     Leitfadeninterviews: Möhring / Schlütz 2010, S. 17.

views leisten im Methoden-Mix einen eigenständigen Beitrag zur Beantwortung der Ausgangsfrage dieser Arbeit nach einem sinnvollen Einsatz von Facebook in regionalen Tageszeitungen. Damit wird im letzten empirischen Teil dieser Arbeit ein Rückbezug hergestellt zu den theoretischen Ausführungen am Beginn. Ziel der Interviews ist, den in den ersten Kapiteln skizzierten Theoriestand zu Facebook aus der Perspektive der Redaktionspraxis zu bereichern. Folgerichtig war für die Berücksichtigung eines Themas im Interview entscheidend, dass bisher wenig oder keine Informationen zu diesem zum Erhebungszeitpunkt leicht zugänglich waren.

Letztlich wurden folgende Themenkomplexe für den Leitfaden ausgewählt, deren Reihenfolge flexibel gehandhabt wurde:

- Motive – Erwartungen – Ziele
- Finanzierung
- Social-Media-Kompetenz der Redaktion
- Strategie und redaktionelle Organisation
- Inhalte
- Partizipation
- Monitoring
- Perspektiven

Die ausgewählten Dimensionen zum Facebook-Engagement regionaler Tageszeitungen wurden operationalisiert. Der verwendete Leitfaden mit allen erarbeiteten Fragen findet sich im Anhang (vgl. Anhang, C. I.). Er ist relativ ausführlich gestaltet, um sicherzustellen, dass alle interessierenden Themen angesprochen werden. Dass nicht immer alle Fragen gestellt wurden, ergibt sich aus der oben beschriebenen Methodik der Leitfadeninterviews und geschah beispielsweise, wenn die vorgesehenen Fragestellungen dennoch – weil vom Interviewten initiativ aus – behandelt wurden.

1.3 Auswahl des Samples

Die vorliegenden Leitfadeninterviews sind als Experteninterviews zu klassifizieren.[494] Denn interviewt werden sollten Experten für Facebook-Aktivitäten in regionalen Tageszeitungen. Wer als Experte zu betrachten ist, haben Bogner und Menz in einer Definition umrissen:

> „Der Experte verfügt über technisches, Prozess- und Deutungswissen, das sich auf sein spezifisches professionelles oder berufliches Handlungsfeld bezieht. [...] Es weist zu großen Teilen den Charakter von Praxis- oder Handlungswissen auf, in das verschiedene und durchaus disparate Handlungsmaximen und individuelle Entscheidungsregeln, kollektive Orientierungen und soziale Deutungsmuster einfließen."[495]

Diese Anforderungen wurden bei der Wahl der Experten berücksichtigt. Da sich die Experteninterviews für einen maximalen Erkenntnisgewinn zumindest teilweise auch auf die spezifischen Auswertungen der Inhaltsanalyse beziehen respektive vor diesem Hintergrund ausgewertet werden sollten, wurden die Experten aus den vier in der Inhaltsanalyse untersuchten Zeitungen und ihren Redaktionen rekrutiert.

Die Interviewpartner sollten sowohl über Wissen hinsichtlich der strategischen und konzeptionellen Hintergründe der Facebook-Aktivitäten verfügen als auch über die redaktionellen Arbeitsroutinen Auskunft geben können. Es konnte nicht davon ausgegangen werden, dass eine Person alle Anforderungen erfüllt. Da für den Forscher von außen jedoch schwer feststellbar ist, welche Personen in den jeweiligen Zeitungsverlagen die erforderlichen Kriterien erfüllen, wurde als erster Ansprechpartner der Leiter der Online-Re-

---

494 Vgl. zur Definition von Experteninterviews: Flick, Uwe: Qualitative Sozialforschung. Eine Einführung. Reinbek, 2009, S. 214ff.

495 Bogner, Alexander / Menz, Wolfgang: Das theoriegenerierende Experteninterview. Erkenntnisinteresse, Wissensformen, Interaktion. In: Bogner, Alexander / Littig, Beate / Menz, Wolfgang (Hrsg.): Das Experteninterview. Theorie. Methode. Anwendung. Opladen, 2002, S. 46.

daktion und bei kleineren Verlagen der Chefredakteur kontaktiert, da vermutet wurde, dass diese die relevanten redaktionellen Strukturen hinreichend überblicken, um bei der definitiven Auswahl des oder der Interviewpartner(s) behilflich zu sein. Ihnen wurde dazu erläutert, dass Informationen zu den beiden oben genannten Themenfeldern erfragt werden sollen, sodass einerseits die geeigneten Personen ausgewählt werden konnten, andererseits die Interviewfragen noch unbekannt blieben und ein spontanes Reagieren beziehungsweise eine unvorbereitete Interviewsituation gewährleistet wurde.

1.4 Organisation und Durchführung der Interviews

Die erste Kontaktaufnahme mit den Redaktionen fand im Juni 2012 statt. Sie erfolgte telefonisch und wurde zum Teil ergänzt um eine E-Mail, in der wesentliche Eckpunkte des Forschungsvorhabens kurz zusammengefasst waren (Anlass des Interviews, übergeordnetes Thema der Dissertation, Betreuer, Begründung der Auswahl als Zeitung mit Printgröße oder relativ großer Facebook-Fanzahl im Verhältnis zur Printauflage).

Alle Ansprechpartner reagierten äußerst aufgeschlossen auf die Anfrage und mussten nicht aktiv überzeugt werden an der Studie teilzunehmen, was auf ein großes Interesse der regionalen Tageszeitungen an Facebook und auf ein Bewusstsein über die Bedeutung des noch jungen Kanals für die redaktionelle Arbeit schließen lässt.

Dies stellte insbesondere einen Kontrast zur vorhergegangenen Online-Befragung dar, in der es sich als schwierig erwiesen hatte, Redaktionen zum Posten eines Links auf der Facebook-Seite zu animieren, was einen geringeren Zeitaufwand bedeutet hatte. Die Diskrepanz lässt sich möglicherweise dadurch erklären, dass die Redaktionen sich in ihrer Einzigartigkeit gewürdigt sahen und sich auch erhofften – durch das Interview intensiv analysiert – einen direkteren Nutzen aus der Studie ziehen und konkrete Hilfestellungen für die zukünftige Gestaltung ihrer Aktivitäten ableiten zu können, als dies bei Befragungen der Fall wäre, in der ihre spezielle Sicht und Organisationssituation nicht berücksichtigt wird.

Die Interviewtermine wurden relativ kurzfristig vereinbart und fanden im Juni und Juli 2012 face-to-face und bis auf eine Ausnahme (Der Westen) in den Redaktionsräumen der jeweiligen Zeitungen statt. Die Ortswahl richtete sich nach praktischen Erwägungen und wurde mit dem Interviewpartner so abgestimmt, dass eine für ihn angenehme Interviewsituation hergestellt wurde. Das Face-to-Face-Setting wurde als angemessener bewertet als eine telefonische Befragung, da der Leitfaden relativ lang und eine Interviewdauer von ungefähr einer Stunde geplant war, was der tatsächlichen Interviewdauer relativ genau entsprach. Gerade für Gespräche über einen längeren Zeitraum haben sich persönliche Face-to-Face-Settings als angenehmer für die Person des Interviewten herausgestellt, zumal zum Teil unliebsame Fragen zu Finanzierung und Strategie gestellt wurden und im persönlichen Gespräch es besser möglich ist, eine Atmosphäre des Vertrauens zu schaffen, von der das Interviewergebnis vor allem zu diesen Fragen profitiert.

Die Gespräche wurden mithilfe eines digitalen Diktiergeräts aufgezeichnet. Negative Auswirkungen auf die Gesprächssituation ergaben sich nach Meinung des Forschers dadurch nicht, zumal die Interviewpartner selbst professionell mit Diktiergeräten umgehen und Aufnahmesituationen oftmals selbst aus der Perspektive des Interviewers kennen. Dies wurde durch die Reaktion der Interviewten bestätigt, die neutral bis routiniert-beiläufig auf das Verwenden des Diktiergeräts reagierten.

Für den Kölner Stadt-Anzeiger wurde zunächst versucht, telefonisch Jürgen Oehler als Chefredakteur der Website zu kontaktieren. Im Gespräch mit dem zuständigen Sekretariat wurde dann jedoch Michael Krechting als passenderer erster Ansprechpartner ausgewählt. Krechting ist Leiter Digitale Medien des Kölner Stadt-Anzeigers und in dieser Funktion auch für die Facebook-Aktivitäten zuständig. Das Interview fand am 5. Juni 2012 im Verlagsgebäude, dem Neven-DuMont-Haus, in Köln statt.

Für die WAZ wurde nach Kontaktaufnahme mit Thomas Kloß, dem Chefredakteur des Online-Portals Der Westen, Katrin Scheib, CvD der Online-Redaktion, als Interviewpartnerin bestimmt. Sie verfügt sowohl über Kenntnisse hinsichtlich der Strategie und Motive der Facebook-Aktivitäten und ist gleichzeitig selbst aktiv an der täglichen und längerfristigen Ausgestaltung des Facebook-Auftritts beteiligt. Das Interview fand am 7. Juni 2012 statt.

Für die Werra-Rundschau wurde aufgrund der durch das kleine Verbreitungsgebiet und die damit einhergehend niedrigere Auflage bedingten überschaubareren Größe der Redaktion als erster Ansprechpartner der Chefredakteur Dieter Salzmann kontaktiert. Er entschied, dass für das geplante Interview neben ihm am besten Redakteur Tobias Stück Auskunft geben könnte, da er die Facebook-Seite maßgeblich mit ins Leben gerufen hat. Das Interview mit beiden fand am 13. Juni 2012 in den Redaktionsräumen der Werra-Rundschau in Eschwege statt.

Für die Sindelfinger/Böblinger Zeitung wurde wie im Fall der Werra-Rundschau als erster Ansprechpartner der Chefredakteur und Verlagsleiter Hans-Jörg Zürn kontaktiert. Im Telefonat berichtete er, die Facebook-Aktivitäten selbst ins Leben gerufen zu haben, sodass ein Termin für ein ausführlicheres persönliches Interview mit ihm für den 4. Juli 2012 vereinbart wurde. Das Gespräch fand in den Redaktionsräumen der Zeitung in Böblingen statt.

Die durchschnittliche Interviewdauer betrug 1 Stunde 11 Minuten. Der Leitfaden lag den Befragten nicht vor, da die Fragen weniger auf Details als auf größere Zusammenhänge und Arbeitsroutinen abzielten. Am Ende des Gesprächs wurde angeboten, den Redaktionen die Ergebnisse der Studie zukommen zu lassen. Alle Befragten nahmen dieses Angebot interessiert an, zum Teil fragten die Interviewpartner auch aktiv, wann und wo sie die Ergebnisse der Studie einsehen könnten.

1.5 Auswertung

Die Interviews wurden zunächst möglichst wörtlich in Standardorthographie transkribiert. Parasprachliche Äußerungen wie Lachen oder Atempausen wurden nicht transkribiert, da im vorliegenden Fall allein die berichteten Fakten relevant waren und nicht die Art und Weise, wie der Befragte diese vorgetragen hat. Aus gleichem

Grund wurden in einem zweiten Schritt Grammatik und Satzbau behutsam geglättet.[496] Zur besseren Lesbarkeit wurden ebenfalls einige zuvor wörtlich transkribierte Interview-Fragen geglättet, ohne jedoch ihren Sinngehalt zu verändern.

Die Auswertung orientiert sich am von Christiane Schmidt beschriebenen Vorgehen zur Analyse von Leitfadeninterviews.[497] Neben den vorab festgelegten und in den Interviews behandelten Themenfeldern wurden nach gründlicher Lektüre aller Transkripte weitere Aspekte aufgenommen, die alle Befragten thematisiert hatten und die für die Kernfrage der Arbeit von so großer Relevanz erschienen, dass sie ebenfalls in die Auswertung miteinbezogen werden sollten. In einem zweiten Schritt wurde das Textmaterial den erarbeiteten Auswertungskategorien entsprechend gegliedert und so systematisiert, dass ein Vergleich der einzelnen Fälle zu den interessierenden Fragestellungen möglich wurde.[498] Letztlich ergaben sich elf Themenfelder, die in Bezug zur Ausgangsfrage nach der erfolgreichen Nutzung von sozialen Netzwerken für die redaktionelle Arbeit am Beispiel von Facebook ausgewertet wurden.

1. Art und Umfang des Facebook-Auftritts
2. Entstehungsgeschichte der Facebook-Seite
3. Organisation der Facebook-Betreuung
4. Entwicklung der Facebook-Seite im Laufe der Zeit/Schwierigkeiten
5. Ziele und Erwartungen
6. Kosten
7. Bedeutung der Facebook-Seite im Gesamtsystem des Verlagsangebots
8. Social-Media-Kompetenz der Redaktion
9. Inhalte des Facebook-Auftritts
10. Partizipative Nutzung durch die Redaktion
11. Beurteilung des Phänomens und Ausblick auf eigene Aktivitäten

---

496   Vgl. Mayring 2002, S. 91.
497   Vgl. Schmidt, Christiane: Analyse von Leitfadeninterviews. In: Flick, Uwe: Qualitative Forschung. Reinbek 2010. S. 447–456.
498   Vgl. Mayring 2002, S. 43f.

2 Ergebnisse der Experteninterviews in zeitungsübergreifenden Hypothesen

Im Folgenden werden die wichtigsten Ergebnisse der Experteninterviews zeitungsübergreifend komprimiert anhand von Hypothesen dargestellt, die Charakteristika gelungener Facebook-Auftritte formulieren.

Die Form der Hypothesen wurde gewählt, da die Zahl der analysierten Zeitungen mit vier klein ist und daher keine Verallgemeinerung der Ergebnisse möglich ist. Die Hypothesen sollen als Ansatz für weitere Forschung verstanden werden und erste Trends und Tendenzen aufzeigen, die sich aus der vorliegenden Erhebung ergeben haben. Ein Augenmerk liegt darauf, mögliche strukturelle Unterschiede zwischen den kleineren und größeren untersuchten Tageszeitungen offenzulegen. Denn diese wären für die Praxis von besonderem Interesse: Oftmals fühlen sich kleinere Zeitungen den großen per se unterlegen und erklären rudimentäres Facebook-Engagement mit ihren kleineren Budgets und knapperen Ressourcen. Aus diesem Grund werden die Ergebnisse, wann immer sinnvoll, mit Bezug zur Zeitungsgröße interpretiert, um so die Praxisrelevanz zu erhöhen.

2.1 Umfang und Entstehung der Facebook-Aktivitäten

Hypothese 1:

Für den Erfolg der Facebook-Aktivitäten ist es sinnvoll, nur eine einzige, zentrale Facebook-Seite zu betreiben – unabhängig von vorhandenen Themen und sonstigen Ressourcen.

Die beiden kleineren untersuchten Zeitungen, die SZBZ und die Werra Rundschau, betreiben jeweils nur eine einzige Facebook-Seite. Die SZBZ ist seit 2010, die Werra Rundschau seit Januar 2011 mit ihrer Seite auf Facebook vertreten. Letztere hat den Auftritt bis August 2012 als Website-Ersatz genutzt. Der Westen und der KStA sind länger – seit 2009 – auf Facebook aktiv. Beide pflegen neben einer Hauptseite weitere themenspezifische oder lokalfokussierte Facebook-Seiten, beschränken sich jedoch angesichts ihrer Produktvielfalt im Printbereich auf wenige zentrale Seiten. . Beide Redaktionen betonen übereinstimmend, dass die virale Wirkung der Facebook-Aktivitäten konterkariert wird, wenn das Facebook-Engagement auf zu viele Seiten ausgedehnt wird. Denn für weitreichende Schneeballeffekte sei eine Seite mit vielen tausend Fans besser geeignet, als es die gleiche Fanzahl verteilt auf mehrere Seiten bewirken könne. In dieser viralen Wirkung liegt jedoch ein zentraler Nutzen, den Facebook bietet: auf einfache Weise immer neue Facebook-Nutzer – und damit potenzielle Print- und Online-Leser – im Schneeballverfahren an die eigenen Inhalte heranzuführen und letztlich an diese zu binden.

Die positive Botschaft, die sich daraus für kleinere Zeitungen ergibt: Es ist nicht notwendig, möglichst viele Seiten zu pflegen und damit entsprechend viel Arbeitszeit in diese zu investieren. Die Konzentration auf eine einzige Seite ist keine Frage der Ressourcenknappheit, sondern nützt dem Erfolg. Aus dieser Perspektive betrachtet, ist Facebook genauso gut für kleine wie für größere Zeitungen geeignet. Manche Redakteure mögen einwenden, dass ihre Redaktion in der Praxis für die Pflege mehrerer Facebook-Seiten genauso viele Ressourcen einsetzen wie andere Redaktionen für die Pflege einer einzelnen Seite. Dabei ist zu berücksichtigen, dass für eine qualitativ hochwertige Facebook-Seite tendenziell mehr Ressourcen benötigt werden, sodass es kein Maß für Qualität sein kann, wenn eine Zeitung mehrere Facebook-Seiten mit wenig Ressourceneinsatz betreut. Andererseits garantiert die Konzentration auf eine einzige Facebook-Seite keine hohe Qualität – entscheidend ist die Art und Weise der Facebook-Betreuung durch die Redaktion.

Hypothese 2:

Für den Erfolg der Facebook-Aktivitäten ist es nicht entscheidend, ob die Initiative ursprünglich von einem einfachen Redakteur oder von der Führungsebene ausgeht. Entscheidend sind vielmehr die Haltung des entsprechenden Redaktionsleiters sowie die Motivation der betroffenen Redakteure.

Die Initiative für ein redaktionelles Facebook-Engagement geht bei den vier untersuchten Zeitungen nicht von der gleichen Position aus und es sind auch keine strukturellen Unterschiede zwischen größeren und kleineren Zeitungen erkennbar: Während die Idee bei der Werra-Rundschau und dem Kölner Stadt-Anzeiger von einem einfachen Redakteur beziehungsweise einer freien Mitarbeiterin geäußert wurde, kam die Initiative zu Facebook bei der SZBZ und bei Der Westen von Führungskräften – dem Chefredakteur beziehungsweise der Chefin vom Dienst der Online-Redaktion. Trotz dieser Unterschiede zeigen alle Befragten eine relativ hohe Zufriedenheit mit der Entwicklung ihres Facebook-Engagements. Auch lassen sich weitergehende strukturelle Einflüsse auf die redaktionelle Arbeit nicht mit der Art und Weise in Verbindung bringen, wie die Facebook-Aktivitäten in der Redaktion etabliert worden sind, sondern eher mit der Haltung der redaktionellen Führung.

Bei allen Zeitungen ist der Chefredakteur und/oder Redaktionsleiter vom Nutzen der Facebook-Aktivitäten überzeugt und kommuniziert dies auch. Dies scheint gemeinsam mit der intrinsischen Motivation der Mitarbeiter viel eher eine erfolgskritische Variable zu sein, als der Weg, wie das redaktionelle Facebook-Engagement in die Redaktion getragen wird. Der Chefredakteur der Werra-Rundschau ist im Vergleich zu den anderen drei Interviewten am zurückhaltendsten Facebook gegenüber: Er betont die Priorität des Printprodukts und die Ressourcenknappheit. Dies spiegelt sich auch negativ im Facebook-Auftritt wider – in geringeren Interaktionen, in der geringen geposteten Formenvielfalt (Fotos, Videos, Text) und in kaum vorhandenen partizipativen Nutzungsangeboten. Die Zeitungen, deren Chefredakteur oder Redaktionsleiter sich mit Begeisterung für Facebook einsetzen, beispielsweise bei Der Westen oder der SZBZ, erreichen – im Verhältnis zu ihrer Stärke im Printbereich – deutlich bessere Werte: häufigere Nutzerinteraktionen, eine größere Formenvielfalt und mehr partizipative Aktivitäten.

Auch die Motivation der Mitarbeiter scheint entscheidend. In den verschiedenen Interviews berichteten die Befragten, dass Facebook den Redakteuren bereits aus ihrem privaten Gebrauch bekannt war. Dies lässt auf die Bereitschaft schließen, sich mit dem noch neuen Kanal auseinanderzusetzen – diese intrinsische Motivation, sich mit Facebook zu beschäftigen, kann, wie das Beispiel der SZBZ eindrucksvoll belegt, wesentlich zum Erfolg der Facebook-Aktivitäten beitragen, wesentlicher als finanzielle Ressourcen oder verpflichtende Aktivitäten. Weiteres dazu findet sich unter dem Gesichtspunkt der Kosten und des finanziellen Nutzens (vgl. Hypothese 10).

2.2 Organisation der Facebook-Betreuung

Hypothese 3:

Für erfolgreiche Facebook-Aktivitäten bedarf es keiner eigenen Online-Redaktion, auch eine in die Printredaktion integrierte Betreuung ist möglich – ohne, dass dies der Qualität abträglich ist.

Facebook wird von allen Zeitungen als Teilbereich der Online-Aktivitäten und weniger als eigenständiger Bereich wahrgenommen. Die beiden größeren Zeitungen, Der Westen und der Kölner Stadt-Anzeiger, haben die Facebook-Betreuung daher in der Online-Redaktion verortet. Dies bietet sich an, da die Inhalte des Facebook-Auftritts eng mit den Inhalten der Website verzahnt sind und auch die technischen und inhaltlichen Gestaltungsprinzipien einander ähneln. Die untersuchten kleinen Lokalzeitungen, Werra-Rundschau und SZBZ, verfügen jedoch über keine eigenständige Online-Redaktion, sodass die Betreuung von Online-Kanälen von den Lokalredakteuren mitübernommen wird. Dass Facebook so durch tendenziell weniger onlineaffine Mitarbeiter betreut wird, scheint für den Erfolg der Aktivitäten per se nicht nachteilig, wie das Beispiel der SZBZ belegt. Auch leidet hier die Verzahnung mit Website-Inhalten nicht sichtbar. Ein Grund mag sein, dass es bei kleineren Zeitungen für Printredakteure besser möglich ist, die Geschehnisse auf der Website über den Tag im Blick zu behalten und sie es zudem aufgrund der fehlenden Online-Redaktion bereits vor Einführung von Facebook gewohnt waren, crossmedial zu denken. Möglicherweise spielt auch die Freiwilligkeit der Facebook-Betreuer in diesem Fall eine größere Rolle, da so eine gewisse Social-Media-Affinität sichergestellt wird, die sich dann in Qualität widerspiegelt.

Hypothese 4:

Der Facebook-Erfolg ist nicht abhängig davon, ob die Betreuung auf freiwilliger oder klar geregelter Basis verläuft.

In den Interviews zeigen sich zwei Modelle, wie Facebook-Aktivitäten organisatorisch verankert sind: Beim Kölner Stadt-Anzeiger und Der Westen ist die Betreuung klar geregelt und vom Chefredakteur oder Redaktionsleiter zum festen Bestandteil der Arbeit erklärt worden. Alle Mitarbeiter der Online-Redaktion müssen in der Lage sein, Facebook zu betreuen und sind auch tatsächlich regelmäßig in die Betreuung involviert. Bei der Werra-Rundschau und der SZBZ ist die Betreuung vom Chefredakteur befürwortet, aber weniger klar geregelt, sondern basiert, bei der Werra-Rundschau eher, bei der SZBZ vollständig, auf Freiwilligkeit und Spontaneität. Dies hat zunächst keine zwingenden Auswirkungen auf den Facebook-Erfolg.

Vor allem das Beispiel der SZBZ zeigt, dass die Haltung des Chefredakteurs oder Redaktionsleiters entscheidend ist. Mit der freiwilligen Facebook-Betreuung erzielt die Zeitung eine hohe Regelmäßigkeit von Postings und eine hohe Qualität der Facebook-Betreuung, die weitergehende partizipative Nutzungen der Facebook-Seite und rege Fanbeteiligung einschließt. Die Werra-Rundschau, die auch wenig reglementiert vorgeht, wird im Vergleich zur SZBZ abgehängt, was jedoch eher in der defensiven beziehungsweise zurückhaltenden Herangehensweise des Chefredakteurs begründet zu sein scheint als am Konzept der Freiwilligkeit. Wieder zeigt sich, dass die Motivation der Führung und – damit zusammenhängend – die Motivation der Mitarbeiter entscheidender für Facebook-Erfolg ist als bestimmte vermeintlich ideale Strukturen.

Hypothese 5:

Die Qualität der Facebook-Betreuung profitiert davon, wenn möglichst alle Mitglieder der zuständigen Redaktion in der Lage sind, Facebook zu pflegen – unabhängig davon, wie häufig der Einzelne dann tatsächlich bei Facebook aktiv wird.

Die Betreuung der Facebook-Seite wird auf möglichst viele Schultern verteilt. Keine der untersuchten Zeitungen praktizierte das Modell Social-Media-Redakteur, bei dem sich ein oder mehrere Mitarbeiter jeden Tag ausschließlich um die Betreuung von Social-Media-Kanälen kümmern. Beim KStA und Der Westen sind alle Mitarbeiter der Online-Redaktion in die Betreuung von Facebook involviert. Der Westen verweist diesbezüglich auch auf die wechselnde personelle Besetzung aufgrund von Schichtdiensten, die dieses Modell, die Kompetenz in der gesamten Redaktion zu verteilen für die Redaktion, als am sinnvollsten erscheinen ließ. Die Werra-Rundschau hat keine klaren Zuständigkeitsregelungen. Bei der SZBZ sind die Mitarbeiter zwar nicht verpflichtet, beteiligen sich jedoch freiwillig – bis auf einen Mitarbeiter.

Indem die Pflege auf viele Schultern verteilt wird, ist sie weniger anfällig für krankheits- oder urlaubsbedingte Personalengpässe. Eine in Quantität und bestenfalls auch Qualität gleichbleibende Facebook-Betreuung wird gewährleistet, was besonders wichtig ist, um Nutzer im Dialog und letztlich als Fans der Seite zu halten. Die hohe Bedeutung der regelmäßigen Aktivität scheint allen Zeitungen bewusst zu sein. Indem die Redaktionen auf Social-Media-Redakteure verzichten, verzahnen sie ihre Aktivitäten enger mit anderen Publikationskanälen, sei es Print – bei den kleineren Zeitungen – oder Online – bei den beiden größeren Zeitungen. Vor allem die größeren Zeitungen, aber auch die SZBZ, verstehen Facebook als Teilbereich der Online-Redaktion beziehungsweise des Online-Angebots. Dass keine eigenen Positionen für Social-Media-Redakteure geschaffen werden, ist vor allem bei den kleineren Zeitungen auch den knappen Budgets geschuldet. Zeitungen legen großen Wert darauf, flexibel auf die Arbeitsbedarfe in den Redaktionen reagieren zu können, was ohne feste Social-Media-Redakteure besser gelingen kann.

Ganz auf die Bündelung von Social-Media-Expertise in der Redaktion verzichten die untersuchten Zeitungen jedoch nicht. Die strategische Weiterentwicklung ist übereinstimmend auf eine Person konzentriert: Der Kölner Stadt-Anzeiger hat eine freie Mitarbeiterin, die Werra-Rundschau einen Redakteur zum Ansprechpartner für Facebook ernannt, Der Westen und die SZBZ haben die strategische Weiterentwicklung in die Hände des Online-CvD beziehungsweise des Chefredakteurs gelegt. Diese Intensität, mit der diese Position ausgefüllt wird, unterscheidet sich von Zeitung zu Zeitung zwar deutlich, liegt jedoch immer unter dem Arbeitsaufwand eines Vollzeit-Social-Media-Redakteurs. Zum Teil wird auch die Weiterbildung auf diesen Social-Media-Experten konzentriert, der dann sein Wissen in die Redaktion hineinträgt. Die Zeitungen wählen also einen Mittelweg zwischen breiter Streuung und Konzentration von Social-Media-Kompetenz und -Aufgaben. So wird der Vorteil der Social-Media-Expertise gewahrt und gleichzeitig die Abhängigkeit der täglichen redaktionellen Aktivitäten von einem Einzelnen oder einigen wenigen Mitarbeiter reduziert.

2.3 Ziele und Erwartungen

Hypothese 6:

Die mit einem Facebook-Auftritt verknüpften Ziele können sehr unterschiedlich sein. Betrachtet man die untersuchten Redaktionen, scheinen sich jedoch drei wesentliche Zielprioritäten herauszukristallisieren:

1. Die Generierung von Traffic für die eigene Website und damit die Bekanntmachung der eigenen Inhalte

2. Der Dialog mit den Nutzern (Nutzerbindung)

3. Die Nutzung von Facebook als Rechercheinstrument bzw. als Mittel zur Bereicherung der Berichterstattung

Die untersuchten Zeitungen verfolgen nicht übereinstimmend dieselben Ziele. Berücksichtigt werden muss dabei, dass Facebook-Erfolg ein stark subjektiv geprägter Begriff ist, dem oftmals unterschiedliche Redaktionskonzepte zugrunde liegen. Die drei oben genannten Ziele wurden jedoch am häufigsten angegeben. Sie entsprechen den zentralen, im Theorieteil erarbeiteten möglichen Nutzen einer redaktionellen Facebook-Seite (vgl. Kap. II. 7.), die damit auch von der Praxis bestätigt werden.

Die Redaktion des KStA war sich zwar von Beginn an bewusst, dass sich Facebook-Aktivitäten in verschiedener Hinsicht positiv für die Marke auswirken können. Krechting nennt drei wesentliche Ziele der redaktionellen Aktivitäten: Nutzer- und Klickgenerierung für die Website, Dialog mit den Nutzern und Teilhabe am Informationsfluss, d.h. eine Bereicherung der Recherche. Gleichzeitig betont er die spielerische Annäherung und den experimentellen Charakter des Facebook-Auftritts. Konkrete ökonomische Ziele habe man nicht verfolgt. Drei Jahre nach dem Start wurde schließlich ein zahlenbasiertes Monitoring eingeführt und damit eine stärkere Fokussierung auf Ziel 1, die Klickgenerierung gelegt. Zwar betont Krechting auch, dass die Redaktion Wert lege auf Interaktion mit Nutzern und partizipative Elemente verstärkt einsetzen wolle. Gleichzeitig berichtet er jedoch , dass der KStA nur selten partizipative Elemente nutzt, die über den Meinungsaustausch hinausgehen. Facebook hat selten Einfluss auf die Berichterstattung – hin und wieder werden Kommentare für die Website aufgegriffen. Insgesamt soll die partizipative Einbindung der Nutzer zukünftig intensiviert werden.

Für die Werra Rundschau entfiel zum Zeitpunkt der Erhebung die Möglichkeit, Facebook als Trafficgenerator zu nutzen. Wichtigstes Ziel war die Basisinformation der Nutzer mit Neuigkeiten aus der Region. Zudem wurde Facebook als Marketinginstrument eingesetzt, sollte als Kaufanreiz für das Printprodukt dienen. Wichtig war es der Redaktion auch, Reaktionen auf die Postings zu erhalten. Partizipative Elemente werden nicht eingesetzt. Auch ökonomische Ziele werden nicht verfolgt.

Der Westen legt nach eigener Auskunft zwei Zielschwerpunkte: Gleichwertig steht das Ziel der Trafficgenerierung neben dem Ziel, mit den Nutzern ins Gespräch zu kommen. Tatsächlich scheint die partizipativen Nutzungsmöglichkeiten sogar stärker im Fokus der Redaktion als die Funktion von Facebook als Marketinginstrument. Scheib betont, dass Facebook als journalistischer Kanal genutzt werde. Ungefähr einmal monatlich werden Protagonisten über den Kanal gesucht, regelmäßig holt die Redaktion via Facebook Themenanregungen ein.

Einen noch klareren Fokus auf nicht-trafficorientierte Ziele legt die SZBZ. Chefredakteur Zürn formuliert drei Ziele des Facebook-Auftritts, die sich nach einer Phase des Vertrautmachens mit dem neuen Kanal herauskristallisiert haben: Bekanntmachen der Marke/Instrument zur Imageverbesserung, Interaktion mit den Lesern und Befruchtung der redaktionellen Berichterstattung. Die SZBZ nutzt Facebook daher häufig als Recherchetool beziehungsweise zur Protagonistensuche und bittet um Fotoeinsendungen. Facebook-Kommentare werden teilweise im Printprodukt abgedruckt. Trafficsteigerungen als Ziel lehnt Zürn ab, da sie zu Zwang führen könnten und dieser der Qualität des Facebook-Auftritts abträglich sei. Sie seien wünschenswert und entstünden als Nebenprodukt. Positive ökonomische Auswirkungen werden festgestellt: Die positiven Ergebnisse des Einzelverkaufs fürht Zürn auch auf Facebook-Aktivitäten zurück.

Damit lassen sich unter den analysierten Zeitungen zwei Gruppen ausmachen, die jeweils unterschiedliche Zielschwerpunkte gewählt haben: Die SZBZ und Der Westen legen ihren Interessensfokus auf den Dialog mit den Nutzern und den daraus entstehenden Möglichkeiten für die Berichterstattung, während der KStA Facebook eher als Inhaltemarketingplattform versteht und seinen Fokus auf Maßnahmen legt, um den Traffic auf der eigenen Website zu steigern. Als Kriterien für die Zielerreichung werden wiederholt Interaktionsmessungen genannt über Shares, Likes und Fanzahl. Die Werra Rundschau nimmt eine Sonderstellung und lässt sich daher kaum einordnen, angesichts der Bezeichnung von Facebook als Marketinginstrument und fehlender Dialogbemühungen ist sie jedoch eher der Gruppe des KStA zuzuordnen.

Ob die Redaktionen die von ihnen formulierten Ziele in direktem Bemühen anstreben oder als wünschenswerte Resultate betrachten, die jedoch weniger mithilfe gezielter Maßnahmen angesteuert werden, variiert stark: Die Werra-Rundschau verfolgt ihre Posting-Strategie beispielsweise weitgehend unbeeinflusst von den gewünschten Wirkungen der Facebook-Seite, während Der Westen sehr bewusst den Dialog fördert, da ein wesentliches Facebook-Redaktionsziel die Befruchtung der Berichterstattung durch Input von Facebook-Nutzern ist.

Hypothese 7:

Ein – wenn auch basales – Monitoring gehört zur Redaktionsarbeit, wenn eine Facebook-Seite gepflegt wird.

Der Kölner Stadt-Anzeiger hat von Beginn an die Bewegungen auf der Facebook-Seite und den Zustrom zur Website verfolgt – über eine monatliche Auswertung von Facebook Insights und mithilfe eines Reichweitenanalysetools für die Website. Nach drei Jahren sollte nun ein planzahlengestütztes Monitoring implementiert werden. Die Facebook-Aktivitäten werden dann den zu erreichenden Zielen untergeordnet.

Die Werra-Rundschau hat zu Beginn ihrer Aktivitäten Facebook Insights verwendet, dies jedoch nach einem Update aufgegeben, da die Auswertung für die Redaktion dadurch zu kompliziert geworden war. Der Nutzen des Monitorings ist zudem für die Redaktion nicht erkennbar, da sie viele Leser persönlich kennt und Feedback auf diesem Weg erhält.

Der Westen betreibt ein intensives Monitoring. Der CvD sichtet die Statistiken in Facebook-Insights mehrere Male im Monat, umfangreichere Auswertungen werden zusätzlich, jedoch seltener durchgeführt. Facebook-Statistiken sind regelmäßig Thema beim jour fixe. Anzustrebende Ziel-Zahlen zu Fanzahl, Shares oder Ähnlichem sind jedoch nicht festgelegt. Der ökonomische Nutzen von Facebook sei nicht direkt ermittelbar, sodass auch keine Einführung von planzahlenbasierter Erfolgskontrolle geplant ist.

Die SZBZ nutzt Facebook Insights ebenfalls intensiv. Die Daten werden monatlich im Rahmen einer Online-Runde ausgewertet und diskutiert, besondere Auffälligkeiten werden im Rahmen der wöchentlichen Abteilungsleiterkonferenz erörtert, in denen Facebook regelmäßig Thema ist. Ein planzahlenbasiertes Monitoring wird jedoch nicht betrieben und ist auch nicht geplant. Dies würde dem redaktionellen Konzept von Facebook als anarchischem Instrument zuwiderlaufen und laut Zürn der Qualität des Kanals eher schaden, da dann Zahlen statt Interaktion und Inhalten zu sehr in den Fokus gerieten.

Strukturelle Unterschiede zwischen größeren und kleineren Zeitungen deuten sich in der vorliegenden Zusammensetzung nicht an. Ob sich planzahlenbasiertes Monitoring als Trend unter größeren Zeitungen etabliert, ist verknüpft mit der Frage, ob sich die Trafficorientierung als oberstes Ziel weiter behaupten oder partizipative Bemühungen stärker in den Vordergrund rücken und bleibt abzuwarten.

Hypothese 8:

Finanzielle Erwartungen spielen in der Regel keine Rolle bei der Entscheidung für eine redaktionelle Facebook-Seite und auch im späteren Verlauf steht der indirekte finanzielle Nutzen eher im Hintergrund – der finanzielle Aufwand wird als gering eingeschätzt.

Die entstandenen Kosten werden übereinstimmend als eher gering bewertet. Indirekte Personalkosten werden als wichtigster Kostenfaktor genannt. Die Werra-Rundschau hat überhaupt keine (indirekten) Zusatzkosten wahrgenommen. Auch der Kölner Stadt-Anzeiger spricht eher von einer Neugewichtung von Ressourcen, da Arbeitszeit der Online-Redakteure nun teilweise für Facebook verwendet wird und in dieser Zeit bisherige Aufgaben zurückstehen müssen. Die SZBZ äußert explizit, letztlich aufgrund der Rechercheerleichterung, der Bereicherung der Berichterstattung sowie von entfallenden Werbekosten, langfristig sogar Kosten zu sparen.

Darüber hinaus steht für die Zeitungen ein finanzieller Nutzen bei ihren Facebook-Aktivitäten nicht im Vordergrund. Denn der Nutzen einer gelungenen Facebook-Seite ist immer eher indirekter Natur und daher schlecht messbar. Beispielsweise werden von den Redaktionen zwar eine erhöhte Leserbindung aufgrund des Facebook-Engagements, eine Bereicherung der Berichterstattung oder eine Imageverbesserung angestrebt, was finanzielle Auswirkungen nach sich zieht. Nach finanziellem Nutzen gefragt, werden diese Ziele von den Redaktionen jedoch nicht angeführt. Die indirekten finanziellen Nutzen spielen für die Beurteilung von Facebook-Erfolg keine wesentliche Rolle.

2.4 Social-Media-Kompetenz der Redaktion

Hypothese 9:

Größere Zeitungen setzen Social-Media- bzw. Facebook-Kenntnisse in stärkerem Maß voraus, als dies kleinere Lokalzeitungen ohne eigenständige Online-Redaktion tun.

Vor allem die größeren Redaktionen setzen Basiswissen über Social Media und die Betreuung von Facebook bei ihren Online-Redakteuren voraus. SZBZ-Chefredakteur Hans-Jörg Zürn betont, selbst zunächst Anfänger gewesen zu sein. Statt vorhandener Facebook-Kenntnisse scheint er größeren Wert auf die Lernbereitschaft der Redakteure zu legen. Er betont das Learning-by-doing-Prinzip und die Kollegenhilfe als Weg, der alle Redakteure nach und nach in die Lage versetzt, Facebook zu pflegen – wenn denn Interesse besteht. Die Werra-Rundschau verfügt selbst auf Chefredakteursebene noch über wenig Facebook-Kenntnisse. Der Anspruch, die Redakteure müssen Facebook bedienen können, scheint gering ausgeprägt, im Vordergrund steht die Printproduktion. Die Redakteure werden in erster Linie als Printjournalisten wahrgenommen, obwohl oder weil keine eigene Online-Redaktion vorhanden ist und eine Website bisher nicht gepflegt wurde.

Hypothese 10:

Regelmäßige redaktionelle Weiterbildung gehört zum Redaktionsstandard, beschränkt sich in der Regel jedoch auf eine oder wenige Personen, deren Verantwortungsgrad stark variiert.

Alle Befragten betonen, unabhängig von der in ihrer Redaktion bereits vorhandenen Social-Media-Expertise, dass permanente Weiterbildung notwendig ist, wenn und solange ein Facebook-Auftritt betrieben wird. Bis auf die Werra-Rundschau nutzen alle Zeitungen auf irgendeine Weise Weiterbildungen. Doch auch bei der Werra-Rundschau ist Chefredakteur Dieter Salzmann von der Wichtigkeit regelmäßiger Weiterbildung überzeugt und bekräftigt, nach dem Start der eigenen Website Facebook anders nutzen und dann auch Redakteure zu Weiterbildungen schicken zu wollen. Die negativen Auswirkungen, die ohne kontinuierliche Erweiterung des Knowhows und Aktualisierung des Wissens entstehen, lassen sich an der Facebook-Seite der Werra-Rundschau ablesen.

Die Notwendigkeit regelmäßiger Weiterbildungen erklärt sich aus der Natur von Facebook. Die Internetplattform ist ein Produkt, das technisch permanent weiterentwickelt wird. Allein um rechtlich auf dem neuesten Stand zu sein und alle technischen Möglichkeiten ausschöpfen zu können, sind Weiterbildungen zu Facebook für eine professionelle Pflege einer redaktionellen Facebook-Seite unabdingbar. Zudem unterliegen auch die Nutzungsgewohnheiten und Nutzerwünsche permanenter Veränderung. Weiterbildungen münden bestenfalls in organisatorische oder inhaltliche Veränderungen der eigenen Facebook-Aktivitäten, die diesen im Fluss befindlichen Nutzerinteressen Rechnung tragen.

Die tatsächliche Weiterbildungspraxis variiert jedoch sehr stark: Während Der Westen und die SZBZ Fort- und Weiterbildungen ausschließlich auf Führungsebene einsetzen, schickt der KStA auch einfache Redakteure zu Informationsveranstaltungen zu Facebook. Das extern erworbene Wissen wird dann vom Teilnehmer der Redaktion weitergegeben. KSTA und Der Westen erwähnen explizit, dass sie auch informelle Treffen der Internetszene wie Twittwoch oder Barcamps, die sich nicht in erster Linie an Journalisten richten, als Weiterbildungsort nutzen.

Hypothese 11:

Leitfäden mit Richtlinien zur Pflege der Facebook-Seite verwenden Redaktionen eher selten.

Zwar gibt es in jeder Redaktion einen Ansprechpartner, der für die strategische Weiterentwicklung zuständig ist, eine starke (schriftliche) Reglementierung der täglichen Facebook-Aktivitäten wird jedoch nicht praktiziert. Der Kölner Stadt-Anzeiger verfügt als einzige der interviewten Zeitungen über einen Leitfaden zur Facebook-Betreuung. Die andere große Zeitung, die WAZ, verzichtet in der Online-Redaktion darauf. Es scheint also keine Frage der Zeitungsgröße und damit möglicherweise einhergehend der Professionalisierung der Facebook-Betreuung zu sein, wenn Vorgehensweisen verschriftlicht sind. Das Beispiel von Der Westen und der SZBZ zeigen, dass ein Facebook-Auftritt auch erfolgreich sein kann, wenn auf eine Verschriftlichung von Facebook-Routinen – und bei der SZBZ sogar ganz auf verpflichtende Arbeitsroutinen – verzichtet wird. Dass sich aus der Praxis heraus Arbeitsroutinen ergeben, ist davon unberührt. Es bleibt zu diskutieren, ob strategisch erarbeitete Arbeitsroutinen denen vorzuziehen sind, die sich aus der Praxis ergeben und zum Beispiel aus arbeitsökonomischen Gründen entstanden sind.

2.5 Inhalte und partizipative Nutzung durch die Redaktion

Hypothese 12:

Starre Regulierungen der Posting-Frequenz oder Posting-Routinen sind unüblich.

Während beim Printprodukt in der Regel vor der Produktion klar ist, wie viele Seiten für eine Rubrik zur Verfügung stehen und diese auch eingehalten werden, sind Online-Angebote frei von Platzrestriktionen. Dies birgt die Gefahr, durch eine zu hohe Veröffentlichungsfrequenz Nutzer abzuschrecken oder bei zu niedriger Frequenz dauerhaft zu verlieren, sodass die Frage der Quantität der Facebook-Nutzung von nicht unerheblicher Relevanz ist. Die Posting-Frequenz der Facebook-Angebote ist jedoch bei allen Zeitungen nicht an starre Richtlinien gebunden, sondern orientiert sich in erster Linie am Nachrichtenaufkommen des Tages. Die beiden größeren Zeitungen haben jedoch tendenziell eine stärkere Regulierung der Posting-Frequenz als kleinere Zeitungen eingeführt. Während der KSTA zumindest bestrebt ist, durchschnittlich einmal pro Stunde zu posten und damit eine relativ hohe Freuenz anstrebt, hat sich Der Westen Richtzeiten für den ersten und letzten Post des Tages gesetzt. Werra-Rundschau und SZBZ belassen es bei dem allgemeineren Bestreben, regelmäßig zu posten. Alle Befragten schienen übereinstimmend das größere Augenmerk auf eine tägliche Regelmäßigkeit zu legen als auf die tatsächliche inhaltliche Ausgestaltung ihrer Postings.

Hypothese 13:

Facebook spiegelt immer eine Auswahl des eigenen Nachrichtenangebots, unabhängig von dessen Größe, und ist weniger eigenständiger Publikationskanal als Kommunikationskanal.

Die untersuchten Zeitungen verfügen aufgrund ihrer Größe über sehr unterschiedliche Mengen selbstproduzierter Artikel, Fotos und Videos. Verlinkungen zum Online-Auftritt gehören in der Regel zur Facebook-Praxis. Doch für die größeren Zeitungen ist es allein aufgrund der Menge an Informationen nicht möglich, alle Online-Artikel auf Facebook zu verlinken. Nutzer würden die Informationsflut eher als Belästigung denn als Service empfinden. Die kleineren Zeitungen verweisen nicht nur auf ihre Website, sondern häufig auch auf kommende Printartikel. Immer wird auf Facebook jedoch nur ein Ausschnitt des Medienangebots gestellt, was spiegelt, dass Facebook eben in erster Linie kein weiterer Publikationskanal ist, sondern ein Kommunikationskanal. Die Auswahl der geposteten Nachrichten erfolgt auch nicht grundsätzlich nach journalistischen Kriterien, sodass ein Kuratierungskanal für die wichtigsten

Nachrichten entstehen würde, stattdessen orientiert sich an den statistisch erfassten Wünschen der Facebooknutzer. Zwar beinhalten die Postings meist eine aktuelle Nachricht, sie dienen jedoch immer, und das ist oftmals wichtiger, als Diskussionsanstoß.

Hypothese 14:

Der ideale Facebook-Post transportiert eine harte oder weiche Nachricht zu einem Thema, bei dem jeder Nutzer der Seite „irgendwie mitreden kann", und enthält einen Dialoganstoß.

Während die Interviewten die möglichen Nutzen eines Facebook-Auftritts sehr klar vor Augen zu haben schienen, war die Frage nach einem daraus abgeleiteten idealen Facebook-Post, die auf den ersten Blick recht banal erscheint, nicht für alle gleichermaßen leicht zu beantworten. Der Dialogaspekt wird als Bestandteil eines idealen Posts von allen Zeitungen genannt. Dies zeigt, dass die Zeitungen Facebook übereinstimmend als Kommunikationsplattform wahrnehmen, der Kommunikation und Diskussion eine herausgehobene Stellung auf Facebook zuweisen. Gleichzeitig ist dies in der Praxis immer noch keine Selbstverständlichkeit.

Themen, die übereinstimmend als gut geeignet genannt werden, sind Sport und lokale Stadtentwicklungsthemen (z.B. Lokalpolitik, aber auch Kultur), die Weitersage- beziehungsweise Stadtgesprächs-Potenzial bergen. Auch Eilmeldungen seien besonders gut für Facebook-Postings geeignet. Mehrfach betonten die Interviewten dabei, dass Berichterstattung über Kriminalität weniger gut für Facebook geeignet sei – auch da Diskussionen über Gewalttaten oftmals ins Unsachliche abglitten. Übereinstimmung besteht darin, dass grundsätzlich Postings nach den gleichen Nachrichtenkriterien ausgewählt würden wie für die anderen Kanäle, sodass neben harten Nachrichten auch weiche Nachrichten gepostet würden. Die Ausgestaltung variiert zwischen den Zeitungen, sodass beispielsweise die SZBZ und Der Westen häufiger auch Einblicke in den oder Anekdoten aus dem Redaktionsalltag veröffentlichen, als dies der Kölner Stadt-Anzeiger oder die Werra-Rundschau tun.

Hypothese 15:

Wichtiger als die Regionalität einer Nachricht ist ihr hoher Neuigkeits-wert, da dieser Nutzeraufmerksamkeit garantiert. Diese zieht Interak-tion nach sich – in Form von Klicks auf verlinkte Artikel, Shares oder Likes oder in Form von Kommentaren.

Die Tagesaktualität der Postings ist allen Redaktionen wichtig. Sie ergibt sich mitunter auch aus der engen Verzahnung mit der Pro-duktion für die eigene Website. Während die kleineren Zeitungen allerdings ausschließlich regionale oder lokale Nachrichten vermel-den können, haben Der Westen und der Kölner Stadt-Anzeiger die Wahl der Gewichtung von regionalen und überregionalen Nach-richten, da sie auch den Mantelteil ihrer Zeitung produzieren. Dabei verfolgen sie unterschiedliche Wege: Der KStA legt seinen Schwer-punkt auf das Regionale, die exklusiveren Inhalte. Bei Der Wes-ten herrscht ein größeres Gleichgewicht zwischen regionalen und überregionalen Nachrichten: Entscheidend sei der Neuigkeitswert einer Nachricht, unabhängig von seiner Verortung. Aufgrund der Konkurrenz im Verbreitungsgebiet bringe eine regionale Nachricht nicht zwangsläufig Exklusivität und damit Aufmerksamkeit. ebenso könne einordnende Hintergrundberichterstattung zu einem überre-gionalen Ereignis in seiner Qualität exklusiv sein.

Hypothese 16:

Links – vor allem zur eigenen Website – sind zentrales Element eines redaktionellen Facebook-Auftritts, eine einheitliche Verlinkungskultur hat sich bisher nicht herausgebildet.

Die Einstellung zur Verwendung von Links unterscheidet sich zwi-schen den befragten Zeitungen nicht unerheblich: Während der KStA bemüht ist, in jeden Post einen Link zur eigenen Website zu integrieren, gleichzeitig jedoch auch den Dialog mit einer Frage an-zustoßen, setzt Der Westen eher auf Abwechslung der Posting-For-men und legt großen Wert auf die Variation von reinen Textpos-tings, Fotopostings mit Link und Text-Link-Postings etc.. Die SZBZ verfügt über kein bewusstes Verlinkungskonzept und verfährt nicht dogmatisch: In der Praxis wird auf die eigene Website und zu externen Seiten verlinkt. Externen Links stehen die Zeitungen grundsätzlich offen gegenüber, auch wenn diese selbst kaum genutzt werden – da man sich auf das eigene Angebot konzentrieren will. Vor allem bei den kleineren Zeitungen stehen häufig auch keine sinnvoll verlinkbaren Ressourcen online zur Verfügung.

Hypothese 17:

Die Videonutzung auf Facebook befindet sich noch in der Entwicklungsphase, eine intensive Videopraxis hat sich bisher nicht durchgesetzt, obwohl teilweise Nutzen gesehen werden.

Eigene und externe Videos werden von allen befragten Redaktionen relativ selten eingesetzt. Bei den kleineren Zeitungen ist dies vor allem dem geringen Video-Angebot geschuldet. Sie produzieren keine oder nur wenige eigene Videos. Gleichzeitig gibt es nur wenige externe Videos zu regionalen Themen, die den Anforderungen an eine redaktionelle Verwendung genügen. Die großen Zeitungen, der Kölner Stadt-Anzeiger und Der Westen, verfügen dagegen über ein großes eigenes Videoangebot. Dies nutzen sie bevorzugt – vor externen Videos, die jedoch nicht kategorisch abgelehnt werden. Der KStA ist generell noch zurückhaltend mit redaktionseigenen Videopostings, da die Videolinks temporär sind und daher nicht trafficförderlich verwendet werden können. Der Westen streut externe und eigene Videos ganz bewusst nur ab und zu ein, um eine Vielfalt auf der Facebook-Seite sicherzustellen. Den Videoreportern der Zeitung hat die Redaktion eine eigene Facebook-Seite zugewiesen und bindet nur eine Auswahl der Videos auf der Hauptseite ein.

Youtube Videos, als Sonderfall der externen Videos, haftet tendenziell der Ruf an, wenig seriös zu sein, Werra-Rundschau und SZBZ würden sie daher eher nicht einbinden. Der Kölner Stadt-Anzeiger greift ohnehin eher auf eigene Videos zurück, gleiches gilt für Der Westen, der aber Youtube-Videos nutzt, wenn „alle darüber reden".

Bis auf Der Westen scheinen sich alle Redaktionen noch in der Entwicklung ihres eigenen Videoangebots oder der Videoverwendung auf Facebook zu befinden. Die größeren Zeitungen verfügen über ein größeres eigenes Videoangebot, da die Produktion erhöhte Anforderungen an die Redaktion stellt. Es wird Arbeitskraft und Know-How benötigt, über das die kleineren Zeitungen nicht oder noch nicht in gleichem Maß verfügen. Videos werden als fakultatives Element einer Facebook-Seite betrachtet, dem keine herausgehobene Aufmerksamkeit zukommt, das jedoch ein Abgrenzungsmerkmal zur Konkurrenz und ein besonderer Hingucker sein kann. Videos werden, beispielsweise bei Der Westen, als Aufmerksamkeitsfänger im Newsstream der Nutzer eingesetzt. Kombiniert mit einem Link oder entsprechender Verortung können auf Facebook platzierte Videos zudem einen positiven Effekt auf den Traffic der Zeitungswebsite haben.

Hypothese 18:

Fotos werden eingesetzt, wenn sie in Optik oder zeitdokumentarischer Aussage aus der Masse herausragen oder sie dem Nutzer die Redaktion (Team oder Arbeit) näher bringen. In Kombination mit einer Verlinkung zur Website dienen sie als besonders effektive Traffic-Generatoren.

Die Verwendung von Fotos unterscheidet sich teilweise von den untersuchten großen zu den kleineren Zeitungen. Der Westen betont, dass Fotos eine erhöhte Sichtbarkeit im Newsstream der Nutzer bewirken und daher in Kombination mit einer Verlinkung zur Website besonders gut als Traffic-Zubringer geeignet sind.[499] Gepostet werden sowohl besondere Fotografenfotos wie auch „nebenbei" fotografierte Redaktionsimpressionen. Letztere Fotokategorie postet Der Westen als einzige der untersuchten Zeitungen.

Die kleineren Zeitungen weisen darauf hin, teilweise ihre besten Fotos für die Printausgabe zurückzuhalten. Dieser Ansatz spie-

---

499 Dies bezieht sich auf den Facebook-Algorithmus zum Zeitpunkt des Interviews im Sommer 2012.

gelt den auch im Vergleich zu den großen Zeitungen deutlich geringeren Fundus an eigenen aktuellen Fotos. KStA und Der Westen verfügen an manchen Tagen über mehr ausdrucksstarke Fotos als sie prominent in Print platzieren können, sodass sie keinen Trumpf aus der Hand geben, wenn diese online oder auf Facebook erscheinen.

Hypothese 19:

Diskussionen auf Facebook erfordern nur ein seltenes moderierendes Eingreifen oder Löschen von Kommentaren nötig.

Zentrales Element von Facebook ist die öffentliche oder private Kommunikation. Zwar ist die Dialogkultur bei den untersuchten Zeitungen unterschiedlich stark ausgeprägt alle streben jedoch rege Diskussionen auf ihrer Seite an. Diskussionen verlaufen je nach Thema oberflächlicher oder tiefgründiger. Nicht nur die großen Zeitungen auch die Werra-Rundschau und die SZBZ berichten, dass es zwar einen Kreis an Stammdiskutanten gebe, die Mehrheit der Kommentare jedoch von einer großen Zahl wechselnder Kommentatoren stamme. Die befragten Redaktionen greifen dabei in der Regel nicht in die Debatte ein, es sei denn, sie müssen moderierend tätig werden oder reichen aktuelle Informationen nach oder klären sachliche Unklarheiten auf. Dies geschieht aus Gründen der journalistischen Unabhängigkeit, aus konzeptionellen oder zeitlichen Gründen. Arbeitszeit binden die Diskussion auch ohne aktive redaktionelle Beteiligung, da sie überwacht werden müssen. Dass Kommentare gelöscht werden, da unsachliche, ehrverletzende oder gar justiziable Äußerungen getätigt werden, kommt relativ selten vor – sowohl bei größeren als auch bei kleineren Zeitungen. Die größeren nennen zudem Selbstreinigungskräfte, die die Moderationstätigkeit entlasten würden: Nutzer ermahnen andere Nutzer zur üblichen Netiquette zurückzukehren. Von größeren Problemen mit der Moderation berichten die Redaktionen nicht.

2.6 Prognose für Facebook und Ausblick auf eigene Aktivitäten

Hypothese 20:

Von einem Facebook-Engagement profitieren Zeitungen, egal wie lange Facebook noch das beliebteste und am meisten frequentierte soziale Netzwerk bleibt.

Die Befragten prognostizieren mehr oder weniger vorsichtig, dass Facebook eine zunehmende journalistische Bedeutung zukommen wird. Übereinstimmend betonen sie die Wichtigkeit für regionale Zeitungen, auf Facebook aktiv zu sein. Dabei wird mehrfach der Vorteil herausgestrichen, dass Facebook zwar als globale Community angelegt, de facto jedoch für Zeitungen als lokale Online-Community nutzbar ist und Facebook-Aktivitäten somit die Zielgruppe besonders fokussiert erreichen. Katrin Scheib von Der Westen, die angesichts von plötzlichen Popularitätseinbußen von Plattformen wie MySpace oder studiVZ mit einer Zukunftsprognose zu Facebook zurückhaltend ist, weist darauf hin, dass die Entscheidung für ein redaktionelles Engagement davon nicht abhängig gemacht werden sollte. Selbst wenn ein neuer Kanal zukünftig wichtiger sein sollte, baue die Funktionalität immer auf bestehenden Plattformen auf, sodass in jedem Fall eine aktive Nutzung von Facebook für Zeitungen von Vorteil sei, um von späteren Entwicklungen nicht abgehängt zu werden.

Hypothese 21:

Die Verzahnung von Facebook mit anderen Online- und mobilen Anwendungen zeichnet sich als nächste redaktionelle Herausforderung ab.

Der Westen plant eine stärkere lokale Zuspitzung von Inhalten integriert auf der zentralen Facebook-Seite und der KStA will künftig kreativer mit Titelbildern umgehen, indem zum Beispiel jahreszeitliche oder themenbezogene Bilder eingesetzt werden. Neben diesen einzelnen Projekten richten alle untersuchten Zeitungen ihren Fokus auf mobile Kanäle. Der KStA plant, verstärkt die Foto-Community-App Instagram mit Facebook zu verbinden. SZBZ will sich ebenfalls künftig intensiv mit den Einsatzmöglichkeiten von Apps befassen und auch Der Westen überlegt, verstärkt Apps in Verbindung mit Facebook einzusetzen.

3 Interview-Ergebnisse im Kontext der vorangegangenen Erhebungen

Im Licht der Experteninterviews lassen sich auch einige Ergebnisse aus den vorangegangenen Untersuchungen, der Online-Befragung und der Inhaltsanalyse, differenzierter betrachten. Im Folgenden werden diese Ergebnisse ausführlicher und unter Berücksichtigung des neuen Wissensstands diskutiert. Die Ausführungen stehen in keiner hierarchischen Beziehung zu den entwickelten Hypothesen, sondern dienen als gleichwertige Ergänzung und Annäherung an einen umfangreichen Themenkomplex. Die Reihenfolge der behandelten Themen orientiert sich, dies sei für ein schnelleres Nachschlagen angemerkt, an der auch im Zwischenfazit gewählten Gliederung.

Frequenz von Posts

Die Inhaltsanalyse hat ergeben, dass Der Westen und die SZBZ nach dem Maßstab der Online-Befragung in ihrer Posting-Regelmäßigkeit nah an der Idealfrequenz liegen. Beides sind besonders partizipativ ausgerichtete Zeitungen. Die Experteninterviews bestätigen dies: Sowohl Der Westen als auch die SZBZ sind für die Möglichkeiten und Chancen des Nutzerdialogs und der Nutzerpartizipation über Facebook sensibilisiert. Die Wünsche der Nutzer sind gut bekannt, werden zum Teil aktiv erfragt, zum Teil aus den Interaktionen ausgewertet, und gehen in die redaktionelle Arbeit ein. Dass der KStA etwas häufiger postet, als von den Nutzern gewünscht, lässt sich mithilfe des Experteninterviews erklären: Das Facebook-Engagement des KStA ist relativ stark traffic-ausgerichtet, d.h. die Redaktion verknüpft jede Aktivität mit einem Link zur eigenen Website und betrachtet Facebook als wichtigen Traffic-Generator. Hier besteht die Gefahr, dass der KStA die Nutzerwünsche aus den Augen verliert. Die Nutzer wollen nicht ununterbrochen auf Facebook Nachrichten erfahren. Dann könnten sie direkt die Website der Zeitung besuchen. Auch die relativ hohe Zahl an unkommentierten Postings deutet auf eine mögliche Übersättigung mit KStA-Posts hin.[500] Die Werra-Rundschau liegt mit ihrer Posting-Häufigkeit etwas unter der optimalen Häufigkeit, was darauf zurückgeführt werden könnte, dass die Redaktion der Facebook-Betreuung eine untergeordnete Priorität beimisst und – nachrangig – keine klar geregelten Zuständigkeiten etabliert hat.

Bei der Regelmäßigkeit des Postens, die für die Nutzerbindung von Bedeutung ist, fallen die Werra-Rundschau und Der Westen positiv auf, was sich aus ihrer redaktionellen Organisation erklären lässt. Die Werra-Rundschau hat es sich zur Routine gemacht, jeden Abend Artikel des Folgetags auf Facebook zu veröffentlichen. Der Westen hat über das von allen Redaktionen proklamierte Bemühen, regelmäßig posten zu wollen, feste Zeitrahmen für bestimmte Postings eingeführt. Dies scheint sich positiv auszuwirken. Der KStA und die SZBZ, die eher auf Selbstdisziplin setzen, zeigen hier Verbesserungspotenzial. Strukturelle Nachteile für kleinere Zeitungen, eine Regelmäßigkeit und ausreichend hohe Posting-Frequenz sicherzustellen, können auch nach den Experteninterviews nicht festgestellt werden.

Posting-Inhalte

Der Westen veröffentlicht nach den Ergebnissen der vorangegangenen Inhaltsanalyse zu ungefähr gleichen Teilen regionale wie überregionale Nachrichten. Das Experteninterview hat gezeigt: Dies ist nicht das Ergebnis einer strengen Gewichtungspolitik der Redaktion, sondern vielmehr Ergebnis der Prämisse, dass die Exklusivität der Nachricht als Posting-Kriterium im Vordergrund steht, nicht ihre Verortung.

Anders beim KStA: Auch hier zeigt die Inhaltsanalyse eine relativ gleichmäßige Verteilung von regionalen und überregionalen

---

500 Vgl. S. 171.

Nachrichten. Tatsächlich ist der Anspruch, den Michael Krechting als Leiter Digitale Medien im Interview äußert, jedoch ein anderer: Er betont, man versuche ein klares Übergewicht an lokalen und regionalen Nachrichten zu schaffen.[501] Hier zeigt sich möglicherweise das Resultat von wenig eigener Marktforschung zu den Nutzerinteressen auf Facebook beziehungsweise von mangelndem Dialog über die Interessen der Nutzer mit eben diesen. Darauf angesprochen, ob es eine „Marktforschung zu Nutzerinteressen auf Facebook" gegeben habe, antwortet Krechting: „Vom Haus selber, da bin ich überfragt. Ich meine, nein. Ansonsten gibt es Studien, die in Branchendiensten zusammengefasst werden [...]."[502] Anspruch und Wirklichkeit klaffen beim KStA auseinander. Da die Nutzermeinung zu diesem Aspekt jedoch relativ gespalten ausfiel, eine knappe Hälfte befürwortete die Konzentration auf lokale oder regionale Nachrichten, spiegelt die aktuelle Redaktionspraxis des KStA die Nutzerhaltung gut wider. Eine abschließende Bewertung und entsprechende Handlungsempfehlung kann an dieser Stelle jedoch nicht gegeben werden, da die Online-Befragung auch Nutzermeinungen von Lesern solcher Zeitungen umfasst, die nur einen lokalen Teil produzieren. Für regionale Zeitungen mit eigenem Mantelteil bedarf es fokussierterer Forschung.

Laut Online-Befragung sind die bei Nutzern beliebtesten Themen Politik, Sport und Kultur. Hier zeigten sich einige Übereinstimmungen mit den Einschätzungen der untersuchten Redaktionen. Vor allem die Themen Politik und Sport wurden in den Experteninterviews gemeinsam mit Polizeimeldungen und sogenannten Aufregerthemen wiederholt als besonders erfolgreiche Facebook-Themen genannt, sodass sich das Ergebnis der Online-Befragung und anderer Studien (vgl. Kap. II. 4.3. und III. 2.2.) erhärtet. Die Experteninterviews gaben Aufschluss darüber, wie diese Themen ausgewählt und als besonders geeignet identifiziert werden. Im Regelfall werden sie aus dem tagesaktuellen Nachrichtenangebot der Zeitung generiert. Zum Teil erscheint das Diskussionspotenzial eines Postings als Facebook-Kriterium dabei wichtiger als das Thema der Nachricht.

---

501   Vgl. Anhang, C. II., S. 90.
502   Ebd.

Der Kölner Stadt-Anzeiger wählt solche Themen aus dem aktuellen Online-Content für Facebook aus, die als besonders kontrovers beziehungsweise potenziell kommentarreich eingestuft werden. Auch die SZBZ betont bei der Auswahl das Diskussionspotenzial einer Nachricht. Dass die Redaktion die Nutzer nach ihren Interessen fragt, kommt seltener vor. Nur Der Westen hat angegeben, dies getan zu haben. Zwar ergeben sich Themen dort auch aus dem Online-Angebot, kommen die Postings aber ohne Verlinkung aus, orientieren sie sich auch an den von der Redaktion erfragten oder aus Statistiken abgeleiteten Nutzerwünschen. Die Werra-Rundschau postet in der Regel ihre stärksten Themen der kommenden Printausgabe. Sie berücksichtigt die Themen, denen sie ein hohes Diskussionspotenzial attestiert, welches sie aus den Kommentarhäufigkeiten vergangener Postings ableitet. Ihre Facebook-Nutzer hat die Redaktion bisher nicht nach Themenvorlieben gefragt.

Alle untersuchten Zeitungen stufen Tagesaktualität nach eigenen Angaben als wichtig oder gar selbstverständlich ein. Oftmals ergibt sich die Tagesaktualität aus der Verzahnung der Facebook-Aktivitäten mit dem eigenen Online-Auftritt. Auch nutzen alle Zeitungen Facebook als Kanal, um aktuelle Polizeimeldungen, Verkehrs- oder andere Warnungen zu veröffentlichen. Diese Erkenntnisse aus den Experteninterviews unterstreichen, dass die zum Teil schwachen Ergebnisse der Inhaltsanalyse eher auf eine zu strenge Definition von Tagesaktualität zurückzuführen sind als auf einen mangelnden tagesaktuellen Fokus der Zeitungen bei ihren Facebook-Aktivitäten.

Bei den Fotos treten teilweise scheinbar erhebliche Diskrepanzen zwischen den Wünschen der Befragten und den Ergebnissen der Inhaltsanalyse zu Tage. Dies ist der offenen Fotodefinition der Inhaltsanalyse geschuldet. Sie bezieht sich auf alle Fotoelemente, auch Linkvorschauen. Der KStA versieht so beispielsweise nach der Inhaltsanalyse 90 Prozent seiner Postings mit einem Foto, gibt im Interview jedoch an, Fotos nur selten zu veröffentlichen. Echte Fotos – also keine Link-Vorschauen – werden von allen Zeitungen, so die Äußerungen, nur zurückhaltend eingesetzt: Die Redaktionen konzentrieren sich bei Facebook auf besonders herausragende Motive. Vor allem kleinere Zeitungen sparen sich die Eyecatcher als Kaufanreiz für ihr Printprodukt auf.

Wie sich das geringe Videoangebot auf Facebook erklärt, konnten die Experteninterviews zumindest in Ansätzen klären: Der Westen und der KStA haben eine strategische Entscheidung getroffen, ihr Videoangebot gering zu halten. Sie hätten das Material, deutlich mehr zu veröffentlichen. Bei den kleineren Zeitungen fehlt hingegen das Know-how oder ist noch in der Entwicklung. Während die SZBZ durchaus Ambitionen hat, diesen Bereich weiterzuentwickeln, behandelt die Werra-Rundschau dies nicht als Priorität und ist hinsichtlich des Nutzens der Videos skeptisch. Geeignete fremde Videos sind bei den kleinen Zeitungen kaum vorhanden, die größeren greifen bevorzugt auf eigene Inhalte zurück, um vom zugeleiteten Traffic zu profitieren.

Die Inhaltsanalyse hat für die SZBZ einen relativ niedrigen Wert von Links ergeben. Nach dem Experteninterview lässt sich dieses dem partizipativen Fokus der Redaktion zuordnen. Wichtiger als möglichst viele Verlinkungen ist die Kommunikation mit dem Nutzer. Jedoch muss dieser partizipative Ansatz nicht zwingend mit einer niedrigen Linkanzahl einhergehen: Der Westen zeigt, dass es möglich ist, eine partizipative Ausrichtung mit einer intensiven Websiteverzahnung zu verbinden. Denn nicht die Quantität von Links, sondern die Inhalte des Postings sind entscheidend, um den Grad an Dialogorientierung zu beurteilen. Nur der KStA bindet Links noch häufiger ein, dies jedoch zu Lasten einer partizipativen Ausrichtung. Der KStA benutzt, so der Tenor des Interviews, Facebook am ehesten als Traffic-Generator für seine Website. Die fehlenden Links bei der Werra-Rundschau erklären sich aus dem Fehlen einer eigenen Website zum Zeitpunkt der Erhebung.

Kommentare

Das gute Ergebnis von Der Westen – kaum ein Post bleibt unkommentiert und das Kommentaraufkommen ist hoch – erklärt sich mit seiner partizipativen Ausrichtung der Facebook-Aktivitäten. Die Redaktion bemüht sich intensiv, mit den Nutzern in einem fortlaufenden Gespräch zu bleiben. War zunächst noch unklar, ob es sich bei den Kommentatoren um eine immer gleiche kleine Gruppe handelt, hat das Experteninterview deutlich gemacht, dass eine breite

Nutzerzahl aktiv ist, sodass das Ergebnis als besonders positiv zu bewerten ist, die Richtigkeit der Befragtenaussage vorausgesetzt. Auch die anderen Befragten haben übereinstimmend angegeben, dass es sich bei den Kommentatoren aus Redaktionssicht nicht um eine kleine Stammgruppe handelt, sondern die Mehrheit der Kommentare von einer großen Gruppe wechselnder Nutzer stammt.

Die im Allgemeinen jedoch relativ große Passivität der Nutzer, die in den vorangegangenen Erhebungen zu Tage getreten ist, lässt sich aus den Interviews nicht erklären. Nach den Ergebnissen der Online-Befragung kommentiert nur ein Viertel der Nutzer, die eine solche Facebook-Seite mindestens einmal täglich aufrufen, mindestens einmal wöchentlich. Die Bemühungen – so das Fazit der Interviews – sind gleichwohl überwiegend intensiv, mit Ausnahme der Werra-Rundschau. Das Beispiel von Der Westen, dem es gelungen ist, regelmäßig vergleichsweise viele Kommentare zu erhalten, lässt Raum für die Annahme, dass es einigen wenigen Zeitungen bereits gut gelingt, in Dialog mit den Nutzern zu stehen, dass diesen wenigen jedoch eine große Zahl von Zeitungen gegenüber steht, die nur mäßigen Erfolg haben. Es ist anzunehmen, dass in der Online-Befragung diese positiven Beispiele aufgrund der großen Zahl der berücksichtigten Zeitungen erodiert worden sind.

Die Frage, ob Redaktionen zum Kommentieren auffordern sollten, konnte weder aus der Online-Befragung noch der Inhaltsanalyse eindeutig beantwortet werden. Auch nach den Experteninterviews ist eine pauschale Antwort nicht möglich. Dialogaufforderungen können ganz unterschiedlicher Art sein: zu schnellen Meinungsäußerungen zu einem Thema einladen oder die Nutzer in die Produkterstellung oder -verbesserung einbeziehen. Die Nutzungsabsicht von Facebook entscheidet darüber, ob und welche Aufforderungen zum Dialog ein geeignetes Mittel sind, um die Redaktionsziele zu erreichen. Vor allem für Zeitungen, die Facebook partizipativ nutzen möchten, ist eine abwechslungsreiche Dialogkultur empfehlenswert, wie sie Der Westen praktiziert. Der Westen fordert von den untersuchten Zeitungen am häufigsten zum Gespräch auf und verfügt über eine große aktive Nutzerschaft. Die Redaktion bittet beispielsweise – legt man die Aussagen des Experteninterviews zugrunde – regelmäßig aktiv um Feedback zur eigenen Berichterstattung und um Mithilfe, was sich nicht nur positiv in

Kommentarzahlen niederschlägt, sondern auch nach eigenen Angaben in einer Bereicherung der Berichterstattung.

Dass der Kölner Stadt-Anzeiger verhältnismäßig wenig zur Diskussion auffordert, entspricht nicht dem im Interview geäußerten Selbstanspruch. Das Ergebnis der Inhaltsanalyse lässt sich jedoch in Einklang bringen mit der stärker auf Traffic ausgerichteten Positionierung der Facebook-Seite. Bei dieser Nutzungsweise steht das häufige Posten mit einem Link zur Website im Vordergrund. Statt weitergehende partizipative Anstöße zu geben, setzt der Kölner Stadt-Anzeiger auf Dialoganstöße, die das verlinkte Thema zum Inhalt haben und zur schnellen Meinungsabgabe einladen. Dies entspricht der Redaktionspraxis, die die Nutzerstimmen wenig in ihre weitere Arbeit einbezieht. Diese wirken meist nur in ihrer Quantität auf die Gestaltung der redaktionellen (Facebook-)Arbeit ein. Selten werden die Meinungen auf der Website oder im Printprodukt abgedruckt.

Das niedrige Niveau der Dialogaufforderungen bei der SZBZ, sie fordert in weniger als einem Viertel der Posts zum Kommentieren auf, steht in klarem Missverhältnis zum Interview, in dem von einer intensiven Nutzung von Facebook für die Berichterstattung gesprochen wird. Es lässt sich nur damit erklären, dass der starke partizipative Fokus, den der Chefredakteur für Facebook proklamiert, sich eben nicht auf den öffentlichen Dialog auf der Facebookseite bezieht, sondern zu einem wesentlichen Teil auf Facebook als Rechercheinstrument und als Weg der Direktkommunikation mit einzelnen Nutzern, beispielsweise bei der Beantwortung konkreter Fragen zum Produkt. Vor allem auf die öffentliche Facebook-Kommunikation bezogen, kann erhebliches Verbesserungspotenzial festgestellt werden.

Redaktionelle Beteiligung an Diskussionen

Die Ergebnisse der Inhaltsanalyse spiegeln eine große Zurückhaltung der Redaktionen wider, sich an Diskussionen zu beteiligen. Die Experteninterviews zeigen, dass dies in den untersuchten Fällen wohlüberlegt und nicht als mangelnde partizipative Ausrichtung der Faccebookseite zu verstehen ist. Vielmehr sehen sich die

Redaktionen, so der Tenor der Befragten, ihrer journalistischen Unabhängigkeit verpflichtet: Sie wollen wertfrei Informationen verbreiten und den Nutzern nicht vorschreiben, welche Meinung die richtige ist, zumal die Redaktion als Gesamtheit keine Meinung vertritt, sondern höchstens einzelne Redakteure ihre in Kommentaren veröffentlichen. Diese verlinkt Der Westen teilweise auch auf Facebook. Dass nur wenig moderierende Redaktionskommentare in der Inhaltsanalyse erfasst wurden, lässt sich nicht pauschal erklären. Für die größeren Zeitungen zeigen sich darin die von den Interviewten genannten Selbstreinigungskräfte, aber auch die hohe Arbeitsbelastung, die – wie vom KStA angedeutet – auch ein Grund sei, warum man sich nicht intensiver beteilige.

Dialogorientierung

Die Inhaltsanalyse hat insgesamt eine relativ geringe Dialogorientierung zu Tage gefördert: Es wurde wenig Diskussionsaufforderung und wenig weitergehende partizipative Einbindung bei allen Zeitungen festgestellt. Ein grundsätzlicher Kompetenzvorsprung größerer Zeitungen gegenüber kleineren lässt sich in diesem Bereich auch nach den Experteninterviews nicht konstatieren. Allen ist die Bedeutung des Dialogs auf Facebook bekannt. Jedoch ist den Experteninterviews zu entnehmen, dass größere Zeitungen in Ballungsgebieten den Vorteil haben, häufiger und unkomplizierter auch kleinere Veranstaltungen der Internetszene zur Weiterbildung besuchen zu können, die in ländlicheren Regionen weniger zugänglich sind. Dort sind die Redaktionen auf große regionale oder überregionale Angebote angewiesen. Die Werra-Rundschau, die Facebook besonders wenig partizipativ nutzt, hat beispielsweise keine Weiterbildungen zum Thema genutzt und im Vergleich zu den anderen untersuchten Zeitungen relativ wenig Social-Media-Know-how. Der ebenfalls kleinen SZBZ gelingt es dagegen in vielen Bereichen, in ihren partizipativen Bemühungen trotz des Größen- und Kapitalunterschieds nicht wesentlich schlechter als die größeren Zeitungen abzuschneiden.

Hinweise auf strukturelle Kompetenz-Defizite von kleineren Zeitungen können daher nicht attestiert werden. Eher scheint die

Nutzung von Weiterbildungen eine Rolle zu spielen. Zwar schaffen die größeren Zeitungen den Transfer der theoretischen Erkenntnisse zur Gestaltung redaktioneller Facebook-Seiten in die Praxis besser. Das Abschneiden der SZBZ kann jedoch als Ermutigung verstanden werden: Es scheint nicht per se unmöglich für kleinere Zeitungen, eine partizipative Facebook-Seite mit Nutzen für die redaktionelle Arbeit zu pflegen. Facebook wird zudem von den Redaktionen übereinstimmend als wenig kostenintensiv erlebt, sondern eher als organisatorisch herausfordernd, sodass kleinere Zeitungen auch aus dieser Perspektive keinen Nachteil haben, wenn sie sich bei Facebook engagieren.

Die niedrigen Werte zu partizipativen Postings der untersuchten Zeitungen scheinen teilweise in Widerspruch zu stehen zu den positiven Selbstbeschreibungen einer intensiven partizipativen Nutzung, vor allem bei der SZBZ und bei Der Westen. Hier sollte berücksichtigt werden, dass die Inhaltsanalyse zeitlich nicht unwesentlich vor den Experteninterviews stattgefunden haben. Die Analyse umfasst den Zeitraum von August 2011 bis Januar 2012, die Interviews fanden im Juni und Juli 2012 statt. Da das Facebook-Engagement, wie die Gespräche ergeben haben, sich in permanenter Weiterentwicklung befindet, kann es sich zwischenzeitlich verändert haben. Der KStA spricht beispielsweise davon, seine partizipativen Bemühungen intensivieren zu wollen, auch die Werra-Rundschau will ihr Angebot zukünftig dialogorientierter ausrichten. Aus den vorliegenden Interviews lässt sich ein eindeutiger Wille aller Redaktionen zur Einbeziehung der Nutzer in das eigene Angebot feststellen. Es ist ein Trend zu einer stärkeren partizipativen Ausrichtung zu erkennen. Die Ergebnisse der Online-Befragung lassen darauf schließen, dass es regionalen Tageszeitungen jedoch bisher noch nicht mehrheitlich gelungen ist, den Nutzern ein solches Angebot zu bieten, dass diese sich in großer Zahl beteiligen (wollen).

Partizipationsinteresse

Nur ein Drittel der online befragten Nutzer kann sich vorstellen, über Facebook Anregungen für die Berichterstattung auf der Website zu geben. Haben die Experteninterviews Anregungen geben können, wie die Bereitschaft und das Interesse der Nutzer an Partizipation geweckt werden kann?

Zunächst ist festzustellen, dass die untersuchten Zeitungen, die Facebook intensiv partizipativ nutzen, also Der Westen und die SZBZ, angeben, zufrieden mit dem Engagement der Nutzer zu sein und von zufriedenstellendem Rücklauf auf Aktionen sprechen. Der Westen berichtet beispielsweise, in rund 80 Prozent der Fälle verlaufe eine Protagonisten-Suche über Facebook erfolgreich. Auch die SZBZ berichtet von positiven Erfahrungen, die sie veranlasst habe, diesen Weg der Recherche regelmäßig einzuschlagen. Der KStA, der Facebook eher als Inhaltemarketingplattform zu nutzen scheint, weist dagegen auf Schwierigkeiten hin: Größere Aktionen, wie Foto- oder Videoeinsendungen, riefen oftmals kaum Resonanz hervor.

Nach der Auswertung der Experteninterviews kann als wichtiges Element, um Nutzer für die Partizipation zu aktivieren, der dauerhafte, verlässliche Dialog gelten, der eine persönliche redaktionelle Note aufweist, so wie ihn Der Westen und die SZBZ pflegen. Sie setzen nicht nur auf harte Fakten, sondern regelmäßig auch auf humorvolle Postings und geben Einblicke in ihren Arbeitsalltag. Damit unterscheiden sie sich von den anderen beiden Zeitungen. Es ist nicht auszuschließen, dass das Befragungsergebnis zum Partizipationsinteresse der Nutzer allein für die dialogorientierten Zeitungen Der Westen und SZBZ deutlich positiver ausfallen würde als das nun erhobene Gesamtergebnis der Online-Befragung. Denn die Äußerungen dieser Nutzer gehen in die Masse der Befragten ein und werden von Nutzern, die weniger gelungen redaktionellen Facebook-Seiten folgen, teilweise erodiert. Um aussagekräftigere Ergebnisse zu gewinnen, unter welchen Bedingungen Nutzer sich für eine Partizipation via Facebook interessieren, müssten zeitungsspezifischere Forschungen – konzentriert auf Redaktionen mit einer ausgeprägten Dialog- und Partizipationskultur – folgen.

4 Zusammenfassung der Interview-Ergebnisse und Handlungsempfehlungen für die Praxis

Im folgenden Kapitel werden aus den erarbeiteten Erkenntnissen praxisnahe Handlungsempfehlungen destilliert, die Redaktionen, die ihre Facebook-Aktivitäten beginnen oder neu ausrichten wollen, eine strukturierte und fundierte Unterstützung für die Ausrichtung, Organisation und Zielsetzung ihrer Aktivitäten bieten können.

Dass sowohl die Organisation als auch die inhaltliche Ausgestaltung eines Facebook-Auftritts sehr unterschiedlich sein können, ist ein zentrales Ergebnis der Experteninterviews: Einen Königsweg zum Erfolg scheint es nicht zu geben. Dies ist nicht zuletzt so, da Erfolg von den Redaktionen in diesem Zusammenhang ganz unterschiedlich definiert wird. Die Spannbreite reicht von weitgefassten Zielen wie der Imageverbesserung oder Bereicherung der Berichterstattung über die regelmäßige Nutzung als Recherchetool bis hin zu konkret angestrebten Prozentsteigerungen von auf die Website geleitetem Traffic. So wenig Gestaltungsspielraum Facebook als Plattform auf den ersten Blick zu bieten scheint, so vielfältig sind doch ihre Einsatzmöglichkeiten. Die aufgestellten Hypothesen spiegeln dies wider. Sie zeigen auch, dass je nach individueller Zielsetzung für den redaktionellen Facebook-Auftritt unterschiedliche Hinweise zu beachten sind, die sich positiv auf den Erfolg auswirken können.

Die Experteninterviews haben einige Grundparameter offen gelegt, die für einen langfristigen Erfolg auf Facebook – wie immer dieser von der Redaktion definiert sein mag – unabdinglich scheinen. Die Parameter sind: Bereitschaft zum Dialog mit dem Nutzer und aktives Einfordern von Meinungen, konstruktiver Umgang mit von Nutzern geäußerter Kritik, regelmäßige Aktualisierung der Seite mit abwechslungsreichen Themen und zeitnaher Information zu aktuellen Geschehnissen mit Servicecharakter. Gemeinsam ist diesen Variablen, dass sie die Wünsche und Informationsinteressen der Nutzer in den Mittelpunkt rücken. Diesen Prinzipien fühlten sich alle befragten Redaktionen verpflichtet, unabhängig davon, wie gut ihnen die Umsetzung tatsächlich gelang. Sie können als Grundvoraussetzung für Facebook-Erfolg gelten.

Um eine Facebook-Seite nun so zu pflegen, dass sie als erfolgreich bezeichnet werden kann, sind allerdings weitere Schritte nötig. Im Idealfall legt die Redaktion ihre Erwartungen und Ziele fest, bevor sie mit einer eigenen Facebook-Seite online geht, um später auf einen Referenzwert für die Beurteilung des eigenen Erfolgs rekurrieren zu können. Möglich ist dabei eine Profilsetzung zwischen den beiden im Kap. V. 2.3. herausgearbeiteten Polen von Traffic-Orientierung und partizipativer Orientierung. In der Regel wird es sich um eine Mischform mit einer Tendenz in die jeweils eine oder andere Richtung handeln, da wohl keine Redaktion vollständig auf die Möglichkeit verzichten möchte, über Facebook Traffic für die eigene Website zu generieren. Wie ganz zu Beginn kann es auch im Zuge eines Relaunch der Facebook-Aktivitäten sinnvoll sein, seine bisherige Ausrichtung kritisch zu hinterfragen. Nachdem der Ist- mit dem einst angestrebten Soll-Zustand abgeglichen wurde, falls ein solcher überhaupt definiert war, kann auch bei bereits bestehender Facebook-Seite eine neue Zielausrichtung festgelegt werden. Erst dann folgt sinnvollerweise die organisatorische und inhaltliche Ausgestaltung der Facebook-Aktivitäten gemäß der festgelegten Zielausrichtung. Dabei können die in Kap. V. 2. erarbeiteten Hypothesen Anhaltspunkte für eine gelungene Praxis geben.

Es ist nicht zu empfehlen, ein starres Gerüst mit detaillierten zeitlichen Abläufen für die Facebook-Betreuung – Themenvielfalt, Posting-Anzahl, Foto- und Videonutzung – vor der eigenen Praxisphase zu etablieren. Vielmehr scheint es sinnvoll, eine eigene vorläufige Routine zu entwickeln und diese sukzessive den Nutzerreaktionen in Form von Statistik oder direkter Äußerung anzupassen. Schließlich kann Facebook, unabhängig von der gewählten Schwerpunktsetzung nur wirken, wenn die Nutzer die Plattform annehmen und intensiv nutzen. Die Präferenzen können nicht von Marktforschungen zu Online- oder Printnutzern übertragen werden, da sich diese Nutzergruppen – und damit einhergehend ihre Erwartungen – teilweise deutlich von der Facebook-Klientel unterscheiden.

Darüber hinaus sind spezifische Nutzerpräferenzen der lokalen oder regionalen Leserschaft bei der inhaltlichen Ausgestaltung der Facebook-Präsenz zu berücksichtigen, die ebenfalls nicht pauschal, sondern nur für den Einzelfall und auch häufig erst während des laufenden Betriebs ermittelt werden können. Lokale Besonderheit können eine ungewöhnlich junge oder alte Facebook-Nutzerschaft oder besondere Zeiten der Spitzennutzung sein. Es kann aber auch ein lokaler Sportverein sein, der überregional erfolgreich ist. Diese lokalen Gegebenheiten sollten sich in der inhaltlichen Ausgestaltung widerspiegeln. Behutsame Anpassungen gerade zu Beginn sind vor dem Hintergrund der Nutzerorientierung ein notwendiger Prozess. Gravierende, den Nutzungsgewohnheiten der Plattform zuwider laufende und die Möglichkeiten des Kanals nicht nutzende Facebook-Routinen sollten jedoch auch zu Beginn vermieden werden, um Nutzer nicht zu verprellen.

Ob zu Beginn ein externer Dienstleister hinzugezogen werden sollte, hängt also maßgeblich von der Ausgangssituation in der Redaktion ab. Aus den Ergebnissen von Inhaltsanalyse und Experteninterviews kann zumindest abgeleitet werden, dass es sich nicht empfiehlt, wie dies bei der Werra-Rundschau geschehen ist, eine Facebook-Seite ohne grundlegende Sachkenntnisse aufzubauen. Es zeigt sich deutlich in der Organisation und in der inhaltlichen Ausgestaltung, dass nur wenig Social-Media-Kompetenz in der Redaktion vorhanden ist und bisher nicht ausreichend auf Weiterbildungen zurückgegriffen wurde, um dieses Defizit auszugleichen. Vor allem in größeren Zeitungen mit Online-Redaktionen verfügen viele Redakteure meist aus dem Privatgebrauch über grundlegende Kenntnisse zu sozialen Netzwerken. Diese könnten als Multiplikatoren genutzt werden, um ein breiteres Kompetenzfundament in der betreuenden Redaktion zu legen. Sind jedoch keine Redakteure mit Expertenwissen im eigenen Zeitungshaus verfügbar, die ihr Wissen initial teilen könnten, scheint die Inanspruchnahme von externer Hilfe zu Beginn empfehlenswert – in Form von Weiterbildung einzelner Redakteure zu Multiplikatoren, um zukünftige Abhängigkeiten zu vermeiden und langfristig in die eigene Wettbewerbsfähigkeit zu investieren. Dies trifft besonders auf kleinere regionale Zeitungen zu, deren Redakteure tendenziell ein höheres Durchschnittsalter aufweisen und deren Online-Affinität aus diesem Grund in der Regel weniger stark ausgeprägt ist.

Für die Verortung der Facebook-Betreuung bietet sich die Online-Redaktion an, da sich die Redakteure dort mit den Inhalten beschäftigen, die auch auf Facebook relevant sind und die teilweise verlinkt werden. Zudem verfügen sie in der Regel bereits über

Social-Media-Kenntnisse und dies in stärkerem Maß als in Print-redaktionen. Jedoch ist es nicht nachteilig für einen erfolgreichen Facebook-Auftritt, wenn die Zeitung aufgrund ihrer Größe ihre On-line-Aktivitäten aus der Lokalredaktion oder den Lokalredaktionen heraus betreut. Dies zeigt das Beispiel der SZBZ eindrucksvoll. In diesen Fällen kommt jedoch der Trennung von operativem und strategischem Geschäft eine besondere Bedeutung zu: Während das Tagesgeschäft durchaus davon profitiert, auf viele Schultern verteilt zu sein, muss eine oder müssen wenige Personen Strategie, Steu-erung und Ausrichtung der Facebook-Seite im Blick behalten. Sie müssen in besonderer Weise über aktuelle Entwicklungen und An-forderungen an redaktionelle Präsenzen in sozialen Netzwerken in-formiert sein. Diese Social-Media-Experten sind wichtig, um von den technischen, rechtlichen und nutzungsbedingten Entwicklun-gen nicht überrollt zu werden, sondern die eigene Seite diesen sich stetig wandelnden Anforderungen anpassen zu können.

In kleinen Zeitungen, in denen die Facebook-Pflege Teil der Printredaktion ist und relativ wenig Social-Media-Knowhow vor-handen ist, kommt dem Experten eine Schlüsselstellung zu. Er fun-giert als Bindeglied zu anderen Unternehmensabteilungen – zum Beispiel Marketing, Leserservice – und leitet externes Fach- und Spezialwissen als Multiplikator an die Redakteure weiter, die sich im laufenden Print-Betrieb und neben der Vielzahl ihrer Aufgaben we-niger intensiv als Online-Redakteure mit Social Media beschäftigen können. Ob diese Funktion eine eigene ganze oder halbe Stelle er-fordert oder am besten vom Chefredakteur übernommen wird, der ohnehin weniger in das Tagesgeschäft involviert und für die überge-ordnete Ausrichtung verantwortlich ist, muss nach den Gegebenhei-ten vor Ort entschieden werden.

Die Aufgaben des Social-Media-Experten zusätzlich einem Vollzeit-Redakteur zu übertragen, scheint auch vor dem Hinter-grund der Experteninterviews nicht praxistauglich. Vor allem dann nicht, wenn die Zeitung neben Facebook auch weitere Social-Me-dia-Tools verwendet. Der KStA hat eine eigene Position geschaffen, bei der SZBZ liegt das Gros der Strategie beim Chefredakteur. Face-book ist zwar ein Instrument mit niedrigen Zugangsbarrieren, ganz ohne Investition lässt sich jedoch keine professionelle Nutzung si-cherstellen.

An dieser Stelle sei angemerkt, was für viele Unternehmungen, aber auch für Facebook gilt: Facebook-Erfolg, egal wie dieser definiert sein mag, erfordert Aufwand. Für die Betreuung, für die Weiterbildung, für die Auswertung. Dieser Aufwand ist jedoch kein Garant für Erfolg und er verhält sich nicht linear zu diesem. Für die Praxis heißt dies: Große Budgets garantieren keinen Erfolg. Es gilt auch nicht: Je mehr Postings, desto mehr Nutzer oder je mehr Partizipationsaufforderung, desto intensiver der Dialog auf der Seite. Die positive Kehrseite: Intelligent eingesetzt, kann eine Redaktion auch mit einem kleinen Budget eine erfolgreiche Facebook-Seite pflegen. Dafür ist kein großer finanzieller oder personeller Aufwand nötig. Denn per se ist Facebook ein kostenloses Instrument, das relativ leicht zu verstehen und zu bedienen ist und in der täglichen Anwendung wenig Zeit erfordert. Entscheidend ist, die Grundregeln der Kommunikation in sozialen Netzwerken zu beherzigen und die Nutzer mit ihren Interessen und Wünschen im Blick zu behalten. Dass Facebook mit seinen eigenen Dynamiken dennoch immer zu einem gewissen Grad unberechenbar bleibt, soll nicht verschwiegen werden.

Diese Unberechenbarkeit beschäftigt große Zeitungen wie den KStA, aber auch kleine Zeitungen wie die Werra-Rundschau, die teilweise ratlos sind über die geringe Resonanz auf vermeintlich erfolgsversprechende Aktivitäten. Wenn die Basis der inhaltlichen Gestaltung stimmt, dann sind diese „Fehltritte" jedoch weniger Misserfolge als Lernerfahrungen, die weder die Nutzerakzeptanz als solche gefährden noch die redaktionelle Organisation in Frage stellen sollten.

Grundsätzlich ist nicht nur aus den genannten Gründen ein Monitoring ratsam. Wie häufig und wie elaboriert dieses durchgeführt werden sollte, hängt dabei von den vorhandenen Ressourcen und den redaktionellen Zielen ab. Gerade kleinere Redaktionen mag der vermutete zeitliche und technische Aufwand abschrecken. Eine gute basale Erfolgskontrolle ist jedoch bereits ohne weitere Investitionen in Software mithilfe der Facebook-Statistiken, Facebook Insights, möglich. In Kombination mit den Informationen zur Traffic-Herkunft im Backend der Website ergibt sich auf diese Weise ein oftmals ausreichender Überblick über die Ausstrahlungswirkung der eigenen Facebook-Seite, die Struktur der Nutzer, ihre thematischen Präferenzen und ihre Partizipationsbereitschaft. In den Experteninterviews werden wöchentliche und monatliche Auswertungsintervalle genannt, je nach Tiefe der Analyse. Diese sollte dabei zwecks ihrer strategischen Berücksichtigung vom Social-Media-Experten ausgeführt werden und nicht in wechselnden Händen liegen. Dass jeder betreuende Redakteur ebenfalls über Zugang zu Facebook-Insights verfügt, bleibt davon unberührt. Redaktionen, die mithilfe der Statistiken zunächst ihre Nutzer kennengelernt haben und im weiteren Verlauf regelmäßig über positive und negative Reaktionen auf ihre Aktivitäten informiert sind, können ihr Facebook-Angebot besser der Nachfrage anpassen, ohne es erst zu einer größeren Diskrepanz zu den Nutzerinteressen kommen lassen zu müssen. Bereits einige Monate nach dem Facebook-Start bietet es sich an, eine erste Zwischenbilanz zu ziehen und die bis dahin gesammelten Informationen auszuwerten, um gegebenenfalls Kurskorrekturen vorzunehmen.

Abschließend sollten sich Redaktionen öfter daran erinnern, warum Facebook weltweit bei so vielen Nutzern derart beliebt ist: Der Schlüssel ist die einfache Bedienung. Auch für die Redaktionen sollte die Facebook-Aktivität bestenfalls einfach sein. Es ist nicht notwendig, ein besonders ausgefeiltes Monitoring zu betreiben, eine besonders intensive Weiterbildungspraxis zu verfolgen oder besonders viele Applikationen in Facebook einzubinden, um die Nutzer für die eigene Facebook-Seite zu interessieren. Hauptgrund, dass Nutzer die Inhalte der Seite gerne lesen und ihr „Gefällt mir" nicht entfernen, sind auch auf den Plattformen des Social Webs Inhalte, in diesem Fall journalistische Inhalte, die für die Nutzer relevant und unterhaltsam präsentiert sind. Technische Verknüpfungen mit anderen Plattformen und mobilen Diensten können folgen, so wie Der Westen beispielsweise Regionalisierungen betreibt und der KStA sein Angebot mit Instagram verknüpft. Doch dies sollte erst geschehen, wenn die redaktionelle Facebook-Praxis etabliert ist. Sowohl Der Westen als auch der KStA sind diese Schritte erst nach mehreren Jahren der Facebook-Erfahrung gegangen. Zwingend nötig sind die zum Teil technisch anspruchsvolleren Elemente aber auch dann nicht. Möglicherweise entwickelt sich der Wunsch, weitere Schritte in mobilen und sozialen Netzwerken zu gehen, jedoch ganz organisch, wenn die Redaktion nach dem Einstieg in Social Media über Facebook sicherer und experimentierfreudiger geworden ist.

5 Exkurs: Ist die Zahl von Facebook-Fans ein geeigneter Indikator für Erfolg?

Die Zahl der Facebook-Fans ist für alle bei Facebook aktiven Zeitungen eine relevante Größe. Vor allem zu Beginn der Facebook-Aktivitäten wird sie als Indikator für den eigenen Erfolg herangezogen. Auch später in der Phase der etablierten Arbeitsroutine wird immer wieder auf diesen Wert Bezug genommen, wie dies in den vier geführten Experteninterviews geschehen ist. In der Forschung ist die Zahl der Fans einer Seite ebenfalls viel zitiert. Inwieweit der Wert tatsächlich als Erfolgsindikator genutzt werden kann und welchen Begrenzungen er unterliegt, soll im Folgenden dargelegt werden.

Die Zahl der Fans einer Seite, also der Nutzer, die mit einem Klick auf das „Gefällt mir"-Symbol eine Seite abonniert haben, ist auf Facebook-Seiten prominent platziert. Diese Platzierung signalisiert Wichtigkeit. Nutzer und Produzenten erhalten damit gleichermaßen ein Kriterium, um die Popularität einer Seite abzulesen. Produzenten sind damit sachlogisch bemüht, diese Zahl in die Höhe zu treiben – zunächst, um über eine gewisse Aufmerksamkeits- und Wirkungsschwelle ihrer Seite hinauszugelangen, die Bedingung ist, um überhaupt Ziele erreichen zu können. Denn ohne Beachtung der eigenen Facebook-Seite durch Nutzer können weder Traffic-Steigerungen auf der Zeitungswebsite erzielt werden noch partizipative Elemente auf der Facebook-Seite die redaktionelle Arbeit erleichtern.

Das Streben nach Wachstum setzt sich, so die Quintessenz aus den Experteninterviews, auch nach Erreichen einer Aufmerksamkeitsschwelle permanent fort, obgleich es nicht das einzige Ziel der Redaktionen ist. Katrin Scheib, CvD von Der Westen, sagt so beispielsweise über die Bedeutung der Fanzahlen: „Ich hätte gerne doppelt so viele Leute da, doppelt so viele Fans, doppelt so viel Gespräch. Ich finde aber, wir bewegen uns da ziemlich kompetent."[503] Auch Michael Krechting, Redaktionsleiter Digitale Medien beim KStA, strebt nach weiterem Wachstum: „Wir sind ganz zufrieden, wissen aber, dass deutlich Luft nach oben ist. Auch mit unserer Fanzahl sind wir noch absolut nicht zufrieden, sondern glauben, dass es relativ schnell möglich sein müsste, deutlich über 10.000 Fans zu haben."[504] Hans-Jörg Zürn, Chefredakteur der SZBZ, betont die Nachrangigkeit der Fanzahlen, doch auch er strebt nach Wachstum: „Wir wollen kontinuierlich wachsen [...]. Aber ich sag nochmal, das ist nicht mein vorderstes Ziel. Das war am Anfang wichtig, um Aufmerksamkeit zu erregen, Gewicht zu kriegen, aber jetzt ist es sehr schön, dass es so ist, aber für mich ist zum Beispiel viel mehr ein Gradmesser, diese zweite Zahl, die ja immer hinter den Freunden steht, ‚sprechen darüber'."[505] Die Werra-Rundschau scheint etwas ratlos, wie sie ihre Fanzahlen weiter erhöhen kann, das Interesse daran ist jedoch groß: „Und das [die Sindelfinger und Böblinger Zeitung] ist ja auch eine kleine Zeitung. Die haben, glaub ich, 11.000 Auflage. Und die haben doppelt so viele Fans wie wir, 4000 Fans oder etwas. Man müsste mal angucken, was die machen, um da möglicherweise ein bisschen Erkenntnis für uns zu holen."[506]

Ob und wann das Wachstum einen Sättigungsgrad erreicht, kann zum gegenwärtigen Zeitpunkt nicht festgestellt werden. Bisher hat keine Redaktion eine Stagnation ihrer Fanzahlen festgestellt, sondern stetige Steigerungen verzeichnet, die zwar langsamer als kurz nach dem Start, jedoch kontinuierlich fortschritten. Ein Blick auf verschiedene *drehscheibe*-Rankings verdeutlicht das permanente und zum Teil beträchtliche Wachstum, das die vier untersuchten Zeitungen bei ihren Facebook-Fans verzeichnen. Kam die SZBZ im Juni 2011 noch auf einen Fanquotienten von 18,7 Prozent und 2225 Fans, sind es im August 2012 33,93 Prozent und 3970 Fans – ein Zu-

---

503 Anhang, C. III., S. 111.
504 Anhang, C. II., S. 95.
505 Anhang, C. V., S. 138.
506 Anhang, C. IV., S. 125.

wachs um 15,23 Prozentpunkte.[507] Die Werra-Rundschau, die 2011 noch auf 8,83 Prozent kam, erreicht 2012 nun einen Fanquotienten von 21,15 Prozent und konnte ihre Fans im Verhältnis zur Auflage mehr als verdoppeln. Kam die Westdeutsche Allgemeine Zeitung im Juni 2011 auf 0,93 Prozent und 7266 Fans, erreicht sie 2012 – gemeinsam mit dem Iserlohner Kreisanzeiger und Zeitung zusammen und damit in ihrer Vergleichbarkeit eingeschränkt – 2 Prozent und 15.503 Fans. Erreichte der Kölner Stadt-Anzeiger zusammen mit der Kölnischen Rundschau 2011 1,58 Prozent und 5322 Fans, sind es 2012 3,8 Prozent und 12.484 Fans – allerdings sind nun auch der Rheinsieg-Anzeiger und der Leverkusener Anzeiger hinzugekommen. Trotz Wachstums bei allen vier Zeitungen haben alle einige Plätze im *drehscheibe*-Ranking eingebüßt, was den massiven Fanzuwächsen unter allen dort berücksichtigen Zeitungen und einem Anstieg der in Facebook aktiven Zeitungen insgesamt geschuldet ist. Während die SZBZ von Juni 2011 zu August 2012 nur um einen Platz auf den zweiten zurückfällt, verliert die Werra-Rundschau fünf Plätze und fällt vom dritten auf den achten Rang. Die WAZ mit Der Westen ist von Rang 119 im Juni 2011 auf Rang 171 im August 2012 abgestürzt, der Kölner Stadt-Anzeiger und die Kölnische Rundschau sind von Platz 80 auf 122 zurückgefallen. Dabei ist der Platzverlust besonders gravierend, da beide Zeitungen im aktuelleren Ranking mit einem oder mehreren weiteren Zeitungstiteln ausgewertet worden sind.

Auf den ersten Blick erscheinen die beiden größeren Zeitungen, KStA und Der Westen, über die Jahre an Erfolg eingebüßt zu haben, misst man diesen anhand der Fanzahlen. Doch greift dies zu kurz. Zwar geben die Fanzahlen einen ersten Überblick über die Nutzerakzeptanz der Facebook-Seite und sind als oberflächlicher Indikator wichtig, Auskunft über das Erreichen spezifischer Ziele gibt diese Zahl jedoch nicht. Dafür sind andere Indikatoren besser geeignet. Redaktionen, die ihren Auftritt beispielsweise eher partizipativ ausrichten und ihn in die Recherche und Themenfindung einbeziehen, können ihren Erfolg besser über die Zahl der Kom-

---

507 Alle Angaben dieses Absatzes beziehen sich auf die *drehscheibe*-Rankings von Juni 2011 und August 2012, vgl.: http://www.drehscheibe.org/facebook-ranking-august-2012.html (14.03.2013, 11:47 Uhr)

mentare und Shares zu partizipativ ausgerichteten Postings messen und über die Inhalte der Kommentare auf ihrer Facebook-Seite. Traffic-ausgerichtete Redaktionen können ihr spezifisches Ziel sehr genau über Monitoringtools ihrer Website messen, in denen von Facebook kommende Klicks ausgewiesen werden. Zu berücksichtigen ist zudem, dass sich die größeren Zeitungen mit ihren Fanzahlen auf einem sehr hohen absoluten Zahlenniveau bewegen und eine Verlangsamung der Zuwächse zu erwarten ist. Bezogen auf den Positionsverlust der Zeitungen bedeutet dies: Solange kein absoluter Rückgang der Fanzahlen und stattdessen sogar noch ein Wachstum der Zahlen festzustellen ist, können ihre Auftritte trotz Platzierungseinbußen nutzbringend sein und subjektiv als erfolgreich bewertet werden.

Ein weiterer Grund, warum die Fanzahl als Indikator nur bedingt geeignet ist: Sie gibt keine Auskunft über die tatsächliche Interaktionsintensität der Nutzer mit der Facebook-Seite. Diese ist jedoch sowohl bei partizipativer Ausrichtung als auch bei Traffic-Ausrichtung entscheidend. Die reine Fanzahl sagt nichts über das Einverständnis der Nutzer mit der Posting-Politik der Seite aus. Denn es ist möglich, alle Beiträge einer Seite verbergen zu lassen, sodass sie nicht mehr im Newsstream auf der Startseite des Nutzers angezeigt werden, dieser jedoch weiter als Fan mitgezählt wird. Entfernt ein Nutzer die Zeitung aus seinem Newsfeed, indem er über das erneute Klicken des Gefällt-mir-Buttons diese einstige Bestätigung von Interesse rückgängig macht, ist meist eine längere Zeit der Unzufriedenheit vergangen und seine Entscheidung in der Regel endgültig. Als Feedbackfunktion zur inhaltlichen Ausgestaltung ist daher die Fanzahl als äußerst träger Sensor nicht geeignet. Kommt es tatsächlich zu massiven Fanverlusten, haben sich oft gravierende Missstände eingestellt. Um frühzeitig auf Fehlentwicklungen aufmerksam zu werden, sollten Redaktionen spezifischere und empfindlichere Indikatoren beobachten, wie die bereits oben genannten.

6   Fazit und Ausblick

Die Medienbranche und mit ihr die regionalen Tageszeitungen befinden sich im Umbruch, der seit einigen Jahren anhält und noch nicht abgeschlossen ist. Vor allem den Tageszeitungen ist es noch nicht abschließend gelungen, sich den neuen digitalen und partizipativen Rahmenbedingungen anzupassen und ein neues stabiles Geschäftsmodell zu entwickeln. Nachrichten werden immer häufiger online, aber nicht zwingend auf Pressewebsites konsumiert.

Die vorliegende Arbeit konnte zeigen, dass redaktionelle Auftritte in sozialen Netzwerken ein Weg sein können, die Nutzer (wieder) für die Produkte der Tageszeitungen und im Speziellen für ihre Website zu interessieren und an diese zu binden. Von den Aktivitäten geht ein vielfacher Nutzen aus: Es profitieren Verlage, Nutzer und die Qualität der Berichterstattung und damit auch der Journalismus als gesellschaftliche Instanz. Die redaktionellen Facebook-Seiten können dabei von den Redaktionen mit unterschiedlichen Zielsetzungen genutzt und unterschiedlich gestaltet sein. Erfolg hängt von den individuellen Zielen ab, ist jedoch ohne eine Ausrichtung an den Nutzerwünschen nicht möglich.

Redaktionelle Präsenzen in sozialen Netzwerken sind trotz aller Chancen kein Allheilmittel, um die Tageszeitungen aus ihrer ökonomischen Schieflage und von der Notwendigkeit zur Innovation zu befreien. Sie sind jedoch ein wichtiger Schritt, der – nimmt man die Ergebnisse von Online-Befragung, Experteninterviews und Studien zum Mediennutzungsverhalten ernst – immer weniger als fakultativ zu bezeichnen ist. Zu wichtig sind soziale Netzwerke innerhalb der Internetnutzung geworden. Wollen regionale Tageszeitungen sich langfristig am Markt behaupten, ist es notwendig, dass sie nicht nur online passiv mit einem eigenen Auftritt vertreten sind, sondern einen Schritt weiter und aktiv auf potenzielle Kunden und Nutzer zugehen, die sich immer häufiger und immer länger in sozialen Netzwerken aufhalten und immer weniger Zeit für die Lektüre von Tageszeitungen aufwenden. Vor allem Facebook als am stärksten genutztes soziales Netzwerk ist derzeit und in absehbarer Zukunft aufgrund seiner Massenausrichtung für Tageszeitungen als „digitaler Marktplatz" die Plattform der Wahl. Redaktionen sollte sie als einen Ort betrachten, an dem sie sich dem Dialog und den

Wünschen der Nutzer widmen. Denn die Nutzer sind dem passiven Rezipientendasein der traditionellen Massenmedien der Prä-Internetzeit entwachsen und erwarten, dass Redaktionen ihre Anliegen wahr- und ernstnehmen.

Dass innovative digitale Produkte die Zukunft der Tageszeitungen sind und weniger Printausgaben, dürfte weitgehend unbestritten sein. Zwar mögen sich vor allem kleinere Tageszeitungen noch eine ganze Weile ohne Facebook-Auftritt am Markt behaupten und keine Notwendigkeit sehen, dort aktiv zu werden. Doch ein Auftritt dort ist auch eine Investition in die Zukunft. Denn wer die Funktionsweise von Facebook und anderen Social-Media-Anwendungen nicht verstanden hat, wird künftig Schwierigkeiten haben, neue Plattformen sowie mobile Apps zu verstehen, die in ihrer Architektur auf Bestehendem aufbauen und nach ähnlichen Prinzipien funktionieren. Statt sich nur widerwillig und so wenig wie möglich mit der Nutzung von Social Media und auch anderen digitalen Plattformen zu beschäftigen, sollten Redaktionen die Zeit nutzen, um sukzessive in die neuen Publikations- und Kommunikationsformen hineinzuwachsen, ehe die wirtschaftliche Situation der Verlage so prekär ist, dass dafür weder Zeit noch Ressourcen vorhanden sind.

Die Erfolge neuer Kommunikations- und Verbreitungskanäle, so auch der sozialen Netzwerke, stellen sich nicht über Nacht ein. Vor allem ein wirtschaftlicher Nutzen ist nicht sofort und unmittelbar erkennbar. Zudem profitiert die inhaltliche Ausgestaltung und damit die Nutzerakzeptanz in hohem Maß davon, wenn neue Kanäle von der Redaktion mit intrinsischer Motivation, mit Spaß und aus Überzeugung betrieben werden – wie es das Beispiel der SZBZ eindrücklich vor Augen führt. Dass Aktivitäten aus empfundenen Marktzwängen heraus optimale Ergebnisse erschweren, haben die Experteninterviews ebenfalls zeigen können. So entsteht die paradoxe Situation, dass Facebook einerseits nicht mehr als freiwilliges Element verstanden werden kann, andererseits redaktionelle Aktivitäten aber aus Freiwilligkeit heraus entstehen sollten. Das Wissen, dass Facebook-Aktivitäten allein nicht über den Erfolg einer Zeitung entscheiden, mag den Redaktionen zur nötigen Leichtigkeit verhelfen – trotz allen ökonomischen Drucks.

In den vergangenen drei Jahren, während der Entstehung dieser Arbeit, hat eine rasante Entwicklung in den Redaktionen stattgefunden. Sie haben flächendeckend die Bedeutung der sozialen Netzwerke erkannt und diese in ihren Redaktionsalltag aufgenommen. Waren zunächst nur wenige Tageszeitungen in den neuen Kanälen aktiv, ist es mittlerweile die Mehrheit. Auch die empirischen Untersuchungen fanden in dieser Zeit des Wandels statt, sodass die Ergebnisse keinen Anspruch auf Aktualität haben können, sondern anhand der gewählten Fallbeispiele Schlaglichter sind, die Stufen einer fortlaufenden Entwicklung nachzeichnen. Die Werra-Rundschau war beispielsweise zum Zeitpunkt des Experteninterviews noch sehr unerfahren im Social Web und machte die ersten Schritte mit einem eigenen Facebook-Auftritt. Wenige Monate nach dem Interview richtete sie ihren Auftritt dann grundlegend neu aus. Der Kölner Stadt-Anzeiger hat bereits viele Jahre einen Facebook-Auftritt professionell betrieben, jedoch nur ein basales Monitoring durchgeführt. Hier begann die Redaktion kurz nach dem Experteninterview, die nächste Entwicklungsstufe zu erklimmen, und richtete ein systematisiertes Monitoring ein.

Die andauernde Weiterentwicklung der redaktionellen Auftritte und des Phänomens soziale Netzwerke als Ganzes mag wissenschaftliche Forschungen bisher zurückgehalten haben, sich intensiver mit dem Thema zu beschäftigen. Dies kann jedoch keine angemessene Reaktion sein, zumal viele empirische Befunde dafür sprechen, dass zumindest Facebook sich als Vertreter der sozialen Netzwerke, wenn nicht langfristig, so doch mittelfristig, in den Internetnutzungsgewohnheiten der Nutzer etabliert hat. Zudem kann, wie dargelegt, die Analyse aktueller Plattformen und der damit verbundenen redaktionellen Herausforderungen aus kommunikationswissenschaftlicher Perspektive wesentlich zur Erschließung zukünftiger, darauf aufbauender digitaler Phänomene für die redaktionelle Praxis beitragen, sodass eine Forschung lohnenswert ist. Darüber hinaus kann auch für die sozialen Netzwerke gelten, was Neuberger in Bezug auf das Internet insgesamt betont: „Der Eindruck trügt, dass die Reflexion über das Internet ebenso schnell vonstattengehen muss, wie sich das Internet weiterentwickelt. [...] Die basalen

Prinzipien des Internets sind keinem so raschen Wandel unterworfen, wie es die Bewegungen an der Oberfläche vermuten lassen."[508]

Da die wissenschaftliche Forschung sich bisher nur wenig mit redaktionellen Auftritten in sozialen Netzwerken beschäftigt hat, besteht noch weiterer Forschungsbedarf in verschiedenen Bereichen der Plattformen und auch zu grundlegenden Fragen, die in dieser Arbeit diskutiert, aber nicht abschließend beurteilt werden konnten. Die Problematik des Datenschutzbewusstseins der Nutzer konnte in dieser Arbeit beispielsweise nicht behandelt werden. Doch von dem Vertrauen in die Datensicherheit hängt nicht unwesentlich die Akzeptanz von Plattformen wie Facebook und deren zukünftige Entwicklung ab. Als weitere Beispiele für anknüpfende Forschungsfelder seien die Definition und Messung von Facebook-Erfolg, die multimediale Gestaltung von Facebook-Seiten sowie die Möglichkeiten und Schwierigkeiten der Partizipation über soziale Netzwerke genannt.

Vor allem der Aspekt der Partizipation ist mit Blick auf mögliche zukünftige Entwicklungen von Facebook von hoher Praxisrelevanz. Denn würden die in regelmäßigen Abständen geführten Diskussionen über die Einführung von Paid-Content-Modellen tatsächlich in eine veränderte Redaktionspraxis münden, würden zumindest die Redaktionen, die Facebook bisher vorwiegend als Traffic-Zubringer einsetzen, umdenken müssen. Noch können Facebook-Seiten als Traffic-Zubringer direkter und messbarer zum Erfolg der Zeitungswebsite beitragen als über partizipative Nutzungsweisen. Diese Möglichkeit würde durch Paid-Content-Modelle möglicherweise wegfallen oder zumindest aber stark eingeschränkt werden, da dann die von Traffic abhängenden Werbepreise keine oder eine untergeordnete Rolle spielen würden. Strategien und Erwartungen in Bezug auf redaktionelle Facebook-Auftritte müssten dann grundlegend überdacht werden. Darin läge die Chance, dass Dialog und Partizipation auf den Facebook-Seiten an Bedeutung gewinnen und Redaktionen, die bisher nur zögerlich von partizipativen Elementen Gebrauch gemacht haben, diese dann offensi-

---

508 Neuberger, Christoph / Nuernbergk, Christian / Rischke, Melanie: Vorwort. In: Neuberger, Christoph / Nuernbergk, Christian / Rischke, Melanie (Hrsg.): Journalismus im Internet: Profession, Partizipation und Technisierung. Wiesbaden, 2009b, S. 7.

ver nutzen. Zwar wäre der wirtschaftliche Nutzen der Auftritte dann möglicherweise indirekter, der Qualität des Journalismus käme diese Entwicklung jedoch zugute: Denn dann würden soziale Netzwerke stärker zum gesellschaftlich-integrativ wirkenden und die Stimme des Nutzers stärkenden Instrument und der Journalismus würde – näher an die Lebenswirklichkeit der Rezipienten – seinen gesellschaftlichen Auftrag noch besser erfüllen können.

Literaturverzeichnis

A

Alby, Tom: Web 2.0. Konzepte, Anwendungen, Technologien. München, 2007.

Allfacebook: Facebook Nutzerzahlen. URL: http://www.allfacebook.de/user-data/deutschland/?period=1year (30.12.2012, 12:51 Uhr)

Allfacebook: Facebook Nutzerzahlen. URL: http://allfacebook.de/userdata/ (05.01.2013, 18:02 Uhr)

Arbeitsgemeinschaft Media-Analyse (agma): Mehr als 50 Millionen Bürger sind im Internet. 24. Juni 2010, URL: https://www.agma-mmc.de/fileadmin/user_upload/Pressemitteilungen/2010/PM%20ma%202010%20Online%20l.pdf (25.03.2012, 10:01 Uhr)

Arbeitsgemeinschaft Media-Analyse (agma): Mehr als 49 Millionen Bürger lesen Tageszeitung. 28. Juni 2010, URL: https://www.agma-mmc.de/fileadmin/user_upload/Pressemitteilungen/2010/PM%20ma%202010%20Tageszeitungen.pdf (25.03.2013, 10:01 Uhr)

ARD-Forschungsdienst: Nutzung und Funktionen von Social Communitys. In: Media Perspektiven 02/2011, S. 115-120.

Arnold, Axel: Berufsbilder des Journalismus. Bundesrepublik, Österreich, Schweiz. München, 1987.

Augsburger Allgemeine: Impressum. URL: http://www.augsburger-allgemeine.de/unternehmen/impressum/ (14.01.2012, 20:42 Uhr)

B

Baum, Achim: Journalistisches Handeln. Eine Kritik der Journalismusforschung. Opladen, 1994.

BDZV: Zeitungswebsites besser denn je. BDZV veröffentlicht Analyse deutscher Zeitungsportale. 17. Februar 2010, URL: http://www.bdzv.de/bdzv_intern+M57cf273036e.html (10.01.2013, 15:50 Uhr)

Birkner, Thomas / Loosen, Wiebko: Rezeption – Selektion – Partizipation. In: Journalistik Journal 01/2012, S. 20f.

Bitkom: Halb Deutschland ist Mitglied in sozialen Netzwerken. URL: http://www.bitkom.org/67675_67667.aspx (10.01.2013, 11:32 Uhr)

Bitkom: Soziale Netzwerke. Eine repräsentative Untersuchung zur Nutzung sozialer Netzwerke im Internet. 2011, URL: http://www.bitkom.org/files/documents/SozialeNetzwerke.pdf (10.01.2013, 11:33 Uhr)

Blau, Wolfgang: Es geht erstaunlich gut. 17. Mai 2010, URL: http://www.sueddeutsche.de/medien/serie-wozu-noch-journalismus-es-geht-erstaunlich-gut-1.943587 (26.03.2013, 13:09 Uhr)

Blöbaum, Bernd:. Wandel und Journalismus. Vorschlag für einen analytischen Rahmen. In: Behmer, Markus / Blöbaum, Bernd / Scholl, Armin et al. (Hrsg.): Journalismus und Wandel. Analysedimensionen, Konzepte, Fallstudien. Wiesbaden, 2005, S. 41-60.

Bogner, Alexander / Menz, Wolfgang: Das theoriegenerierende Experteninterview. Erkenntnisinteresse, Wissensformen, Interaktion. In: Bogner, Alexander / Littig, Beate / Menz, Wolfgang (Hrsg.): Das Experteninterview. Theorie. Methode. Anwendung. Opladen, 2002, S. 33-70.

Bowman, Shyne / Willis, Chris: We Media. How audience shape the future of news and information. Juli 2003, URL: www.hypergene.net/wemedia/download/we_media.pdf (26.03.2013, 13:11 Uhr)

Boyd, Danah: Why Youth (Heart) Social Network Sites. The Role of Networked Publics in Teenage Social Life. In: MIT Press 2007, S. 119-142.

Boyd, Danah M. / Ellison, Nicole B.: Social Network Sites: Definition, History, and Scholarship. In: Journal of Computer-Mediated Communication 13/2007, S. 210–230.

Brosda, Carsten: Diskursiver Journalismus. Journalistisches Handeln zwischen kommunikativer Vernunft und mediensystemischem Zwang. Wiesbaden, 2008.

Brosius, Hans-Bernd / Koschel, Friederike: Methoden der empirischen Kommunikationsforschung. Eine Einführung. Wiesbaden, 2001.

Brosius, Hans-Bernd / Koschel, Friederike / Haas, Alexander: Methoden der empirischen Kommunikationsforschung. Eine Einführung. Wiesbaden, 2009.

Bruns, Axel: Vom Gatekeeping zum Gatewatching. Modelle der journalistischen Vermittlung im Internet. In: Neuberger, Christoph / Nuernbergk, Christian / Rischke, Melanie (Hrsg.): Journalismus im Internet: Profession, Partizipation und Technisierung. Wiesbaden, 2009, S. 107–129.

Busemann, Katrin / Fisch, Martin / Frees, Beate: Dabei sein ist alles – Zur Nutzung privater Communitys. In: Media Perspektiven 05/2012, S. 258–267.

Busemann, Katrin / Gscheidle, Christoph: Web 2.0: Nutzung steigt – Interesse an aktiver Teilhabe sinkt. In: Media Perspektiven 07–08/2010, S. 359–368.

Busemann, Katrin / Gscheidle, Christoph: Web 2.0: Aktive Mitwirkung verbleibt auf niedrigem Niveau. In: Media Perspektiven 07–08/2011, S. 360–369.

Busemann, Katrin / Gscheidle, Christoph: Web 2.0: Habitualisierung der Social Communitys. In: Media Perspektiven 07–08/2012, S. 380–390.

C

Come-on.de: Chefredaktion. URL: http://www.come-on.de/ueber-uns/kontakt/chefredaktion/index.html (12.01.2012, 12:12 Uhr)

ComeScore: comScore veröffentlicht „Digitale Trends in Europa 2010". 24. Februar 2011, URL: http://www.comscore.com/ger/Press_Events/ Press_Releases/2011/2/comScore_Releases_The_2010_Europe_ Digital_Year_in_Review (05.01.2013, 17:54 Uhr)

D

De Sombre, Steffen: ACTA 2011. Trends im E-Commerce und soziale Netzwerke als Markenplattform. 06. Oktober 2011, URL: http://www.acta-online.de/praesentationen/acta_2011/acta_2011_ecommerce.pdf (15.01.2012, 14:08 Uhr)

Diekmann, Andreas: Empirische Sozialforschung. Grundlagen, Methoden, Anwendungen. Reinbek, 2002.

Diekmann, Andreas: Empirische Sozialforschung. Grundlagen, Methoden, Anwendungen. Reinbek, 2007.

Diekmann, Andreas: Empirische Sozialforschung. Grundlagen, Methoden, Anwendungen. Reinbek, 2009.

Diekmann, Andreas: Empirische Sozialforschung. Grundlagen, Methoden, Anwendungen. Reinbek, 2010.

DJV Baden-Württemberg: Holger Knöferl verlässt Pforzheim und geht zur Badischen Zeitung. 13. Juli 2011, URL: http://www.djv-bw.de/nachrichten/nachricht/article/holger-knoeferl-verlaesst-pforzheim-und-geht-zur-badischen-zeitung.html (12.01.2012, 11:30 Uhr)

Donsbach, Wolfgang: Gesellschaftliche Aufgaben der Massenmedien und berufliche Einstellungen von Journalisten. Ein Vergleich kommunikationspolitischer Konzepte über die Funktionen der Massenmedien mit empirischen Ergebnissen zum Selbstverständnis von Journalisten. Mainz, 1981.

Donsbach, Wolfgang: Journalisten zwischen Publikum und Kollegen. Forschungsergebnisse zum Publikumsbild und zum in-group-Verhalten. In: Rundfunk und Fernsehen 02-03/1981, S. 168–184.

Donsbach, Wolfgang: Legitimationsprobleme des Journalismus. Gesellschaftliche Rolle der Massenmedien und berufliche Einstellungen von Journalisten. Freiburg/München, 1982.

Drehscheibe: Facebook-Ranking deutscher Tageszeitungen. August 2012, URL: http://www.drehscheibe.org/facebook-ranking-august-2012.html (14.03.2013, 11:47 Uhr)

E

Ebermann, Jana / Fleck, Matthes / Meckel, Miriam et al.: Die Rolle von Journalisten in Sozialen Medien am Beispiel Twitter. URL: http://www2.unine.ch/webdav/site/ajm/shared/documents/Twitter_SGKM_PaperFinalMITAutoren.pdf (18.09.2010, 13:17 Uhr)

Ebersbach, Anja / Glaser, Markus / Heigl, Richard: Social Web. Konstanz, 2008.

Ebersbach, Anja / Glaser, Markus / Heigl, Richard: Social Web. Konstanz, 2010.

Ebersbach, Anja / Glaser, Markus / Heigl, Richard: Social Web. Konstanz, 2011.

Eisfeld-Reschke, Jörg / Wenzlaff, Karsten / Winkler Markus et al.: Aktuelle Social-Media-Studien im Überblick. 11. Mai 2010, URL: http://www.ikosom.de/2010/05/11/aktuelle-social-media-studien-im-uberblick-mai-2010 (06.01.2013, 11:47 Uhr)

Ellison, Nicole B. / Steinfield, Charles / Lampe, Cliff: The Benefits of Facebook-Friends. Social Capital and College Students' Use of Online Social Network Sites. 2007, URL: http://jcmc.indiana.edu/vol12/issue4/ellison.html (07.01.2013, 14:55 Uhr)

Engelsing, Rolf: Massenpublikum und Journalistentum in Nordwestdeutschland. Berlin, 1966.

Ericsson, Anders K. / Simon, Herbert A.: Protocol Analysis. Verbal Reports as Data. Cambridge, MA, 1993.

F

Facebook: Building Your Business with Facebook Pages. URL: http://ads.ak.facebook.com/ads/FacebookAds/FB_PagesGuide_MediaKit_051611.pdf (07.10.2011, 15:45 Uhr)

Facebook: Info-Seite des Facebook-Auftritts der Werra-Rundschau. URL: http://de-de.facebook.com/Werra.Rundschau?sk=info (13.10.2011, 16:32 Uhr)

Facebook: Info-Seite des Facebook-Auftritts der Grafschafter Nachrichten. URL: https://www.facebook.com/pages/Grafschafter-Nachrichten/1680 31279899168?sk=info (12.01.2012, 12:30 Uhr)

Facebook: Info-Seite des Facebook-Auftritts von Der Westen. URL: https://www.facebook.com/DerWesten?sk=info (12.01.2012, 12:30 Uhr)

Facebook: Info-Seite des Facebook-Auftritts des Hamburger Abendblatts. URL: https://www.facebook.com/abendblatt?sk=info (14.01.2012, 16:29 Uhr)

Facebook: Abendblatt.tv bei Facebook. URL: https://www.facebook.com/abendblatt?sk=app_57675755167 (14.01.2012, 16:39 Uhr)

Facebook: Info-Seite des Facebook-Auftritts der Mitteldeutschen Zeitung. URL: https://www.facebook.com/mzwebde?sk=info (14.01.2012, 17:00 Uhr)

Facebook: Seite von mz-web.de. URL: https://www.facebook.com/mzwebde?sk=app_7146470109 (14.01.2012, 17:00 Uhr)

Facebook: Seite von mz-web.de. URL: https://www.facebook.com/mzwebde?sk=app_197936773558886 (14.01.2012, 17:04 Uhr)

Facebook: Info-Seite des Facebook-Auftritts der Rheinpfalz. URL: https://www.facebook.com/rheinpfalz/info (14.01.2012, 18:56 Uhr)

Facebook: Info-Seite des Facebook-Auftritts der Schwäbischen Post. URL: http://www.facebook.com/schwaepo?sk=info (18.01.2012, 10:32 Uhr)

Facebook: Key Facts. URL: http://newsroom.fb.com/Key-Facts (05.01.2013, 17:53 Uhr)

Facebook: Seite der Hamburger Morgenpost. URL: https://www.facebook.com/hamburgermorgenpost?fref=ts (22.01.2013, 18:10 Uhr)

Facebook: Seite der WAZ, früher: DerWesten. URL: https://www.facebook.com/waz (23.01.2013, 16:58 Uhr)

Facebook: Seite des Hamburger Abendblatts. URL: https://www.facebook.com/abendblatt (23.01.2013, 17:34 Uhr)

Faccbook: Info-Seite des Facebook-Auftritts von azubis.de. URL: https://www.facebook.com/azubis.de/Info (23.01.2013, 17:43 Uhr)

Facebook: Seite des Sachsen-Anhalt-Wikis. URL: https://www.facebook.com/sachsen.anhalt.wiki/info (23.01.2013, 17:43 Uhr)

Fiedler, Carsten: RP Plus – Die neue digitale Sonntagszeitung. 27. Januar 2011, URL: http://www.rp-online.de/digitales/rp-plus/rp-plus-die-neue-digitale-sonntagszeitung-1.2183455 (12.01.2012, 13:12 Uhr)

Finanzen.net: http://www.finanzen.net/chart/facebook (10.01.2013, 09:38 Uhr)

Flick, Uwe: Triangulation. Eine Einführung. Wiesbaden, 2008.

Flick, Uwe: Qualitative Sozialforschung. Eine Einführung. Reinbek, 2009.

Flöck, Meike / Schäfer, Ilona / Steinkamp, Tobias: Freundschaftspflege statt Kontaktsuche. Nutzerbefragung II: Nutzung, Motive und Kontaktverhalten im StudiVZ. In: Neuberger, Christoph / Gehrau, Volker (Hrsg.): StudiVZ. Diffusion, Nutzung und Wirkung eines sozialen Netzwerks im Internet. Wiesbaden, 2011, S. 116–139.

Frankenpost: Auf ein Wort. 03. August 2011, URL: http://www.frankenpost.de/regional/leseranwalt/fp/auf_ein_wort/Auf-ein-Wort;art127866,1713128 (23.06.2012, 13:55 Uhr)

Frankenpost: Impressum. URL: http://www.frankenpost.de/zeitung/verlag/impressum/art83704,646601 (23.06.2012, 13:50 Uhr)

FrankenWiki: Nürnberger Nachrichten. URL: http://franken-wiki.de/index.php/N%C3%BCrnberger_Nachrichten (14.01.2012, 16:29 Uhr)

FrankenWiki: Nürnberger Nachrichten. URL: http://franken-wiki.de/index.php/N%C3%BCrnberger_Nachrichten#Lokalausgaben (14.01.2012, 16:29 Uhr)

FrankenWiki: Verlag Nürnberger Presse Druckhaus Nürnberg GmbH & Co.: URL: http://franken-wiki.de/index.php/Verlag_N%C3%BCrnberger_Presse_Druckhaus_N%C3%BCrnberg_GmbH_%26_Co. (14.01.2012, 16:29 Uhr)

Frankfurter Allgemeine Zeitung: Montgomery kauft „Hamburger Morgenpost". 27. Januar 2006, URL: http://www.faz.net/aktuell/feuilleton/kino/medien-montgomery-kauft-hamburger-morgenpost-1303076.html (22.01.2013, 18:06 Uhr)

Frees, Beate/Fisch, Martin: Veränderte Mediennutzung durch Communitys? In: Media Perspektiven 03/2011, S. 154–164.

Freie Presse: http://www.freiepresse.de/SERVICE/FORMULARE/kontakt.php (10.09.2011, 18:02 Uhr)

Freie Presse: Impressum. URL: http://www.freiepresse.de/SERVICE/Impressum-artikel7572080.php (12.01.2012, 13:18 Uhr)

Früh, Werner: Inhaltsanalyse. Konstanz, 2001.

Früh, Werner: Inhaltsanalyse. Konstanz, 2007.

G

Gehlen, Dirk von: Wir müssen uns auf die Gegebenheiten des digitalen Raums einlassen. In: Netzwerk Recherche (Hrsg.): nr-Werkstatt: Online-Journalismus. Zukunftspfade und Sackgassen. Hamburg, 2011, S. 111–114.

Gehmlich, Pierre: Schnell, exklusiv und transparent. 27. Februar 2012, URL: http://www.onlinejournalismus.de/2012/02/27/schnell-exklusiv-und-transparent/ (30.01.2013, 20:17 Uhr)

Gehrau, Volker: Team oder Gegner? Interpersonale Kommunikation und Massenmedien. In: Neuberger, Christoph / Gehrau, Volker (Hrsg.): StudiVZ. Diffusion, Nutzung und Wirkung eines sozialen Netzwerks im Internet. Wiesbaden, 2011, S. 20–32.

Gerhards, Jürgen: Der Aufstand des Publikums. Eine systemtheoretische Interpretation des Kulturwandels in Deutschland zwischen 1960 und 1989. In: Zeitschrift für Soziologie, 03/2001, S. 163–184.

Gerhards, Maria / Klinger, Walter / Trump, Thilo et al.: Das Social Web aus Rezipientensicht. Motivation, Nutzung und Nutzertypen. In: Zerfaß, Ansgar / Welker, Martin / Schmidt, Jan (Hrsg.): Kommunikation, Partizipation und Wirkungen im Social Web. Köln, 2008, S. 129–148.

Glotz, Peter / Langenbucher Wolfgang R.: Der mißachtete Leser. Zur Kritik der deutschen Presse. Köln/Berlin, 1969.

Google+: Seite der Hamburger Morgenpost. URL: https://plus.google.com/+hamburgermorgenpost/posts (19.03.2013, 12:21 Uhr)

Grafschafter Nachrichten: Die Wurzeln der Grafschafter Nachrichten. URL: http://www.gn-online.de/level9_cms2/index.php?mid=000901400165&LC=DE (12.01.2012, 12:30 Uhr)

Grafschafter Nachrichten: Wer macht was bei den GN? URL: http://www.gn-online.de/level9_cms2/index.php?mid=000901400176&LC=DE (12.01.2012, 12:30 Uhr)

Gross, Sara: Marktführer: Nur vier Social Networks trotzen Facebook. 11. Januar 2013, URL: http://diepresse.com/home/techscience/internet/1331612/Marktfuehrer_Nur-vier-Social-Networks-trotzen-Facebook (15.01.2013, 11:23 Uhr)

Günnewig, Jenna Zita: Leserbriefe 2.0. Nutzerkommentar ohne Nutzen? Dortmund, 2009.

Guthmann, Gerlinde: Das Publikumsbild von Lokaljournalisten. München, 1987.

H

Habermas, Jürgen: Ach, Europa. Kleine politische Schriften XI, Frankfurt am Main, 2008.

Hamburger Abendblatt: Impressum. URL: http://www.abendblatt.de/service/unternehmen/article962477/Impressum.html (14.01.2012, 16:36 Uhr)

Hamburger Abendblatt: Twitter: Das Abendblatt mit 140 Zeichen. 30. Januar 2009, URL: http://www.abendblatt.de/service/unternehmen/article596329/Twitter-Das-Abendblatt-mit-140-Zeichen.html (23.01.2013, 17:34 Uhr)

Hoffmeister, Christian: Social Media als Herausforderung für Zeitungsverlage. Potenziale – Produkte – Perspektiven. Berlin, 2012.

Hohlfeld, Ralf: Der missachtete Leser revisited. In: Behmer, Markus / Blöbaum, Bernd / Scholl, Armin et al. (Hrsg.): Journalismus und Wandel. Analysedimensionen, Konzepte, Fallstudien. Wiesbaden, 2005, S. 195–224.

Hutter, Thomas: Facebook: Gewinnspiele, Wettbewerbe und Promotionen – was ist nicht erlaubt? Checkliste! 19. November 2012, URL: http://www.thomashutter.com/index.php/2012/11/facebook-gewinnspiele-wettbewerbe-und-promotionen-was-ist-nicht-erlaubt-checkliste/ (30.01.2013, 20:29 Uhr)

I

IfD Allensbach: Immer mehr Mitglieder von Facebook & Co. 22. Oktober 2012, URL: http://www.ifd-allensbach.de/uploads/tx_reportsndocs/prd_1207.pdf (05.01.2013, 18:11 Uhr)

J

Jandura, Grit / Jandura, Olaf / Kuhlmann, Christoph: Stichprobenziehung in der Inhaltsanalyse. Gegen den Mythos der künstlichen Woche. In: Gehrau, Volker / Fretwurst, Benjamin / Krause, Birgit (Hrsg.): Auswahlverfahren in der Kommunikationswissenschaft. Köln, 2005, S. 71–116.

Journalism.org: Facebook Is Becoming Increasingly Important. 9. März 2011, URL: http://www.journalism.org/analysis_report/facebook_becoming_increasingly_important (17.01.2013, 10:32 Uhr)

Journalist: Tageszeitungen mit Vollredaktionen. 2011, URL: http://www.journalist.de/fileadmin/Bilder/Anzeigen/ZeitungVerbreitung_2011_frei.pdf (23.01.2013, 17:47 Uhr)

K

KEK (Kommission zur Ermittlung der Konzentration im Medienbereich): Informationen zum Frankenpost Verlag. URL: http://www.kek-online.de/db/index.php?c=2465&mt=3&s=&f=1 (23.06.2012, 13:57 Uhr)

Kenney, Keith / Gorelik, Alexander / Mwangi, Sam: Interactive Features Of Online Newspapers. URL: http://www.firstmonday.dk/issues/ issue5_1/kenney/ (30.11.2010, 09:18 Uhr)

Kinnebrock, Susanne / Kretzschmar, Sonja: Forschungsbericht Crossmedia. URL: http://www.bpb.de/system/files/dokument_pdf/final_ Crossmedia_Abschlussbericht_04_06_2012.pdf (11.01.2013, 10:06 Uhr)

Kiock, Hartmut: Kommunikationsmarketing. Düsseldorf, 1972.

Kneidinger, Bernadette: Facebook und Co. Eine soziologische Analyse von Interaktionsformen in Online Social Networks. Wiesbaden, 2010.

Kölner Stadt-Anzeiger: Impressum. URL: http://www.ksta.de/php/ impressum/impressum.php (28.09.2011, 10:14 Uhr)

Kölner Stadt-Anzeiger: Start frei für die „stadtmenschen". 25. Juli 2007, URL: http://www.ksta.de/ratgeber/start-frei-fuer-die--stadtmen-schen-,15189524,13395378.html (01.10.2011, 09:54 Uhr)

Kölner Stadt-Anzeiger: Ein Jahr wischen und tippen. 17. November 2011, URL: http://www.ksta.de/medien/ksta-auf-dem-ipad-ein-jahr-wischen-und-tippen,15189656,12031470.html (12.01.2012, 12:45 Uhr)

Köstner, Manuela: Werte, Moral und Identifikation im Sportressort. Pulheim, 2005.

Kramp, Leif / Weichert, Stephan: Innovationsreport Journalismus. Ökonomische, medienpolitische und handwerkliche Faktoren im Wandel. Bonn, 2012.

Kuckartz, Udo / Ebert, Thomas / Rädiker, Stefan et al.: Evaluation online. Wiesbaden, 2009.

Kuczera, Susanne: Die Zeitung als Moderator des Stadtgespräches. Redaktionelles Marketing bei einem Regionalblatt. In: Reiter, Sibylle / Ruß-Mohl, Stephan (Hrsg.): Zukunft oder Ende des Journalismus? Publizistische Qualitätssicherung, Medienmanagement, redaktionelles Marketing. Gütersloh, 1994, S. 89–98.

L

Lamnek, Siegfried: Qualitative Sozialforschung. Lehrbuch. Weinheim, 2005.

Landesanstalt für Medien Nordrhein-Westfalen: Rheinische Post. URL: http://www.lfm-nrw.de/medienatlas/set3_portfolio/ lfm_port_m207_02_125repo_ak.html (12.01.2012, 13:07 Uhr)

Langenbucher, Wolfgang / Mahle, Walter: Unterhaltung als Beruf? Herkunft, Vorbildung, Berufsweg und Selbstverständnis einer Berufsgruppe. Berlin, 1975.

Langer, Ulrike / Schwindt, Annette: Journalisten-Werkstatt Social Media. Freilassing, 2011.

Langer, Ulrike: Pionierarbeit auf Facebook & Co. In: Medium Magazin 07–08/2011, S. 48f.

Lazarsfeld, Paul Felix / Berelson, Bernard / Gaudet Hazel: The People's Choice. How the Voter Make up His Mind in a Presidential Campaign. New York, 1948.

Leiner, Dominik Johannes / Doedens, Sebastian: Test-Retest-Reliabilität in der Forschungspraxis der Onlinebefragung. In: Jackob, Nikolaus / Zerback, Thomas / Jandura, Olaf et al. (Hrsg.): Das Internet als Forschungsinstrument und -gegenstand in der Kommunikationswissenschaft. Köln, 2010, S. 316–331.

Lenhart, Amanda / Madden, Mary: Social Networking Websites and Teens. 07. Januar 2007, URL: http://www.pewinternet.org/~/media//Files/Reports/2007/PIP_SNS_Data_Memo_Jan_2007.pdf. (07.01.2013, 14:55 Uhr)

Li, Charlene: Facebook, YouTube, Xing & Co. Gewinnen mit Social Technologies. München, 2009.

Lolies, Ilka: Leserbriefe 2.0? Nutzer-Partizipation durch Online-Kommentare. In: Journalistik Journal 01/2012, S. 28–29.

Lückerath, Thomas: Niggemeier wechselt zur Hamburger Morgenpost. 09. Januar 2008, URL: http://www.dwdl.de/nachrichten/14104/niggemeier_wechselt_zur_hamburger_morgenpost/ (22.09.2011, 18:07 Uhr)

M

Madden, Mary: Older Adults and Social Media. 27. August 2010, URL: http://www.pewinternet.org/Reports/2010/Older-Adults-and-Social-Media.aspx (05.01.2013, 09:37 Uhr)

Madden, Mary: Older Adults and Social Media. Social networking use among those ages 50 and older nearly doubled over the past year. 27. August 2010, URL: http://pewinternet.org/~/media//Files/Reports/2010/Pew%20Internet%20-%20Older%20Adults%20and%20Social%20Media.pdf (05.01.2013, 09:37 Uhr)

Madden, Mary / Zickuhr, Kathryn: Older adults and internet use. For the first time, half of adults ages 65 and older are online. 06. Juni 2012, URL: http://pewinternet.org/~/media//Files/Reports/2012/PIP_Older_adults_and_internet_use.pdf (02.01.2013, 17:41 Uhr)

Mast, Claudia / Popp, Manuela / Theilman, Rüdiger: Journalisten auf der Datenautobahn. Qualifikationsprofile im Multimedia-Zeitalter. Konstanz, 1997.

Mayring, Philipp: Einführung in die qualitative Sozialforschung. Eine Anleitung zu qualitativem Denken. Weinheim/Basel, 2002.

M. Dumont Schauberg: Medieninformationen Kölnische Rundschau. URL: http://www.DuMont.de/DuMont/de/101347/medien (23.01.2012, 09:54 Uhr)

M. Dumont Schauberg: Medieninformationen Kölner Stadt-Anzeiger. URL: http://www.DuMont.de/dumont/de/101346/medien (23.01.2013, 17:02 Uhr)

Medium Magazin: Der Seitenwechsler des Monats: Christoph Grote. URL: http://www.mediummagazin.de/archiv/2010-2/ausgabe-6-2010/der-seitenwechsler-der-monats-christoph-grote/ (23.01.2013, 16:43 Uhr)

Meier, Klaus: Kritik und Innovation. Die Doppelrolle anwendungsorientierter Journalistik. In: Aviso 02/2002, S. 4–5.

Meyn, Hermann: Massenmedien in Deutschland. Konstanz, 2004.

Mitteldeutsche Zeitung: Impressum. URL: http://www.mz-web.de/servlet/ ContentServer?pagename=ksta/page&atype=Page&aid=101895595 6339&openMenu=1018955956339 (14.01.2012, 17:04 Uhr)

Mlitz, Andrea: Dialogorientierter Journalismus. Leserbriefe in der deutschen Tagespresse. Konstanz, 2008.

Möhring, Wiebke / Schlütz, Daniela: Die Befragung in der Medien- und Kommunikationswissenschaft. Eine praxisorientierte Einführung. Wiesbaden, 2010.

Möllmann, Bernhard: Redaktionelles Marketing bei Tageszeitungen. München, 1998.

Münker, Stefan: Emergenz digitaler Öffentlichkeiten. Soziale Medien im Web 2.0. Frankfurt am Main, 2009.

Münker, Stefan: Die digitale Öffentlichkeit und die Krise des Journalismus. In: Netzwerk Recherche (Hrsg.): nr-Werkstatt: Online-Journalismus. Zukunftspfade und Sackgassen. Hamburg, 2011, S. 69–76.

N

Neuberger, Christoph: Internet, Journalismus und Öffentlichkeit. Analyse des Medienumbruchs. In: Neuberger, Christoph / Nuernbergk, Christian / Rischke, Melanie (Hrsg.): Journalismus im Internet: Profession, Partizipation und Technisierung, Wiesbaden, 2000, S. 19–105.

Neuberger, Christoph: Soziale Netzwerke im Internet.
Kommunikationswissenschaftliche Einordnung und
Forschungsüberblick. In: Neuberger, Christoph / Gehrau, Volker
(Hrsg.): StudiVZ. Diffusion, Nutzung und Wirkung eines sozialen
Netzwerks im Internet. Wiesbaden, 2011, S. 33–97.

Neuberger, Christoph: Journalismus im Internet aus Nutzersicht.
Ergebnisse einer Online-Befragung. In: Media Perspektiven 01/2012,
S. 40–55.

Neuberger, Christoph / Gehrau, Volker (Hrsg.): StudiVZ. Diffusion,
Nutzung und Wirkung eines sozialen Netzwerks im Internet.
Wiesbaden, 2011.

Neuberger, Christoph / Nuernbergk, Christian / Rischke, Melanie: Der
Leser: Unser neuer Mitarbeiter. In: Message 01/2008, S. 10–16.

Neuberger, Christoph / Nuernbergk, Christian / Rischke, Melanie:
Journalismus im Internet: Zwischen Profession, Partizipation und
Technik. In: Media Perspektiven 04/2009, S. 174–188.

**Neuberger, Christoph / Nuernbergk, Christian / Rischke, Melanie
(Hrsg.):** Journalismus im Internet: Profession, Partizipation und
Technisierung. Wiesbaden, 2009a.

Neuberger, Christoph / Nuernbergk, Christian / Rischke, Melanie:
Vorwort. In: Neuberger, Christoph / Nuernbergk, Christian / Rischke,
Melanie (Hrsg.): Journalismus im Internet: Profession, Partizipation und
Technisierung. Wiesbaden, 2009b, S. 7f.

Neuberger, Christoph / Vom Hofe, Hanna Jo / Nuernbergk, Christian:
Twitter und Journalismus. Der Einfluss des „Social Web" auf die
Nachrichten. Düsseldorf, 2010.

News Aktuell / Faktenkontor: Social Media Trendmonitor 2012. URL: http://
www.newsaktuell.de/pdf/trendmonitor_2012.pdf (13.01.2013, 16:34
Uhr)

News Aktuell / Faktenkontor: Medien-Trendmonitor 2010. Journalismus
in einem neuen Informationszeitalter. Juni 2010, URL: www.newsaktu-
ell.de/pdf/medientrendmonitor062010berichtsband.pdf (14.01.2013,
06:18 Uhr)

Niederelbe-Zeitung: Impressum. URL: http://www.nez.de/footer/sitemap/
niederelbe-zeitung/impressum.html (26.01.2012, 16:57 Uhr)

Noelle-Neumann, Elisabeth / Kepplinger Hans Mathias:
Journalistenmeinungen, Medieninhalte und Medienwirkungen. Eine
empirische Untersuchung zum Einfluss der Journalisten auf die
Wahrnehmung sozialer Probleme durch Arbeiter und Eliten. In: Steindl,
Gertraude (Hrsg.): Publizistik aus Profession. Festschrift Johannes
Binkowski. Düsseldorf, 1978, S. 41–68.

O

Oldenburgische Volkszeitung: Geschichte. URL: http://www.ov-online.de/ueber-uns/geschichte (09.07.2012, 11:51 Uhr)

Oldenburgische Volkszeitung: Redaktionsleitung. URL: http://www.ov-online.de/ueber-uns/redaktion/leitung (09.07.2012, 11:54 Uhr)

Opennetworx Stiftung: http://www.opennetworx-stiftung.org/plattform/%C3%BCberblick/referenzen (Stand: 15.01.2013, 11:17 Uhr)

Ophüls, Lars: Zwitschern im Blätterwald. Der Einsatz von Facebook und Twitter in Online-Redaktionen. Unveröffentlichte Diplomarbeit, Dortmund, 2010.

O'Reilly, Tim: Was ist Web 2.0? Entwurfsmuster und Geschäftsmodelle für eine Software-Generation. (Deutsche Übersetzung von Patrick Holz) URL: http://www.oreilly.de/artikel/web20_trans.html (02.12.2010, 18:17 Uhr)

P

Palser, Barb: A Strategy for Facebook. 05. August 2011, URL: http://www.ajr.org/Article.asp?id=5128 (06.05.2012, 11:06 Uhr)

Pew Research Center: Social Networking Popular Across Globe. 12. Dezember 2012, URL: http://www.pewglobal.org/2012/12/12/social-networking-popular-across-globe/ (02.01.2013, 19:58 Uhr)

Pew Research Center: Americans Spending More Time Following the News. Ideological News Sources: Who Watches and Why. 12. September 2010, URL: http://people-press.org/files/legacy-pdf/652.pdf (03.01.2013, 12:55 Uhr)

Pöttker, Horst: Öffentlichkeit durch Wissenschaft. Zum Programm der Journalistik. In: Publizistik 03/1998, S. 229–249.

Pöttker, Horst: Öffentlichkeit als gesellschaftlicher Auftrag. In: Pöttker, Horst (Hrsg.): Öffentlichkeit als gesellschaftlicher Auftrag. Konstanz 2008, S. 9–31.

Q

Qualman, Eric: Socialnomics. Wie Social Media Wirtschaft und Gesellschaft verändern. Heidelberg, 2009.

R

Rheinische Post: Kurz und bündig. URL: http://www.rp-online.de/info/wir-ueber-uns/kurzundbuendig.php (12.01.2012, 13:06 Uhr)

Rheinische Post: Beteiligungen. URL: http://www.rp-online.de/info/wir-ueber-uns/beteiligungen.php (12.01.2012, 13:09 Uhr)

Rheinpfalz: Impressum. URL: http://www.rheinpfalz.de/rhp/content/service-punkt/impressum/ (14.01.2012, 18:56 Uhr)

Ridder, Christa-Maria / Turecek, Irina: Medienzeitbudgets und Tagesablaufverhalten. Ergebnisse auf Basis der ARD/ZDF-Studie Massenkommunikation 2010. In: Media Perspektiven 12/2011, S. 570–582.

Röper, Horst: Konzentrationssprung im Markt der Tageszeitungen. In: Media Perspektiven 08/2008, S. 420–437.

Rössler, Patrick: Inhaltsanalyse. Konstanz, 2005.

Ruß-Mohl, Stefan: Journalismus. Frankfurt am Main, 2010.

S

Schäfer-Dieterle, Susanne: Was wollen die Werbeleute bei uns in der Zeitung? In: Rager, Günther / Schäfer-Dieterle, Susanne / Weber, Bernd: Redaktionelles Marketing. Wie Zeitungen die Zukunft meistern. Bonn, 1994, S. 39–65.

Schmidt, Jan: Was ist neu am Social Web? Soziologische und kommunikationswissenschaftliche Grundlagen. In: Zerfaß, Ansgar / Welker, Martin / Schmidt, Jan (Hrsg.): Kommunikation, Partizipation und Wirkungen im Social Web. Band 1: Grundlagen und Methoden – Von der Gesellschaft zum Individuum. Köln, 2008, S. 18–40.

Schmidt, Jan: Das neue Netz. Merkmale, Praktiken und Folgen des Web 2.0. Konstanz, 2009.

Schmidt, Jan-Hinrik: Braucht das Web 2.0 eine eigene Forschungsethik? In: Zeitschrift für Kommunikationsökologie und Medienethik, 02/2009a, S. 40–44.

Schmidt, Jan-Hinrik / Lampert, Claudia / Schwinge, Christiane: Nutzungspraktiken im Social Web – Impulse für die medienpädagogische Diskussion. In: Jahrbuch Medienpädagogik 8 – Medienkompetenz und Web 2.0. Wiesbaden, 2010, S. 255–270.

Schönhagen, Philomen: Die Mitarbeit der Leser. Ein erfolgreiches Zeitungskonzept des 19. Jahrhunderts. München, 1995.

Scholl, Armin / Weischenberg, Siegfried: Journalismus in der Gesellschaft. Theorie, Methodologie und Empirie. Opladen/Wiesbaden, 1998.

Schröder, Jens: Die stärksten Homepages der News-Anbieter. Welche Nachrichten-Websites punkten mit ihren Stärken? 29. März 2012, URL: http://meedia.de/internet/die-staerksten-homepages-der-news-anbieter/2012/03/29.html (27.04.2012, 19:16 Uhr)

Schwäbische Post: Redaktion. URL: http://www.schwaebische-post.de/service/redaktion/ (18.01.2012, 10:32 Uhr)

Schwindt, Annette: Das Facebook-Buch. Köln, 2010.

Sindelfinger und Böblinger Zeitung: http://www.szbz.de/kontakt/redaktion.html (22.09.2011, 17:30 Uhr)

Sindelfinger und Böblinger Zeitung: http://www.szbz.de/impressum.html (23.09.2011, 17:31 Uhr)

Söfjer, Jan: Content-Knechte. In: Journalist 02/2011, S. 22–26.

Spiegel Online: Kartellamt: DuMont darf Berliner Verlag kaufen. 11. Februar 2009, URL: http://www.spiegel.de/kultur/gesellschaft/kartellamt-dumont-darf-berliner-verlag-kaufen-a-606921.html (22.01.2013, 18:06 Uhr)

Springer, Nina: Suche Meinung, biete Dialog? Warum Leser die Kommentarfunktion auf Nachrichtenportalen nutzen. In: Wolling, Jens / Will, Andreas / Schumann, Christina (Hrsg.): Medieninnovationen. Wie Medienentwicklungen die Kommunikation in der Gesellschaft verändern. Konstanz, 2011, S. 247–264.

Statistisches Bundesamt: 53 % der Internetnutzer sind in sozialen Netzwerken aktiv. 16. Mai 2012, URL: https://www.destatis.de/DE/PresseService/Presse/Pressemitteilungen/2012/05/PD12_172_63931.html (02.01.2013, 19:59 Uhr)

Steeger, Jan: Ranking der Zeitungen mit Facebook-Fanpage. Juni 2011, URL: http://drehscheibe.org/facebook-ranking-juni-2011.html (10.01.2013, 15:50 Uhr)

Steinschaden, Jakob: Phänomen Facebook. Wie eine Webseite unser Leben auf den Kopf stellt. Berlin, 2010.

Stelter, Brian: Finding Political News Online, the Young Pass It On. 27. März 2008, URL: http://www.nytimes.com/2008/03/27/us/politics/27voters.html (30.01.2013, 17:21 Uhr)

StudiVZ: http://www.studivz.net/l/about_us/1/ (30.12.2012, 13:10 Uhr)

Südwestrundfunk (SWR): Facebook-Timeline wird Pflicht. 25. Januar 2012, URL: http://www.sr-online.de/sronline/nachrichten/panorama/artikel11350.html (10.01.2013, 10:45 Uhr)

T

Taddicken, Monika / Bund, Kerstin: Ich kommentiere, also bin ich. Community Research am Beispiel des Diskussionsforums der Zeit Online. In: Welker, Martin / Wünsch, Carsten (Hrsg.): Die Online-Inhaltsanalyse. Forschungsobjekt Internet. Köln, 2010, S. 167–190.

Thüringer Allgemeine: Profil von Paul-Josef Raue. URL: http://www.thueringer-allgemeine.de/wir-ueber-uns/detail/-/specific/Paul-Josef-Raue-562187873 (12.01.2012, 12:42 Uhr)

Thüringer Allgemeine: Lokalredaktionen der Thüringer Allgemeinen. URL: http://www.thueringer-allgemeine.de/web/ta/kontakt-lokalredaktionen (12.01.2012, 12:47 Uhr)

Thüringer Allgemeine: Profil von Jan Hollitzer. URL: http://www.thueringer-allgemeine.de/wir-ueber-uns/detail/-/specific/Jan-Hollitzer-500843564 (12.01.2012, 12:54 Uhr)

Thüringer Allgemeine: Impressum. URL: http://www.thueringer-allgemeine.de/web/zgt/impressum (24.01.2012, 14:37 Uhr)

TNS: Digital Life Caveats. URL: http://discoverdigitallife.com/downloads/pdf/Caveats.pdf (06.01.2013, 11:48 Uhr)

TNS: Digital Life Study. URL: http://tnsdigitallife.com/ (15.01.2013, 13:19 Uhr)

Tomorrow Focus AG: Social Media Effects 2010. URL: http://www.tomorrow-focus-media.de/studien/online-markt/info/social-media-effects-2010/ (15.01.2013, 13:20 Uhr)

Traub, Hans: Vom Zeitungswesen und Zeitungslesen. Dessau, 1928.

Twitter: Account der Sindelfinger und Böblinger Zeitung. URL: https://twitter.com/SZBZ (19.10.2011, 12:26 Uhr)

Twitter: Account von come-on.de. URL: https://twitter.com/comeon_de (23.01.2013, 16:53 Uhr)

V

Van Eimeren, Birgit / Ridder, Christa-Maria: Trends in der Nutzung und Bewertung von Medien 1970 bis 2010. Ergebnisse der ARD/ZDF-Langzeitstudie Massenkommunikation. In: Media Perspektiven 01/2011, S. 2-15.

Van Eimeren, Birgit / Frees, Beate: 76 Prozent der Deutschen online – Neue Nutzungssituation durch mobile Endgeräte. In: Media Perspektiven 07–08/2012, S. 362–379.

Vogel, Andreas: Online als Geschäftsfeld und Vertriebskanal der Pressewirtschaft. Auf dem Weg zum zweiten Standbein? In: Media Perspektiven 03/2012, S. 158–172.

Vom Hofe, Hanna Jo / Nuernbergk, Christian: Twitter im professionellen Journalismus. Ergebnisse einer Redaktionsbefragung. In: Journalistik Journal 01/2012, S. 30f.

W

Wagner, Erich: Die Leserbriefseite, aktiviert und ausgewogen, sozusagen eine demokratische Einrichtung. In: ZV+ZV 1976, S. 1613–1616.

Wanhoff, Thomas: Wa(h)re Freunde. Wie sich unsere Beziehungen in sozialen Online-Netzwerken verändern. Heidelberg, 2011.

WAZ Mediengruppe: Informationen zu WAZ NewMedia. URL: http://www.waz-mediengruppe.de/WAZ_NewMedia.35.0.html?&L=?ziel=_self&L=&link=WAZ_NewMedia.35.0.html%3F%26L%3D (12.01.2012, 12:28 Uhr)

WAZ Mediengruppe: Profil der Westdeutschen Allgemeinen Zeitung (WAZ). URL: http://www.waz-mediengruppe.de/Westdeutsche_Allgemeine_Z.63.0.html (12.01.2012, 12:29 Uhr)

WAZ Mediengruppe: Informationen zur Thüringer Allgemeinen. URL: http://www.waz-mediengruppe.de/Thueringer_Allgemeine.70.0.html (12.01.2012, 12:46 Uhr)

Weber, Max: Wirtschaft und Gesellschaft. Grundriss der verstehenden Soziologie. Tübingen, 2002.

Weichert, Stephan / Kramp, Leif / von Streit, Alexander: Digitale Mediapolis. Die neue Öffentlichkeit im Internet. Köln, 2010.

Weischenberg, Siegfried / Bassewitz, Susanne / Scholl, Armin: Konstellationen der Aussagenentstehung. Zur Handlungs- und Wirkungsrelevanz journalistischer Kommunikationsabsichten. In: Kaase, Max / Schulz, Winfried (Hrsg.): Massenkommunikation. Theorien, Methoden, Befunde. Opladen, 1989, S. 280–300.

Welker, Martin / Wünsch, Carsten / Böcking, Saskia et al.: Die Online-Inhaltsanalyse. In: Welker, Martin/Wünsch, Carsten (Hrsg.): Die Online-Inhaltsanalyse. Forschungsobjekt Internet. Köln, 2010, S. 9–30.

Wer kennt wen: http://www.wer-kennt-wen.de/static/presse (30.12.2012, 12:22 Uhr)

Wiedebusch, Jutta: Selbstverständnis und Rezipientenbilder von Hörfunkjournalisten. Frankfurt am Main, 1989.

Wiese, Jens: Facebook Nutzerzahlen 2011. URL: http://allfacebook.de/zahlen_fakten/facebook-nutzerzahlen-2011/ (30.12.2012, 12:50 Uhr)

Wiese, Jens: fmc 2012: Facebook Pages ab sofort mit Timeline! 29. Februar 2012, URL: http://allfacebook.de/news/pages-timeline/ (10.01.2013, 10:46 Uhr)

Y

Youtube: Youtube-Seite von come-on.de. URL: http://www.youtube.com/user/videocomeon?feature=watch (23.01.2013, 16:53 Uhr)

Z

Zerback, Thomas / Jackob, Nikolaus /Schoen, Harald et al.: Anwendungsmodalitäten und Qualität von Online-Befragungen in der Kommunikationswissenschaft. In: Jackob, Nikolaus / Zerback, Thomas / Jandura, Olaf et al. (Hrsg.): Das Internet als Forschungsinstrument und -gegenstand in der Kommunikationswissenschaft. Köln, 2010, S. 50–67.